财新丛书
Caixin book series

财新丛书
Caixin book series

财新丛书
Caixin book series

财新丛书
Caixin book series

财新丛书
Caixin book series

财新丛书
Caixin book series

财新丛书
Caixin book series

财新丛书
Caixin book series

财新
Caixin
series

财新丛书
Caixin book series

财新丛书
Caixin book series

财新丛书
Caixin book series

财新丛书
Caixin book series

# 新常态改变中国2.0
# 全球走势与中国机遇

## GLOBAL TRENDS
## AND CHINA
## OPPORTUNITIES

胡舒立　王烁　黄山 / 等编

[美] 希拉里 / 基辛格 / 保尔森　等口述

中国文史出版社

**图书在版编目（CIP）数据**

新常态改变中国2.0：全球走势与中国机遇 ／（美)希拉里等口述；

胡舒立等编. —— 北京：中国文史出版社，2015.7

ISBN 978-7-5034-6497-3

Ⅰ. ①新… Ⅱ. ①希… ②胡… Ⅲ. ①世界经济－文集 Ⅳ. ①F11-53

中国版本图书馆CIP数据核字(2015)第145312号

**新常态改变中国2.0：全球走势与中国机遇**

---

责任编辑：张蕊燕　胡福星

版式设计：谭　锴

---

出版发行：中国文史出版社

网　　址：www.wenshipress.com

社　　址：北京市西城区太平桥大街23号　邮编：100811

电　　话：010－66173572　66168268　66192736（发行部）

传　　真：010－66192703

印　　制：北京京都六环印刷厂

经　　销：全国新华书店

开　　本：700毫米×1000毫米　1/16

印　　张：21.5

字　　数：269千字

版　　次：2015年8月北京第1版

印　　次：2015年8月第1次印刷

定　　价：45.00元

---

# 欧洲篇

# 良好的政治秩序取决于平衡

斯坦福大学高级研究员：弗朗西斯·福山（Francis Fukuyama）
记者：胡舒立、王烁

　　长于宏大叙事又紧扣现实政治走向，弗朗西斯·福山必然成为各种本地思潮的国际回音壁。

　　20多年前，"冷战"刚结束，还在兰德公司担任政治研究员的福山发表文章《历史的终结》，随后扩展为专著《历史的终结与最后的人》，以浓烈的黑格尔史观，宣布历史终结于自由民主制，击中了"冷战"结束后的时代精神。书成为现象级畅销书，人成为全球首席政治寓言家。

　　从那以来，福山一直活跃在学术与政治交界的地带。政治在变，而福山弃绝昨日之我，也有爱吾师更爱真理的气势：师从政治学一代宗师亨廷顿，但历史终结论与亨廷顿名著《文明的冲突》针锋相对；与新保守主义旗手沃尔福威茨等交游互赞，但在小布什政府陷入伊拉克战争泥沼后就果断撰文《新保守主义之后》，与这个政治思潮阵营割席断袍。

　　近来，福山更以上下两本巨著《政治秩序的起源》、《政治秩序与政治衰败》，再度震动政学两界。在其中，福山特别地强调了政府能力（state capacity）建设，而对当下美国政府能力的判断，充分体现于他发表在《外交》季刊上的一篇文章的标题：《衰败中的美国》。

怎么回事？那个主张历史终结于自由民主制的人，现在主张大政府了吗？这个问题不仅关乎福山自己，也不只是象牙塔里的争论，它与福山的历次著述一样，超出学界的范围，拨动了现实政治的敏感神经，在另一个时代，又一次命中了时代精神，于是在太平洋的两岸，均催动热烈的政治讨论。在美国，在中国，读福山，大家各取所需；谈福山，大家各有所图。

然而说到底，福山自己怎么说？在财新记者近日专访中，他尽陈所学。

**财新记者** 中国人第一次听到你的名字，还是上世纪 90 年代初 "冷战" 结束后，你宣布历史终结了，终结于自由民主体制。20 多年过去了，世界格局起起伏伏，你的看法变了吗？

**福　山** 我对基本问题的观点不变，即随着社会进步和现代化，历史会朝着某一个特定的方向前进。什么样的社会能够屹立在现代化进程的终点？与25 年前一样，我仍认为是那些具备一定形式的自由民主和市场经济的社会。我不认为过去这些年所发生的事情能够真正改变这一点。

但是，过去这些年间发生的许多事件，与你说的这一方向相悖。怎么解释？

**福　山** 事实上，自 1970 年以来，世界上民主国家的数量从 35 个增加到了 110 个。最近八年出现了下滑，主要是在俄罗斯、土耳其等地。用股票市场作比，我们不知道这是调整——尽管短期下滑，但是长期趋势仍是上扬——还是反转。不过我认为，尽管美国和欧洲经历了种种问题如金融危机，但其治理体制仍是长久而稳定的。

中国人再次听到你的名字，是因为你近来出的一套新书，《政治秩序的起源》、《政治秩序与政治衰败》。在其中，你特别强调了政府能力（state capacity）建设。有些人因此就说，那个主张历史终结于自由民主体制的人，现在变成国家主义者了。这是真的吗？

福　山　不，并非如此。我说的是，良好的政治秩序取决于平衡。一方面，确实需要有强大的政府来保护社会，提供基本公共产品和服务。但是政府权力需要有法治和民主问责加以限制。没有这些限制机制的，那是独裁；另一方面，如果仅有民主和法治，但是政府能力很弱，也不是一个好体系。真正需要的是平衡，需要强大的政府能力、法治和民主三者并存。

记得 10 年前，你在课堂上展示了一张政府能力的简单模型，有两个要素，国家能力的范围和强度。它是怎样演变成今天这样一个关于制度的宏大理论的？

福　山　我的许多观点是由美国这些年来的公共讨论所催生的。美国人很喜欢讨论政府的范围大小，是共和党希望的小政府，还是民主党希望的大政府。我认为这种讨论是错误的。政府不论大小，都可以有成功的社会。但是没有能力的政府不会有成功的社会。因此不论大小，最重要的是政府有能力将其承诺兑现。这可能是我当年在写《历史终结》时没有意识到的具有重要性的一点。

政府大小并不重要？

福　山　并不是我认为不重要，我认为有些政府监管过度，对公民生活干预过多，应当有所收缩。不过，如果一国擅长于此，且民众能够从法律角度接受，就没有问题，比如斯堪的纳维亚半岛国家，有社会民主、高福利、高税收，民众获得的政府服务也好，所以他们很满意，这些都是相对成功的社会。政府的大小并不如政府的质量重要。当然，我说的政府能力，并不是指压迫性的能力，而是真正做成事情的能力，比如提供教育、医疗、基建等。

　　你的制度三要素中谈到了法治（rule of law），在你看来，法制（rule by law）与法治两者区别在哪里？

福　山　法制仅仅是政府命令的传达。法治，意味着政府本身及其领袖，都要和其他人一样受到相同法律的制约。法治本身主要就是限制政府权力，总统也好首相也好不能随意根据需要修改法律，而是一样遵守法律。这一点，是对政府权力很重要的平衡。

　　那法制比人治是不是有所进步？

福　山　相比当权者朝令夕改，法制当然好些，尤其是从经济发展的角度。对于投资者和商人来说，如果在所有权和争端裁决等问题上的政策不可预见，很难进行商业活动，他们不会冒这个险。

　　有没有可能实现从法制转向法治？

福　山　法治意味着对权力的限制。曾有国家实现了从法制到法治的平稳过渡，比如丹麦和瑞典在 18 世纪都是专制的君主制，到了 19 世纪都过渡到宪政体系，国王自愿限制了自身权力。所以确有先例。

　　你的制度三要素，政府能力、法治、民主问责，单独地看，哪个与经济增长有更强的相关性。

**福　山**　经济增长取决于不同国家的情况，但大体上都与政府能力和法治的某种组合相关。经济学家们极为强调所有权保护和法治，但我还认为，还需要加上政府能够提供强有力的非人格化的执行机制，有这些，往往就会有强劲的经济增长。

民主过渡总要以牺牲经济增长为代价？

**福　山**　不，我认为从长期看，过渡到民主体制将使整个体系更加稳定，更有合法性，对增长来说是好事。这也是为什么世界上许多富国都是自由民主国家的原因。国家是否稳定，并不仅仅看短期能否拉动投资和增长，而是要看合法性，民众是否认可。这是我为什么认为民主重要的地方。

你说的长期指多久，100 年？ 10 年？

**福　山**　视情况而定。现代世界中，政治意义上的时间正在加速。在欧洲和北美，许多曾经需要数百年才能形成的机制正在加速发展，因为大家都在学习。社会模式可以复制。比如日本在 19 世纪晚期现代化的进程很快，因为借用了西方的技术和体系。中国也从其他国家的经验中获益良多。

按政府能力、法治、民主问责三维度形成的矩阵中，当今世界的主要政治体，比如中国、美国、欧洲、俄罗斯、印度，分别处于什么位置？

**福　山**　中国在光谱的一端，政治能力很强，法治较弱，民主问责不够。这跟中国的历史传统有关。中国在 2000 多年前就建立了相当现代的国家制度，通过科举考试招募公务员，按教育和能力选才。这种传统延续至今，所以政府并不仅提供经济增长，更有能力向民众提供基本服务。这是很重要的成就。

印度和美国在另一端，有很强的法治、活跃的民主问责，但是政府能力相对弱一点，其中印度更弱。

欧洲国家可能更偏美国那一端，不过这些社会大都在 19 世纪由君主制演变而来，有着中央政府的传统，所以政府更强势一些。美国从其发展历史来说，是一个非常独特的民主国家。美国人不信任政治权力，所以与世界上其他民主国家相比，美国对政治权力有更多限制。

俄罗斯很不幸的是根本没有法治，其执政精英可以按照其意愿修改法律，主要是人治。另一方面，俄罗斯确实有民主选举，普京现在很受欢迎。从政府能力角度，俄罗斯实际上远比表面看起来要弱，比中国要弱得多。俄罗斯有强大的警察和军队，但是男性预期寿命正在缩短，现在大约是 50 多岁，这对于工业化国家来说简直闻所未闻。俄罗斯的医疗、教育、基建都很落后。

你在《外交》季刊上发表题为美国在衰败的文章。为什么你认为美国在衰败？

福　山　我要作个澄清。我不认为美国文明在衰退。美国经济实际上表现非常好，非常具有创新性和企业家精神，尤其是在信息技术、能源等领域。美国的问题主要在政府。我对衰败的定义是，强有力的精英集团能够获取政治权力，以保护自身利益。在过去几十年，有证据表明美国一些大的利益集团和游说机构的权力正在上升。美国的另一个问题是两党政治的极端化，这锁死了美国政府，使其在一些基本问题上都很难做出决定。

我倾向于认为，议会制比总统制要好。美国过去几年的问题是，总统来自一个政党，国会由另一个政党控制，两者不能合作。在议会制中就没有这样的问题。

按你说的这个逻辑，问题出在美国政治整体，而不是狭义的负责行政事务的政府。

**福　山**　我认为问题在于政治体系。好在美国经济生产力很高，以至于政府即便不是很高效，社会也能继续往前走。不过这种情况不会长期持续。从美国历史上看，当大问题出现时，美国体制都能自己解决，尽管有时会慢一点。

2016 年美国大选不远了，希拉里·克林顿已宣布参选，可能会出现克林顿对布什的情况。在过去八届总统选举中，至少有六次选票上出现了克林顿或者布什家族的名字。这是不是美国政治衰败的表现？

**福　山**　我不认为是。某个家族长期保有政治影响力的例子，到处都有，中国、日本、欧洲。在美国，出现这种情况，是选民的自愿选择，基于对一些已形成品牌的名字的偏好。克林顿和布什这两个名字的品牌就很有力量。我个人并不认为杰布·布什一定就能成为共和党候选人。这个我们等等看。

你在新书中大量写到中国，以前则没有。为什么中国突然令你这么感兴趣？

**福　山**　很多原因。很显然，中国崛起是个大事件，对于世界来说都是如此。中国一直都是强有力的大国，但是与全球体系的整合程度从未像现在这么高。每个人都需要了解中国。此外，我在研究中国历史时发现，中国作为一个文明，有很多历史并不为外人所知。中国历史传统的丰富厚重本身就非常有意思。不幸的是，20 世纪以来，有很多中国人自己就丢失了与历史的联系。这是很大的悲剧，有待恢复。

在中国法治和现代化进程中，中产阶级将发挥怎样的作用？

福　　山　　中产阶级有更高的诉求，他们的期望更高，包括对政府的期望。如果他们不喜欢什么，一定会让政府知道。这在一定程度上已经在中国发生了，并且将继续成为改变中国政治的一个要素。

对于中国过去几十年的成功，有人认为应归功于国家资本主义，并且将之定义为中国模式。这是一个有说服力的理论吗？

福　　山　　中国过去做得非常好，但是旧的做法需要改变。中国不会保持过去的增长速度，经济增速已经降到 7%，还将继续下降。中国还没有经历过严重的倒退或者衰退。我认为除非在很大的压力下，否则很难测试一个体系的可持续性。我并不是预计中国通不过这一测试，这还没有发生，只是说需要在不同的情境中看中国的表现。

你怎么看国家资本主义？

福　　山　　我不确定国家资本主义是中国增长的秘密。中国国企的生产效率要明显低于私营部门，可以说国企的存在更多是出于社会稳定考虑，而并非因为新的生产力和增长。中国政府将国企改革提上日程，主要因为国企效率不足。这是其狭义，广义地讲国家资本主义，相对于美国等更市场化的经济体，中国政府对市场的干预更多。在上一次全球金融危机后，中国政府作了 4 万亿元投资来刺激经济。这也是国家资本主义的一种，国家间接向私营市场提供了大量的资源。

中国正在进行大规模反腐败运动，试图建立更清廉、更有效率、更强有力的政府。你怎么看其前景？

**福　山**　中国政府认为腐败在腐蚀其合法性，这种看法是对的。腐败范围很广，需要打击。反腐败需要通过公正的司法程序来进行。从长期看，要关注的是这场运动的可持续性。我认为中国真正需要的是打击腐败的机制，这意味着更独立的司法，以及能够将违法者绳之以法的一套司法程序。

如果腐败已经无处不在，那在你说的这些制度建立起来之前，短期就得采取行动。腐败就像癌症，做手术也是必须的。

**福　山**　从政治角度看，如果大规模打击腐败，确实能换来支持，赢得治本时间。不过，应该建立规则和机制，明确未来哪些行为可以接受，确保人们遵守规则。

中国古代的统治者也面对腐败问题。但是这种自上而下体制的问题在于，只能通过更多上层监督来清理发现腐败的官员。这在信息上存在很大问题。怎么发现谁是真正的腐败者？这也是为什么我认为中国反腐败更需要自下而上的程序，因为最了解腐败问题的正是和腐败官员打交道的人，应当让这些人加入到反腐败的过程中。中国的规则是自上而下制定的，这可以成为重要的资本，也是为什么中国能够做到其他发展中国家不能做到的事情。我只是不知道从长期看这是否足够。我认为自上而下和自下而上的问责都有必要。

在你的三要素中，政府能力，法治，民主问责，哪一点现在对中国来说最重要？

**福　山**　强有力的政府在中国已经存在了很长时间。日程上的下一项当然应当是加强法治。首先是加强法制，依照法律做出各种决定；然后，要做到人人都遵守同样的规则，这就是法治。这对中国来说很重要，因为政府行为将更可预期。这将有助于经济发展，消除或者减少腐败。所有这些都与加强法治有关。

是不是这样的一个过程，从人治，到法制，再到民主？

福　山　以中国目前的情况来看，这个进程不坏。我认为应将法治改革的重要性放在政治改革之前。这也是欧洲许多国家经历过的。在中国，自 1978 年改革开放以来，法制建设有很多，但是确实需要加强，因为中国法律体系的低效部分还很多。

实习研究员 Roma Eisenstark 整理，记者陈沁翻译

# 美国篇

▶▶▶

# "没有什么话题不能讨论"

美国国务卿：希拉里·克林顿（Hillary Clinton）
记者：胡舒立、李昕、黄山

　　这是财新传媒总编辑胡舒立与美国国务卿希拉里·克林顿的首次对话。尽管只闻其声不见其人，但当电话那端传来早已通过电视广播熟悉的声音时，依然令人感觉这是一次面对面的专访。

　　简短的寒暄后，切入主题。话题从美国击毙"基地"组织头目拉登开始，延伸到拉登之死对中美关系的影响。此前有评论指出，"9·11事件"让本因南联盟炸馆事件和中美南海撞机而出现的两国关系紧张获得转机，进而迎来总体合作的十年。更有分析指出，在美国忙着在整个中东抓捕拉登，给自己留下不可持续的财政赤字之际，中国专注于其势不可挡的崛起。美国干掉了头号敌人，却可能迷失了大方向。

　　我们甚至没有回避被一些观察家视做可能阻碍中美关系大局的棘手问题，包括围绕人权问题的争论。对此，希拉里的回应是，中美两国历史、文化、价值观迥然不同，因此对许多问题的看法、结论也不可能完全相同。这也似乎回应了中国副外长崔天凯对这一问题的表态："中美两国历史文化传统和经济发展水平不同，两国国情有很大差别，所以在人权问题上有不同的看法，这也是一件很正常的事情。"

　　看来，分歧并不可怕，问题是共同寻找缓和分歧的办法。而无论是已有的中美人权对话，还是刚刚结束的第三轮中美战略与经济对话上新的机制创新——有两国军方人员参与的战略安全对话和中美亚太事务磋商，都可视做两国解决争议和歧见的尝试。

当然，我们并不会就此天真地认为，中美这对当今世界最重要的双边关系，会就此步入稳定的上升期。相反，如我们反复指出的，起起伏伏，将会是可预见的一段时期中美关系的常态。比如，对台军售不会停止，美舰机在中国专属经济区内高频度侦察也不会消失。

但正如国务委员戴秉国在对话结束后发布会上所言，美方重申欢迎一个强大、成功并在国际事务中发挥更大作用的中国，尊重中国的核心利益，不谋求遏制中国，无意搞乱中国。中方强调坚持走和平发展道路，也无意挑战美国。

只要双方坚持这个底线，中美关系不会坏到不可收拾。

**财新记者** 首先祝贺美国击毙本·拉登。在后拉登时代，美国全球战略将会有怎样的变化？

**希拉里** 首先我想说的是，美国将继续致力于打击恐怖主义，这一点我们在第三轮中美战略与经济对话中与中方有所讨论。恐怖主义一定要根除，每个人都应当为反恐贡献力量。美国很高兴在这一问题上与许多国家都保持了良好的伙伴关系。

我们将帮助包括阿富汗在内的国家形成其自身的反恐力量。我们也将支持包括巴基斯坦、非洲在内的国家和地区打击极端分子势力。

中美关系在"9·11"事件后出现转机，其中一部分原因是双方担负了反恐的共同任务。现在拉登已死，是否会引发双边关系中出现更多挑战？

**希拉里** 我不这么认为。将拉登绳之以法，是国际反恐事业的重要里程碑。

不幸的是，仍有许多人想通过暴力手段寻求改变，或将其价值观强加于人。因此，尽管击毙拉登是一项重要成就，但并不意味着反恐的结束。我们将继续与全球伙伴一起，打击恐怖主义造成的威胁。

中美关系在合作强度上愈加紧密，但看来双方合作的广度有变窄的趋势。你怎么看？

**希拉里** 我认为中美关系得到了扩展和深化。我们的目标是与中国建立积极、合作、全面的双边关系，使双方在意见相同或不同的领域都能够展开公开、坦诚的对话，增进了解，加强合作。

因此，我认为目前的中美关系是非常牢固的。我们一起讨论了许多问题。就在刚刚结束的中美第三轮战略与经济对话上，来自两国的政府官员、商界领袖、女性领袖及学者就诸多问题展开深入探讨，包括清洁能源、农业生产、加强民间交流、互派学生赴对方国家学习等。

从你刚才介绍的及我们所掌握的本轮 S&ED 的情况，双方军界展开的战略安全对话将如何发挥效力，就亚太地区问题的磋商又将产生怎样作用？

**希拉里** 我非常高兴今年我们第一次举行战略安全对话。双方军政界高层能够坐在一张桌子上讨论一些敏感复杂的问题。当然会有意见不同的情况，但是我们不希望出现误会、误解和误判。那将是非常危险的。因此，我们希望能够在战略安全问题上展开尽可能多的对话。

今年我们有了一个良好的开端，我们希望能将这种势头保持下去。我认为双方一致同意这种对话是有益处的。我们也非常满意第一轮战略安全对话取得的成果。

中美一东一西，隔洋相望，都是亚太地区的重要力量，都在该地区有重要利益及关系纽带。我们希望能与中方探讨如何增进了解，加深合作，处理争端。这不仅对于两国，也对该地区希望中美加强合作的各国都有益处。可以说，亚太地区的许多国家都希望中美能够和平解决争端，共同实现包括灾难预警及应急在内的重要目标。因此我认为这是非常积极的进展。这个想法最初是由中方提出的，我们也很高兴中方提出这个建议。

中美应当如何避免包括人权问题在内的一些较为棘手的问题致使双边关系脱轨？

**希拉里** 我们必须认识到，中美两国历史、文化、价值观迥然不同，因此对许多问题的看法、结论也不可能完全相同。我觉得完全相同将是非常乏味的。我们需要做的就是尽可能坦诚地表达各自的观点。没有什么话题不能讨论，没有什么问题需要隐瞒，什么都可以谈，这也是我们正在做的。

从美方的角度讲，人权是美国的重要利益及价值观之一。我们将继续提出这一问题，并聆听中方的反应。我们期待在这一领域能取得进展。同时，我们也希望双边关系保持强劲、稳定的势头，即使出现争议，双方合作与对话也不会受到影响。

你如何定义中美经济关系的发展路径？

**希拉里** 在中美共同努力下，两国经济关系取得了重要进展。我个人认为，如果没有中美之间的合作，世界将经历一场更为严重的经济萧条。正是中美两国领导人采取的负责、合作的态度，使世界经济正缓慢走出奥巴马总统上任以来所经历的困难时期。

因此，我认为，双边经济关系得到加深与扩展。昨天，我们与两国商界领袖共进午餐，大家就两国经贸领域取得的进展与亟待改善的问题开诚布公地交换了意见。我非常喜欢这种透明的讨论问题的方式和他们提出的解决办法，这是解决争议最好的方式。

在朝鲜和伊朗问题上，中方的反应是否达到了你的预期？

**希拉里**　正如你可能预料到的，我们对这两个问题展开了详尽讨论，因为这两个问题都非常重要。中美两国有着一个共同的目标，即都不希望在朝鲜半岛和中东地区出现核武器扩散。我非常感谢中国与美国一道，在联合国对这两个国家实行制裁上做出的努力，我们正在落实这些制裁。当然，工作是永远做不完的，但我们的确取得了进展。

我们特别关注与中国一起努力，防止朝鲜挑衅及发展核武器。那将是非常危险的。因此我们致力于加强与中方合作，达成这一共同的目标。

记者陈沁对此文亦有贡献

# 中美可以超越意识形态的不同

美国前国务卿：基辛格（Henry Kissinger）
记者：胡舒立、王烁、黄山

　　眼前的基辛格，与媒体上的形象并无二致：身材不高，虽显老态，但衣着一丝不苟——黑西服、白衬衫外加精致的袖扣——典型的华盛顿外交家形象。

　　简单寒暄后，采访迅速切入正题，从基辛格的新作《世界秩序》（World Order）开始。作为现代国际关系现实主义理论的倡导者和实践者，基辛格浸淫外交数十年。特别是在 1969 年至 1977 年间，他先后出任共和党尼克松政府的国家安全顾问、国务卿以及继任者福特总统的国务卿，成为整个上世纪 70 年代美国主要外交政策的决策者和执行者，他的现实主义理念也因此得以发扬光大。

　　从美苏的缓和，到历史性地推动与中华人民共和国的往来进而形成事实上的中美联手抗苏联盟，以及旨在结束越战的《巴黎和平协定》的签订，无一不留下基辛格深深的烙印。争议也罢，褒奖也好，不可否认的是，即便在 92 岁的高龄，基辛格依然被之后的美国历届政府以及其他国家领导人问计，其影响力可见一斑。而从《大外交》《论中国》到最新的《世界秩序》在内的 14 本著作，几乎没有等闲之作，也足以看出基辛格的智慧与精力。

　　作为"中国的老朋友"，基辛格同毛泽东以来的中国主要领导人都有过会面。专访前一天，他刚刚获得中国最高领导人习近平接见，并共进晚餐，足见基辛格在中国的影响力。作为当年中美恢复正常关系的操盘手，基辛格对今天的中美关系有足够的洞见：作为当今世界最重要双边关系的中美关系，历经正常化以来 40 多年的风雨，能否以及如何进入新型大国关系的建设轨道。

历史明示，守成大国与崛起大国的并行从来不会一帆风顺。观察者言，在 2013 年中美两国最高领导人加州庄园会晤后，原本预期的两国关系改善未见到来；相反，老问题犹在，新问题不穷，以致在美国国内关注中美关系人士发出中美关系要进行危机管控的呼声。而这，即便对习惯了风浪的中美关系而言，也是不寻常的声音。

好在，中美关系"大而不倒"，重要性就在于此，往往在普遍不看好的情况下，由于两国内部演变和双边互动对全球格局的影响力，使得即便各自国内"利空"因素充斥时，两国关系往往会出人意料地纠偏。比如 2014 年美国总统奥巴马访华，一片悲观声中，习近平与奥巴马携手夜游中南海，随即公告两国关于气候变化问题的历史性共同声明。

中美两国的共同利益和关切实在太多，全球治理缺一不可。伊朗核危机、朝鲜问题、后美军时代的阿富汗稳定、突窜的"伊斯兰国"（IS）、乌克兰危机，包括伊拉克、叙利亚和利比亚的动荡，这些国际关系的旧恙新疾，都需要中美两国的合作。因此，即便在价值观、社会制度层面的差异，也无法覆盖利益驱动的中美关系。两国的共同利益如此之大，以至于可以超越意识形态的不同。这或许也解释了基辛格及其现实主义政治的主张迄今对两国关系的相关性。

基辛格发言，人们在听。

## "我不认为任何国家可以凭一己之力打造世界秩序"

记者述评

守成大国与新兴国家难以避免冲突，被称为"修昔底德陷阱"，国际冲突的重要根源。德国与英国在第一次世界大战中的对决，被视为最经典的案例之一。这似乎是个魔咒。在过去 500 多年间，发生过 16 次新兴大国与守成大国之间的互动，其中 12 次以战争告终。那么，作为 20 世纪后半叶最大事件之一的中国崛起，是否会落入同一"陷阱"？此外，中国在积极参与世界银行、国际货币基金组织等国际经济秩序之外，也开始通过领衔发起金砖国家银行、稳定基金和亚洲基础设施投资银行等，致力于打造新的国际多边金融和经济机构。这会不会遭到美方的质疑和杯葛？就此，基辛格给出他的答案。

**财新记者** 你在《世界秩序》一书中提到，中美需要从"一战"领悟深刻教训。你说的教训是指什么？

**基辛格** 教训是这个：一国可能由于短期看上去很合理的事情卷入冲突，之后忽然发现自己已陷入不知如何自拔的地步。

我觉得，如果当时各国领导人事前知道"一战"的后果，没人会做当初的选择。所以，中美须谨慎，以防步入表面上合理但仍带来紧张局势的行动；随着时间发展，紧张关系将难以管理。

所以说必须避免失去灵活性，那么什么情况下可能会进入僵硬状态呢？

**基辛格** 两国都得铭记不管分歧如何，共同利益更大。所以出现问题时，中美应该通过妥协来应对，而不是施压。要记住，对和平的需求超乎当下的紧张，中美当基于此解决问题。

在书中，你还提到，伙伴关系得成为现代大国制衡的一部分，但这两者本身是一对矛盾。为何这种矛盾是必要的？两国怎样才能成功管理这对矛盾？

**基辛格** 中国想阻止外部的人接近其领土，为此开展了相应的防卫，这是可以理解的。鉴于中国的历史，我特别能理解。美国不希望任何地区被一个大国主导，同样也是可以理解的，所以这构成了大国制衡的因素。

另一方面，这一平衡中的两个因素，即中国和美国，同样也得寻求合作，正如气候变化方面的协议所示。我相信，中国国家主席习近平今年的访美之行将增进中美之间更多积极的理解。这两方面的趋势必须相向而行。

中国除了在现有国际金融秩序中寻求更大的影响力，还发起与世界银行和国际货币基金组织并行的新型多边金融机构。你如何看待其中的战略意义？

**基辛格** 现在还不够清晰。美国和其他国家正在与中国进行对话。一些美国人将中国的举动理解为试图打造现有金融体系之外的另一套体系，甚至可能最终取代前者。我会说，让历史定吧。目前存在对发展和资本的需求，得有一种方式，让机构分担责任，且在那之后我们再看。我不认为任何国家可以凭一己之力打造世界秩序，我肯定中国领导人也明白这一点。

有中国商人获得许可，将在尼加拉瓜修建一条连接太平洋和大西洋的运河。美国会将其视为一个战略挑战吗？

**基辛格** 有很多人说，不论何时中国在非洲或拉美做了什么，都会损害美国利益。但是，一条连接大西洋和太平洋的运河，为什么会给美国造成损害？

美国和中国的关系，由两国领导人的目标以及他们与对方打交道的能力决定。我们应该明白，中国和美国现在都是大国了，我们在全球都有所经营，在一些地方，我们将并肩合作，在另一些地方则不是。我不认为这条运河是个问题，如果中国想花钱在尼加拉瓜修建运河，而不是建海军基地——为什么我要担心呢？

你在上世纪70年代参与构建了中国、美国和苏联的第一个大三角。到了今天，中国、俄罗斯和美国之间是否正在上演新一轮的大三角游戏？

**基辛格** 就中美俄三边关系，我在任时，我们的理论是美国要和中苏都保持良好的关系，美国跟中苏的关系要比中苏之间的关系好，不选边站。我们明确表达中苏之间的和平解决方案是美国重要利益所在。中国确信，如果苏联攻击中国，美国必会反对。

今天，目前局势下，美中俄这三国之间没有特别的战争威胁。俄罗斯制造了也正在经历欧洲的一场危机，这使得它更加靠近中国。这并不损害美国的利益，我无法想象中国正式与俄罗斯结盟的情景。如果真发生了，美国也会加以应对。目前为止，绝大部分问题关乎能源供应以及其他事务，这些都不直接影响美国。

乌克兰危机会不会导致针对俄罗斯的新一轮冷战？

**基辛格** 乌克兰危机应该通过谈判取得和平解决。一年前我给《华盛顿邮报》撰稿时是这么想的，现在也这么想。基本的问题是乌克兰是否应该成为军事联盟（北约）的一部分，或者是否应该属于俄罗斯的军事势力范围。我的观点一直是乌克兰不应该属于任何一边，它应该是一个会场而非战场。如果这一建议早被采纳，我想和平的解决方案应该已经有了。我认为这仍然是当下应该做的，持续的冲突将损害各方利益。

## "习近平身负重任"

记者述评

基辛格同毛泽东以来的中国主要领导人都有过接触，在西方战略家中也属惟一。在 3 月 17 日同中国国家主席习近平见面时，基辛格表示，中国正在进行着具有历史意义的改革大业；美中关系是事关全球和平、进步与发展的重要双边关系。构建美中新型大国关系符合双方利益，是着眼长远发展的远见之举；相信习近平今年对美国的国事访问将是一次历史性访问并预祝访问成功。

一般而言，往往是客人被称作"中国的老朋友"，而基辛格上来就说自己是"中国的老朋友"，可见其自信。

不可否认，今天中国面对来自国内国外的挑战愈发棘手。所谓改革进入"深水区"，容易做的事和不太复杂的改革已然完成。无论是经济增速的下滑，还是政府债务问题和土地问题，抑或严峻的环境治理议题和围绕人口结构产生医疗、教育、养老等诸方面挑战，都是本届政府必须应对的。同样，在国际上，中国渐渐舒展身躯，"韬光养晦"之说不闻久矣。这既是中国和平崛起的必然后果，也对中国新时期和平发展的形象建设带来挑战。

你与毛泽东以来的中国主要领导人都有亲身认知。你对习近平印象如何？如何在中国外交战略几十年来演变的背景下评价他的外交政策？

**基辛格**　习近平身负重任，他正试图改变一个拥有13亿人的国家，改变中国多年来业已建立的模式，也正取得一些成功。在中国人口从农村进入城市、世界经济日益复杂之际进行这个转变。我觉得，习近平会作为一位给中国带来重大改革的领导人被载入史册，其中一些改革将为中国带来历史性巨变。

你对习近平今年9月访美有何期待？

**基辛格**　这将是习近平首次对美国的国事访问，时值美国国内正在准备明年的大选，所以，此次访问对中美关系的延续很有意义。美国对华外交政策已历经好几任总统，目前正走向奥巴马执政期的尾声。我相信，对华外交将得到新政府的支持。

同时，美国人还没有真正意义上有机会倾听中国领导人阐释其改革计划以及中国的发展。我相信，习近平访美时会描绘中国正在发生的变化的图景，这将非常重要。

你认为中国的崛起是线性向上还是充满波折？

**基辛格**　历史上，一国崛起总有起伏。我还记得中国1971年的样子，如果有人给我看一张北京的图片，说多年后北京就是这个样子的，我会说绝对不可能。迄今为止，中国一直在发展，持续了这么长时间，这是史无前例的。其间出现一些下行是可能的，不过，当我们观察中国过去30年到40年的发展，我觉得长期趋势是向上的，如果目前正在开展的改革得以落实，更是如此。

## 世界秩序在十字路口

记者述评　　作为当今世界两大主题的和平和发展，如今都遭到相当大程度的考验。就和平而言，乌克兰危机不止，"伊斯兰国"坐大、发达国家内生恐怖分子威胁、伊朗核问题未结，都严重挑战世界的和平，地缘政治的逻辑重新抬头。同样，在发展端，人类能否削减温室气体的排放、遏制包括埃博拉在内的流行性疾病的扩散、国家间和国家内部的贫富差距拉大，以及腐败问题的猖獗和诸多国家结构改革动力的缺失，也令发展前景蒙上阴影。

　　"伊斯兰国"在中东兴起，它会改变中东的基本格局吗？

**基辛格**　我们看到中东正同时经历着三到四种革命。有对现政府的不满，有什叶派和逊尼派间的宗教分裂，有民族之间的分歧，还有"一战"以来国际秩序的崩溃。现在，中东国家弃国界于不顾。所有这些危机都同时发生，每一个又某种程度上起源不同。

　　如你所言，伊斯兰世界正在十字路口，那下一步走向何方？

**基辛格**　"伊斯兰国"（IS）代表伊斯兰教早期的写照，即世界由哈里发（caliph）统治，他既是宗教领袖，也是世俗领袖，世界不分边界。它不对各伊斯兰国家加以区分，所以这种思维认为伊斯兰教进入阿富汗、中国、俄罗斯和美国是自然而然的事情。

　　如果这变成伊斯兰教的主流叙事，那世界就将进入极其困难的时期，任何拥有伊斯兰人口的国家都无法幸免于此，直到这些人意识到其方式不可接受也无法被忍受。

"伊斯兰国"是神权政治的象征，如何打败它取决于几个因素。首先，外界国家如何应对；其次，穆斯林如何应对，因为他们直接受其影响。在中东，让一些穆斯林国家打击"伊斯兰国"应该不难，但有其复杂一面，"伊斯兰国"人员来自逊尼派，如果使用什叶派力量打败"伊斯兰国"，长期看，这将使冲突更加复杂。

我们理解是因为这涉及了伊朗和沙特的竞争，那正好转到伊朗核问题。解除伊朗核武能力的美伊谈判正在进行之中。你认为解决伊朗核危机的办法是什么？

**基辛格**　尼克松总统时期，美国和巴列维国王治下的伊朗关系友好，之前几任美国政府期间也是。如果伊朗像一个民族国家那样行事，认可边界，就可以对国家秩序和和平做出重大贡献。伊朗文化独特，它是惟一一个一开始被伊斯兰教征服却没有采用阿拉伯语的国家。伊朗的问题在于谋求帝国的建立，不论是由什叶派主导的帝国，还是历史上的波斯帝国（波斯帝国东起现在中国一些地区，横跨整个北非）。问题在伊朗是否能像民族国家一样行事。如果能，那么伊朗同他国建立起良好关系几乎是自然的。

你的书里谈到了社交媒体。考虑到你的资深程度，我很好奇，你是怎么看社交媒体如何改变国际政治这个话题的？

**基辛格**　我不想让自己觉得尴尬，不过我得说我不用社交媒体，我也没有必要告诉所有人我在干什么。当然，网络完全改变了世界，它在人与人之间创造出一些以往不存在的联系，同时也唤醒了自我意识。当你如此依赖他人肯定之时，你对自己的判断还有几分信心？实时的、无处不在的舆论反馈，是我们这个时代的挑战。

斯诺登事件说明，只要是可能被泄露的，终将被泄露。在这个透明新世界中，你所主张的静默外交（quiet diplomacy）还可行吗？

**基辛格** 静默外交有两个层面：一、不透露目标；二、不透露行为。有时候这是必要的。

比如，当年我们接受中国领导人邀请访华时，我们觉得最好是悄悄地来。因为，如果公开行事，我们就得做出很多保证，中方也得解释他们的动机。我们觉得，最好先让领导人会面，就未来两国走向达成理解，然后再公布。经中方同意，美国发布了当时对话的记录。那时，我们刚开始建立联系，彼此不了解，我们觉得最好保密。

今天，仍然会有很多重要的事情得通过静默外交来做：不透露目标，不透露行为。

几年前，我采访了新加坡前总理李光耀，他现正在深切治疗中。你如何评价李光耀的成就？

**基辛格** 李光耀是个伟人。他接手的是一个落后的海港城市，依靠他对新加坡人民的才智和能力的信念和信任，建立了一个国家。他构建了新加坡的比较优势，奠基于所有人的纪律和才智之上。他让整个国家在全球范围内辐射其影响力。一个中等规模城镇的管理者在世界上能有如此的影响力，这是令人无比惊叹的表现。

后李光耀时代的新加坡会呈现何种面貌？

**基辛格** 他已经构建了一个现代社会。他接手时，新加坡的人均年收入仅为600美元，现在已经超过4万美元。他通过高度的——或许是被西方国家认为过度的——纪律，实现了这一演变。但是，我认为，新加坡会逐步演变成一个参与度更高的国家。他（李光耀）是那些构建了这样一个能持续增长社会的一员，新加坡也会继续被他（的故事和精神）所激励。

记者王玲、迪安对此文亦有贡献

# 华尔街由远到近，
# 中国由边缘到中心

美国第 74 任财长、博鳌亚洲论坛理事: 亨利·保尔森 (Henry Paulson)
记者: 胡舒立

    2010 年 4 月 5 日，北京东方君悦 17 层行政层咖啡厅。我们在内侧一处会议室等候，保尔森大步走进来。他先坐下接受摄影师安排拍照，再为我签名赠书。然后开始采访。

    和我记忆中的形象不同，64 岁的保尔森面色红润，让人一眼看出他卸任财长后，刚刚有机会充分享受阳光。他穿黑色条纹西装，红色印花领带，虽然刚下飞机却看上去精神饱满，兴致很高，每听到一个问题便侃侃而答。他还两次提到"我不再是财长了"，然后高兴地笑，使我想起三年前在华盛顿财政部办公室对他采访的情景：略显疲惫的神色，字斟句酌地讲话，还有套间办公室的外间工作人员来去匆匆。

    那是 2007 年 3 月中旬，他离开高盛 CEO 一职，上任小布什政府的财政部长还不到一年，他启动的"中美战略经济对话"是成是败，面临严峻考验——当然，比起后来在金融危机大厦将倾的 2008 年时当财长的日子，这或许还是好时候。

    记得保尔森 2006 年 5 月获任财长时，消息传出，我正在美国加州大学圣地亚哥分校做访问学者，该校教授、前克林顿政府的国务卿帮办谢舒丽立刻评论说，保尔森的聘任是布什政府"有限的极聪明的决定之一"，觉得保尔森"救了布什"。

保尔森离开高盛上任财长后，舆论有褒有贬，但总归是好话多。直到 2008 年华尔街危机步步加深，直到 9 月雷曼兄弟公司倒闭……

这回再访保尔森，又听到他那有些许沙哑的声音。我对这嗓音已经很熟悉，记得第一次采访时听到他的声音，甚至有些惊诧。那是 13 年前的 1997 年 3 月，在北京亮马河大厦的高盛驻京办事处。由高盛驻京首席代表李青原引荐，我见到了时任高盛 COO 的汉克·保尔森。见面前，我以为角色职位如斯，此保尔森必是神气轩昂、音色宏亮的，一如我此前采访过的其他国际金融家（我当时曾写过一个长篇专访系列：金融家采访记）。不想保尔森当时虽年仅 51 岁，却看上去老态、秃头，而且嗓音沙哑，说话也直来直去，给了我很特别的感觉。

当然，质朴而且坦率的保尔森，在华尔街又以坚毅果决著称。初访保尔森半年余，我又有机会在纽约百老汇 85 号的高盛总部再访保尔森，虽然同一时期还采访了当时的高盛主席兼 CEO 科赞。虽然当时他名义上是高盛二把手，但在公司内已经完全与科赞比肩。此后不到一年，保尔森与科赞成为联席主席兼 CEO。1999 年 1 月，科赞被要求离开，保尔森全面掌盘高盛。

最近读保尔森的回忆录提到此事，他说：科赞说，"我低估了你，没想到你这么强硬。"我还从该书中获知，保尔森是相当虔诚的基督教科学主义（Christen Science）信徒，而据他理解，基督教科学主义的核心价值就是"谦卑"（humility）。

前两次采访保尔森，都是谈高盛。当时中金公司创办才两三年，投资银行的概念刚在中国传开，华尔街离中国很远。1997 年 10 月中国电信上市，高盛与中金公司联合担任主承销商。高盛、摩根士丹利这些华尔街大行于是进入国人视线，我们开始探究。

第三次采访保尔森，是 1998 年底，在香港。高盛再度踩在与中国相关的新闻点上。当时亚洲金融危机还在肆虐，中国虽未陷入漩涡却也颇受冲击。在广东，继广东国际信托投资公司关闭之后，政府在港窗口公司粤海企业也面临债务危机。

其时王岐山担任广东省常务副省长。由他任主帅，粤海进行了债务重组；由他直邀，高盛担任财务顾问。这对高盛不算是大项目，不过保尔森亲赴香港签约。当时他的身份还是联席 CEO。面对粤海四面楚歌的局面，他跟我说："高盛对广东具有信心，认为粤海重组是件很有意义的事情。高盛确信重组能够成功。"此次签约还确认高盛入资粤海，投资 2000 万美元。

此后与保尔森见过几面，但约他正式做专访是在 2002 年 6 月，谈美国——那是美国公司制度在"安然事件"后陷入信誉危机的日子。

在那些频爆丑闻的日子里，华尔街的一些知名大投资银行也因分析师与投资银行业务配合运作受到谴责和司法处理。或因高盛所涉是非较少，6 月 3 日，在美国 Tyco 公司总裁逃税丑闻曝光之后，保尔森前往首都华盛顿的美国新闻俱乐部，进行了一次关于美国公司改革的演讲，主张直面并解决三大问题：会计制度改革、公司治理标准更新和谨防投资银行利益冲突。6 月 6 日，美国纽约股票交易所在自己的网站上公布了酝酿四个月之久的一份新的改革建议，许多主张正与其演讲完全一致。在《华尔街日报》次日的社评中，汉克和纽约股票交易所提出的独立董事被称为"资本主义轻骑兵"（The Capitalist Cavalry），相关建议则被视为"华尔街将军们在提升市场信心"。

6 月 8 日，在北京，他接受了我的独家专访。稿件登上了《财经》封面，标题是"华尔街重订规则"，封面没有人像，是绿色美元组成的框子。

两年后，2004 年 7 月，保尔森的侧面照片上了《财经》封面，标题是"高盛进入中国",独家爆出中外合资高盛高华公司的消息并细解内幕。这次其实没有采访保尔森本人,事后很久我才有机会访问保尔森,但已经没有必要再写专门的访问了。

保尔森2006年6月宣誓就任美国财政部长,成了美国政府于总统、副总统、国务卿之后排位第四的大人物。上任之初,保尔森很大一部分精力用于维护中美关系,最重要的动作就是启动中美战略经济对话机制。

2006年12月14日至15日第一次中美战略经济对话在北京举行。次年3月7日,保尔森再次赶赴中国,正在参加全国人大政协"两会"的时任中国国务院副总理吴仪专门请假,前往首都机场与保尔森匆匆一晤。正是在此次访华之后,筹备华盛顿第二次中美战略经济对话之前,我和当时的《财经》驻华府记者李昕一起在财政部采访了保尔森。这篇专访以及当时的其他一些访谈,构成了当期《财经》封面"保尔森信号"。他事前就通过新闻秘书表示照片不上封面,所以最终的封面上只有两面国旗。

前些年一直听说保尔森是有可能当财长的,但后来因为一直没有出现机会,又听说他不会再走这条路。所以,在2006年春天的那些日子,从保尔森可能出任财长再度传得沸沸扬扬,直至他最后上任,我一直好奇这其中的曲折。

直到看了他的回忆才知道,最初他曾拒绝了这个职位,而且他周围的人,包括华尔街的朋友们,无一主张他加入政府。而第一个坚决地建议他出任此职的是中国人民银行行长周小川——胡锦涛访美,周小川陪同,周按事前约定在华盛顿与保尔森有个私人会见。其间,周小川直接做出建言。

保尔森后来也为自己拒绝了这个机会感到不安,回心转意,觉得自己应当为国家做事,也进而向总统要求具有比寻常财长更大的权力。他上任了,作为第 74 届美国财长,其肖像照庄重地挂在美国财政部大楼的门厅侧墙,和总统、副总统在一起。没有人能预料到此后发生了震撼世界的金融危机,美国财长的名字因之被深深地刻在历史上。其人功过,历史会评说。

不过,这次保尔森在接受我们采访时表示,他很庆幸危机发生之时自己正在其职,自己的金融特长有助于处理危机。他还婉转地说,对自己的选择并不后悔。

"在最艰难的时候,布什总统几次对我说:'汉克,你应该欢迎这一切。'他的意思是,还好危机来临而你我彼此信任。如果不是这样,如果危机发生在总统上任之初一切都要重新学习的时候,就大事不妙了。"他这样说。

# 我很高兴不再站在峭壁边缘

美国第 74 任财长、博鳌亚洲论坛理事：亨利·保尔森（Henry Paulson）
记者：胡舒立、王烁、李昕

　　5 日下午飞抵北京一小时后，亨利·保尔森（Henry Paulson）在他下榻的东方君悦酒店，接受了我们的专访。

　　这是保尔森 2008 年 12 月以来第一次访华，对他来说间隔已经很长。他来华次数截至 2006 年就超过了 70 次，直接叫他 Hank（Henry 昵称）的中国人数不清有多少。

　　尽管有出席博鳌年会这个很好的理由，人们猜测他此番较年会召开提前四天来京还有其他使命。4 月 12 日，中国国家主席胡锦涛将出席在美国首都华盛顿举行的全球核安全峰会。美方想在此前就人民币汇率升值达成谅解的期待昭然。保尔森在北京数日间面见多位中国领导人。4 月 7 日夜，保尔森在财长任上处理金融危机的重要搭档、现任美国财长盖特纳突访北京。把这些联系起来，不需要太多想象力。

　　但保尔森引人关注，还是因为他和美联储主席伯南克，代表了美国应付这场金融危机的艰苦努力。谈到保尔森，人们会想起他在白宫向众议院女议长、民主党人佩罗西单膝下跪的镜头。在一场无果的两党争论之后，在至关重要的银行不良资产救助法案（TARP）议会表决之前，那一跪浓缩了保尔森在危机中的全部努力——实用至上。他先后支持修改市价计值（mark to market）会计准则，支持禁止卖空，甚至亲手注资投资银行。以前对他不可想象的事情，他说做起来并不困难，因为没有选择，"不然后果太惨重"。

我们问保尔森，他从这场危机中学到了什么？我们不仅想知道，这位出身华尔街的财长，在危机中，如何平衡自由市场原则、实用主义选择和道德风险，以拯救美式资本主义；我们也想知道，危机暂息后，他有没有为受创深重的美式资本主义找到一套有新意的表述。我们的问题与愿望，都攸关中国从这场危机中所学到的经验与教训。

保尔森回答了我们的问题。他的答案不一定完全令人满意，但值得倾听。

## 危机

**财新记者** 我们都读过了你的新书"On The Brink"，今天这本书的中文版也出版了。我们上次采访你是三年前，很显然那以后你大多数时候都在应付挑战。能讲讲你学到了什么吗？

**保尔森** 那是一个非常艰难和有挑战性的时期，因为要处理的问题前所未有。当经历这些后，回顾过去我很高兴参与其中，因为我的金融市场经验、性格以及管理经验都使我能够帮助改善局面。

但是，我很高兴不再站在峭壁边缘，如果再有一个金融机构垮台，金融系统将会崩溃。

早知如此，你还会不会来当这个财长？

**保尔森** 好多人问我这个问题。在最艰难的时候，布什总统几次对我说："汉克，你应该欢迎这一切。"他的意思是，还好危机来临而你我彼此信任。如果不是这样，如果危机发生在总统上任之初一切都要重新学习的时候，就大事不妙了。

你说自己信奉市场，但在这场危机中，你也曾不得不做一些自己以前不愿做的事，比如赞同禁止做空，比如救援金融机构。

**保尔森** 我从来不相信无监管、不受约束的市场。我总是相信市场需要好的监管。比如，2001 年安然丑闻后，我呼吁通过萨班斯 - 奥克斯利法案，以遏制公司欺诈行为。

我确实非常难以接受救助濒于倒闭的金融机构，我相信那些冒风险者必须为损失承担责任。尽管如此，这个决定不难做出，因为没有选择，什么都比一场经济灾难好得多。

如果有机会重来，你会让雷曼兄弟公司破产吗？

**保尔森** 嗯，舒立，别忘了伯南克、盖特纳和我都多次说过，我们当时无权救助雷曼兄弟。有人不相信。他们相信美国一定有权力这么干，尽管他们不知道这种权力是什么。

在 2008 年 10 月我们从国会获得过不良资产救助计划（TARP）授权之前，美国监管体制非常过时，权力有限，尤其缺乏紧急授权，在破产程序之外，来清算一个非银行类的金融机构，如雷曼兄弟。美联储和财政部也无权直接注入资金或者担保其债务。

雷曼兄弟跟贝尔斯登和 AIG 不同。就像我在书中所说，2008 年 3 月，当濒于倒闭时，贝尔斯登既有流动性危机，又有资不抵债问题。但当时有一个强有力的买家摩根大通银行，它既有能力解决资本金问题，又能为贝尔斯登的交易提供担保。2008 年 9 月，AIG 也面临流动性危机，但他们旗下有保险公司，其信用评级独立于母公司的信用评级，美联储可以为其提供贷款。

我们努力为雷曼兄弟找买家，但是找不到。为了让你的读者理解，简单来说，在法律许可的范围内，我们没有足够的权力解决问题。我在这本书里细述了所犯的不少错误、希望可以避免的错误。但是，最大的问题是我们没有一个正确的监管系统，也没有足够的授权来处理这些问题。

你得真正了解这场危机。雷曼兄弟是病症，不是病因。在那个周末，我们在设法挽救雷曼兄弟，同时 AIG 和美林也在坍塌。这些都是长期积蓄危机的爆发。我们想避免雷曼兄弟的倒闭，做出了非常艰苦的努力，最后却失去了惟一的购买者英国银行巴克莱，因为英国监管当局否决了这桩交易。

假设美国银行买下的是雷曼兄弟，那么美林就不会有买家了，而 Wachovia 和华盛顿互助银行也在苦苦挣扎之中。事后看来，如果雷曼兄弟被救了，危机不在那一天发生；如果我们没去国会要求 TARP 授权，此后很可能是更大的灾难。这是大选年，国会快要休会，议员快要回家。所以有人这么说——他们可能是对的——如果雷曼兄弟没有倒闭，我们没法获得国会特批的权力，当时有那么多金融机构在崩溃的边缘，下一个金融机构死掉只是时间问题。

记者述评

金融危机是一个不断演进的进程，而危机处理也同样。在 2008 年 9 月雷曼兄弟公司破产之前，保尔森在新著里说，"我们只能凑合着往前赶，头痛医头脚痛医脚。"

雷曼兄弟破产是这场危机的顶点，也是转折。它既震撼了全球金融体系，也使所有利害相关者认识到，必须要有一套完整的能够重振市场信心的方案，一机构一策的方案再也行不通了。

不熟悉美国政治运作规则的人很难理解：为什么不救雷曼兄弟呢？因为用纳税人的钱去援救一家投资银行，不在财政部和美联储的授权范围内。2008 年 3 月，政府支持摩根大通收购即将崩溃的贝尔斯登，为其担保部分潜在损失，已经引发轩然大波。在英国金融监管当局否决巴克莱银行于最后一刻收购雷曼兄弟之后，保尔森没有可能在没有私营机构参与的情况下单方救援雷曼兄弟。这在美国的政治游戏中不可接受。

不可接受的事情，仅仅在一个月内就变成可以接受。在布什全力支持下，保尔森和伯南克在国会休会前的最后一刻获得了 7000 亿美元的 TARP 救援方案授权。尽管这一方案此后仍多变化，从收购不良资产转为直接向金融机构注资，但市场逐步趋于平静。

这一切之所以可能，是因为雷曼兄弟破产了。

## 教训

监管机构需要获得什么授权？

**保尔森** 我在雷曼兄弟倒闭前两个月就建议过——在 2008 年 6 月和 7 月，但奥巴马政府今天还在与国会合作希望获得这些授权。美国政府需要从国会获得危机处理授权，以便在需要时能干预濒临倒闭的金融机构，不论其是否是银行，而且可以在法庭破产程序之外清算这些机构，以避免危及金融体系和整个经济。

此次危机整体上可以看作"大而不倒"（too big to fail）的考验。国际特别是美国金融体系应该怎么面对这个问题？

**保尔森** 我的答案是：这些非常大和复杂的金融机构构成潜在危险，需要做几件事。首先是更严格的流动性和资本金监管要求，但最重要的办法是我刚才说的，政府有权力在法庭破产程序之外来清算任何公司，不管其大小或类型。纳税人不必像现在这样一次又一次地救助他们。

这很复杂，监管者必须非常有经验。监管者必须事先同这些大金融机构制定一个路线图，就像人们死前要有遗嘱一样。金融机构应该就他们如何被清算立遗嘱。监管不可能完美，总有公司会倒闭，必须要有办法清算他们，避免"大而不倒"的情况再度出现。

金融危机很快从一国扩散到全球，这需要国际金融体系做什么调整？

**保尔森** 不会有全球监管，但需要全球协调。有一整套的事情要做，首先是更严格的资本金和流动性要求。标准化的信用违约互换产品（CDS）应在交易所交易，以增加透明度。非标准的 CDS 必须向其清算机构说明，并要缴纳更多的抵押。因此我们需要改革评级机构，改革资产证券化的过程。

必须强调，不仅是在美国，而且是在世界范围内，监管机构需要权力在破产程序之外清算濒于倒闭的机构。

另外，很多问题是政府政策造成的。美国很久以来一直提倡拥有房屋。拥有房屋是很好的事情，但是刺激走得太远了，以至于造成房价泡沫。我们需要重新考虑美国刺激房地产市场的政策。美国是全球不平衡的一极。美国人储蓄太少，消费太多。其他国家则需要消费更多。

长期以来造成的不平衡需要很长时间来改变。但在美国，我们过去没有足够的工具，没有一个有效的监管机制。金融市场总是走在监管系统前面，金融市场的创新导致复杂和不透明。规则和法律需要赶上市场的发展。

这就是为什么在担任财政部长时，甚至在雷曼兄弟的问题出现前，我们建议成立一个全面的监管制度。现在多个监管机构同时插手，各自关注局部问题，而不是全局。

记者述评

雷曼兄弟破产冲击全球，因为它以数百亿美元的资本金，30 余倍的杠杆率，形成了近万亿美元的交易部位，而在进入破产程序后，全数冻结。全球金融市场所有主要玩家几乎都受影响，由此激发连锁反应，所有人都担心其交易对手会是下一个雷曼兄弟，于是不再与任何人做交易。全球金融体系的齿轮里突然塞进一根铁杠，系统接近停摆。

什么叫"大而不倒"（too big to fail）？过去这个词属于银行，因为只有银行才有足够大的资产规模。现在这个词属于所有将杠杆用足的金融机构，不管它是不是银行。它可以是一家投资银行如雷曼兄弟，也可以是一家对冲基金，十年前的对冲基金长期资本，就是先例。

保尔森的建议，是再大的机构也可以倒，只要政府有权处置危机金融机构，将其置于法庭破产程序之外清算。所谓置于法庭破产程序之外，指政府被授权可以以各种手段担保被清算机构的交易部位有序平仓，不至于整个金融体系停摆。这至少需要两大改革：第一，金融机构破产不一定非得走普通企业法庭破产程序；第二，政府获授权可用纳税人的钱，来保证其主持下的特别清算过程平稳有序，但这些钱是可能发生损失的。没有国会立法，这都办不到。

## 通胀

你认为美国经济前景如何？

**保尔森**　我相信美国经济正在复苏。失业率仍很高，但金融市场和金融系统目前稳定，经济在恢复增长，房地产市场多半已经触底，只是需要时间恢复。我认为美国的表现远远超越欧洲。

华尔街改变很大，但欧洲金融机构改革的步伐更加缓慢，因为需要资本金和流动性监管条件要提高。美国国会还没有通过改革法案，但是现在谈论的很多观点都是正确的，我相信其中很多最终会成为法律。我并没有掌握什么消息，但是我相信关于信贷违约掉期、衍生品、评级机构的法案会通过。美国的金融监管会更加严格，会对资本金和流动性有更高的要求，最终监管权力覆盖范围会扩大到如我们所愿。欧洲对此有抵制，他们银行的资本金还不及美国同行多。

美国经济在复苏中，那么危机以来采取的各种援助和刺激政策如何退出？

**保尔森** 这个问题非常重要。我所启动的那些救援项目，退出正在迅速进行。比如说向银行注入资本金的计划，银行正在募集资本还政府钱。美联储和财政部联手的 TARF 计划也是。有一些干预政策的退出尚未开始，比如对房利美和房地美的援助退出仍为时过早，联储还没有开始卖出其所持有的房地美和房利美的证券。我不想评论联储何时改变政策。美国很幸运有伯南克在处理这些问题。他从一开始就置身其中，他又懂市场又懂经济，他会找到解决之法。

通胀形势会不会变得严峻？

**保尔森** 在未来几年间，美国经济遭遇通胀的几率很小。为了稳定金融系统而投入市场的资金，全部或者绝大部分，会在五年内收回。短期财政赤字显得高得惊人，因为我们正处于严重衰退中，也因为其中一部分并非政府开支，而是政府对金融机构的股本投资，这部分迟早会回来的。通胀不是未来几年内需要面对的大问题。

真正严重的挑战是长期财政赤字。这在很大程度上植根于美国目前的社会福利政策——社会保障、医疗保险、公共医疗补助制度等。我在美国也说，这是代际之间的问题。每个父母都愿意牺牲自己为孩子争取更好的生活，所以我不怀疑能够解决这些问题，但等得越久，回旋余地就越小，也就会为下一代留下更多负担。

许多中国人担心美国印钞，将自己的问题全球化来解决问题。

**保尔森** 美国政府和美联储采取了必要措施，避免整个系统崩溃，让经济回到正轨。退出策略的确重要，伯南克是担当此任的不二人选，所以我并不十分担心退出。我更担心的是社会福利支出过高导致过高财政赤字，但这不是近期要务。我们还有时间处理这个问题。

　　美国保持准零利率这么长时间，其他国家特别是中国应该采取什么样的政策措施？

**保尔森**　与中国一样，美国采取了刺激计划和应对金融危机的货币政策。中国需要美国能继续顺利走出危机，美国的复苏对于中国经济而言极为重要。对于美国来说，长期挑战是储蓄太少，消费太多。如果美国民众能少消费一点，多储蓄一点，那将是件非常好的事情，但目前我们这个国家仍然还没实践这一点。

**记者述评**　认为美国会通过印钞让全球来解决自己的问题，这种观点在中国观察者中相当普遍。保尔森没有直接回答这个问题。他把答案分作三截：短期，美国没有通胀问题；中期，此次放出去的货币将在五年内回收所以没造成额外的通胀压力；长期财赤问题很大，但这跟眼下有什么关系？

　　这些回答很有道理，但能化解中国观察者的担忧吗？

## 中国经济

　　大规模的政府投入，加巨量银行贷款，中国经济目前的复苏健康吗？

**保尔森**　从 2008 年 12 月后我还是第一次来中国。但是我看得到，美国和其他国家都为中国所采取的行动感到庆幸。在此次全球衰退中，中国成为了世界经济的重要引擎。

包括刺激政策和巨额银行贷款在内的行动，不可能没有副作用。没有事情是完美的。有一些负面影响，比如沿海城市的房地产泡沫，还有银行贷款过剩，政策性贷款和商业性贷款区分不明，但我认为中国政府做了正确的事情，而我们都因此获益。

有观察者认为中国可能重蹈日本 20 年前的覆辙。你有这个担心吗？

**保尔森** 中国和日本的情况很不相同。日本的错误为中国提供了可借鉴之处。中国正在制定自己的改革路径，正在向市场型经济转型，并且取得了卓越的成就。我认为最大的风险是不继续前进或者过于缓慢地推进这场使中国受益非凡的改革。

普遍的看法是此次危机后，与其他国家相比，中国变成更强大了。你同意吗？

**保尔森** 中国经济在危机之中表现非常好。决策者行动迅速，采取了正确的措施。

我倾向于从中长期的角度看问题。无论是中国还是世界各国的人，都应当从这场危机中吸取恰当的教训。我们的教训不是金融改革和市场失效了。事实上，正是金融改革和市场化让千百万中国人和世界其他地方的人脱离贫困。

对于美国来说，教训是经济模式需要改变。我很高兴看到中国经济在危机中表现如此强劲，在未来的数年中仍然是世界经济的亮点。但是，相信我，没有哪国的经济发展会一帆风顺。

记者述评

保尔森特别能理解中国政府在 2008 年底采取的以"4 万亿"为标志的一揽子经济振兴措施。他在解决自己的危机的时候，已经完成了自我教育。禁止做空？他支持。救援金融机构，非做不可，因为不这样做的后果还要坏得多。副作用有，但可控。

但与许多人不同，保尔森没有混同事急从权与长期机制。他强调中国不要从这场危机中汲取错误的教训，不要放弃也不要放慢朝向市场机制的转型。他提醒，不管一国经济增长多么强劲时间多么长，总有一天会有波折。

## 中美

你在书中多次提到，与中国经济决策者们在危机期间保持着密切的联系。他们给你什么好建议了吗？来自中方的合作对于你处理危机有多重要？

**保尔森** 我担任美国财长之后，就启动了中美战略经济对话。这增进了理解和互信。我与中国同行经常对话。中美两国有相似的利益。世界金融系统稳定对于美国非常重要，对中国也是如此。中国在此一直具有相当的建设性。

我认识中国副总理王岐山很长时间，这当然很有助益。中美在各个层面相互交流。比如说，当需要召开全球领袖峰会的时候，布什总统要决定是叫 G7 还是 G20。他的决定是 G20，这也是我的推荐。在做决定前，我们咨询的第一个国家领导人就是中国国家主席胡锦涛。他表示赞同。我们因此知道中国愿意扮演重要的领袖角色，也知道开 G20 而不是 G7 是正确的。

你说，没有危机什么也过不了国会山。你的中国同行没有这个问题，"4 万亿"说上就上。你会不会羡慕他们？

**保尔森** 首先，我十分感激，两次得到国会支持，采取行动阻止金融系统的崩溃。许多人认为这是不可能的。第一次是给予财政部处理"两房"（房利美和房地美）的无上限的授权。第二是通过 TARP 授权 7000 亿美元救援方案。美国的民主共和体制有很多优点，是一个伟大的体制，当然也有时让人感到折磨，特别是要做出艰难的复杂的改革，在危机出现之前，国会很难通过。

中美之间未来经济合作的主要领域是什么？

**保尔森** 中美两国在有些领域有共同利益，有的则有竞争。应该很坦诚的面对这些不同领域，寻找解决之道。中国和美国是世界上最大的发达国家和最大的发展中国家。全球发展、国际贸易和投资的发展对双方都有利；孤立和保护主义对双方都有伤害。我们都是主要的石油进口国、能源消耗大国。因此发展和应用清洁能源技术，以取代石油，是两国共同的利益所在。气候和环境也是如此。在许多议题上不存在国家界限。

记者述评

在 2006 年担任美国财长之前，保尔森 70 余次造访中国。他与中国经济决策者们关系熟稔，与他们中的不少人保持着友谊。他在书中提到最多的其他国家是中国，中国副总理王岐山、央行行长周小川也都多次出现。在他犹豫不决时，后者还曾亲自劝说他要出任这一职务。

正因如此，当保尔森担任财长后即启动中美战略经济对话（SED）机制时，人人都认为，他找到了将长期积累的中国资本用来推进中美沟通与互信的最佳机会。

数年之后回顾，与创设时人们的期待相比，中美战略经济对话留下了遗憾，成果乏善可陈，突破几乎没有。在经历了 2001 年加入 WTO 五年过渡期后，中国进一步对外开放的动力有所失速，在三年中美战略经济对话中表现昭然。

在中美战略经济对话失色之时，G20 峰会成为国际政治顶级舞台上最耀眼的新机制。正如中国一位中央银行家告诉我们的那样，以前只有 G7 首脑会议、G20 财长和央行行长会议，没有过 G20 首脑峰会。G20 首脑峰会，由美国总统布什发起，以寻求对全球金融危机的全球解决之道。从保尔森的回答中，我们得知：它起于保尔森的建议，决定于中国国家主席胡锦涛的支持。

## 人民币

你任财长时，从未将中国定性为汇率操纵者。你的逻辑是什么？奥巴马政府会不会更有可能将中国定性为汇率操纵者？

**保尔森**　不论是公开的还是私下场合，我都说人民币汇率采取灵活机制是非常重要的，符合中国和世界经济的利益的。能够灵活反应经济状况的人民币汇率可以促进和谐的经济增长，更有效地控制通胀，控制房地产泡沫，也可以使社会更广泛地享受到经济繁荣的益处。

中国是一个主权国家，所以我们希望中国决策者认识到这对中国自己有益。这也是中国是否继续改革进程的一个标志。我们不为中国贴上货币操纵者的标签，我们只是敦促继续改革。

中国这次会不会被定性为汇率操纵者？

**保尔森**　我不做猜测，我已经不是财政部长了。

记者述评

人民币再次启动汇改，公认只是个时间问题。纷纭说法，区别只在是本月，本季度，还是下半年。两大事件值得关注：第一，中国国家主席胡锦涛将参加 4 月 12 日在美国首都华盛顿举行的核安全峰会。第二，现任美国财长盖特纳宣布推迟向国会提交对其主要贸易伙伴汇率的评估报告。中国是否操纵人民币汇率，是人们对这份报告最关心的内容。公开原因是希望此举给中国政策调整更大的空间。这两者表明，4 月 12 日之前所剩无几的时间，有可能构成中国再启汇改的第一个时间窗口。

不过，推迟发布报告之举，也有隐含的威胁之意，它使人更倾向于猜测报告的的结果是负面的。美国财政部每半年向国会提交该报告，被认定操纵其汇率的国家，可能受到贸易制裁。中国从未被认定为汇率操纵者。

4 月 7 日晚间，刚刚结束访问印度的美国财长盖特纳，"出乎意料"地出现在北京，并在 4 月 8 日同国务院副总理王岐山会谈。 除了会同王岐山商谈汇率问题，即将在 5 月下旬在北京举行的第二轮中美战略与经济对话，也应是两人会谈的话题。王岐山和盖特纳分别领导两国对话的经济部分。

## 金融开放

三年前采访你时是在财政部，你说中国应进一步对外开放金融业。你说中国应在既得利益长得太大无法控制之前开放。但很明显，此次危机之后，中国决策者不太愿意往前走。你还准备如何说服他们吗？

**保尔森** 开放金融市场，也是在中国法规之下的。中国将以管理本国金融机构同样的方式来管理合资或外资机构。他们都是在中国市场运行的。市场化的汇率机制对中国和其他国家都有利。长期来看，一个如此巨大的经济体，其产品，服务和贸易都深入融合到世界经济之中，没有开放的金融市场和市场化汇率机制是很难的。

我的逻辑是，更有效率的资本分配有助于创造新的产业、就业和增长。更多的金融产品和投资机会也有利于中国人分流储蓄，创造财富。更多的产品和投资机会、储蓄机制和利率并不能使他们放进银行的钱带给他们足够的收益。因此，我主张中国逐步放开金融市场。

中国在金融市场改革以及银行和其他金融机构私有化方面所作出的成就，是非常显著的。无论什么时候说这些，中国的决策者在长期改革方向上都没有变化，区别无非是节奏。

当然，也正像你说的，危机发生的时候，中国副总理王岐山跟我说，"Hank，我们的'老师'有麻烦了。"


中国没老师了。


**保尔森**　（笑）对我这样在市场中度过一生的人来说，这话让人清醒。（王岐山）总是很坦诚。


记者述评

许多致力于改革的人士认为，此次金融危机，中国在经济上受创有限，但改革开放之路受挫，影响更为深远。中国经济增长的动力，内部以经济自由化为主，外部以对外开放融入国际体系为主。在金融危机之后，两者都有所失速。国家干预主义不仅大占上风，还隐有固化可能。对外开放特别是金融对外开放的声音在金融动荡之下失声。中国30年来固然走所谓自己的道路，但自己的道路是不变量，变量基本来自"以美为师"。

在这个意义上说，"我的老师有麻烦了"，有麻烦的还有学生。危

> 机之前和危机之后采访保尔森，保尔森敦促中国保持改革开放进程的理
> 据和逻辑始终如一。这是好事，因为一以贯之；这又不是好事，因为推
> 进中国改革开放的思想指导，老调重弹不够，要有新鲜内容。它在哪里？

## 评价

你担任过高盛 CEO，你经历了一场金融危机，你还写了一本畅销书，
接下来你会干什么？

**保尔森**　我打算把大部分时间放在自然保护、环境和能源方面。多年来我一
直对此很感兴趣，现在能重新投入。比如在中国，我建立了一个环保方面的对
话，参与云南自然保护项目，设立了自然保护委员会的亚太区理事会。我很关
心环境和能源效率问题。我计划在这方面投入更多精力，也期待能对中国有所
贡献。

你会把投资银行经验用于你说的这些事情上去吗？你还有可能回投
资银行业吗？

**保尔森**　我想用我的能力，我对市场的理解，做一些能帮助别人的事情，做
一些应对环境挑战的事情。如果这些事跟金融市场有关，那是自然。但我不会
回到这个行业。另外说一句，我觉得清洁能源技术的发展和应用十分重要。

你跟高盛还有关系吗？

**保尔森**　我在高盛工作了 32 年，回忆很美好。但是去华盛顿任财长时，我
已经终结所有联系，卖掉所有股票。现在和高盛没有丝毫关系了。我希望所有

的金融机构都好，但并不和其中任何一家有关联。

从 1 到 10，1 最低，10 最高，你给自己打多少分？

**保尔森** 历史留给历史学家来写。无论是投资银行家还是财政部长，我都尽到全力。在财政部，我权力不够，手段不足，又面临前所未有的挑战，但我们做出的主要决策都是正确的。

系统性崩溃的后果是不堪设想的。我在书里也写到，当雷曼兄弟倒下、AIG 摇摇欲坠的那段时间，连最好的蓝筹公司都不能短期融资。继续下去，无论大小公司，不能融资，无法购买库存，不能支付供应商，不能发员工薪水。失业率完全可能一下飙升到 25%，回到大萧条时代，上百万人找不到工作。我们避免了这场灾难的发生。

你知道在美国，"救市"是非常让人反感的词。调查显示 93% 的美国人反对救市。所以我们向民众说明，这些行动不是为了救华尔街，是为了救普通美国人。我和伯南克去国会作证，要求国会给我们权力时，整个金融系统已经冻结，经济在几个月之后会急速下行。国会是给了我们权力，但我们很难因为避免了没有出现的灾难而获得表扬。所以我说，让历史来裁判吧。

记者述评

"你很难因为做出困难的决定避免了一场灾难而受奖，因为受益者没看到灾难的后果"，这句话的镜像更适合中国：不能因为做出容易做的决定，避免了一场危机，就觉得政府干预模式不可战胜。保尔森说得好，让历史来裁判吧！

韩薇、孙慧霞，实习记者龚橙对此文亦有贡献

# 如何与中国打交道

美国前财长、现任保尔森基金会董事长：保尔森（Henry Paulson）

驻华盛顿记者：张远岸

保尔森近期出版新书《与中国打交道》（Dealing with China），他在书中详细讲述了与中国高层领导和商界领袖的交往。

保尔森 1974 年加入高盛，1999 年至 2006 年担任高盛 CEO。在高盛工作期间保尔森访问中国 70 多次，与中国建立了紧密联系。2006 年美国时任总统小布什任命保尔森担任美国财长，在他任期中两国开设了中美战略经济对话（US-China Strategic Economic Dialogue）。2008 年美国次贷危机爆发，保尔森频繁出现在媒体及听证会上。2011 年 6 月，结束财长任期两年多的保尔森成立了保尔森基金会（Paulson Institute），致力于在美国和中国推动可持续增长和环境保护。

保尔森在书中提出建议，包括美国帮助由习近平领导的改革者达到其经济目标对中美双方都有利；应该鼓励中国公布可靠准确信息，从空气和水质量数据，对环保规定的执行，到房地产销售和地方政府融资；美国应该确定、排序并协调众多议题，以一个声音与中方交流；美国应该希望中国在如世贸组织这样的国际团体中发挥更大且更负责的领导作用；美国应该与中国竞争，展示经济领导力；与其试图说服中国凡事按照美国的方式，不如共同制定新政策或更新旧政策；避免令人吃惊的变化；美国应该以反映中国现实的方式与中国打交道。

保尔森 4 月 25 日下午接受了财新记者的电话专访。他表示写该书的目的是为了增强美国对中国的了解，"我觉得那种认为中国的崛起有利于美国的共识已经开始瓦解。"关于一些美国人担心中国崛起将威胁美国的看法，保尔森指出美国面临的最大威胁在于自己没有能力进行结构性经济改革来重振自身经济的竞争优势。在采访中，他谈及中国经济放缓、中美互信、中国面临的挑战等问题，并对中国应如何与美国打交道提出建议。

**财新记者** 您在书中提到猜疑是相互的。您对目前中美两国之间的互信水平有什么样的评价？

**保尔森** 目前的互信水平还是不错的，但还需要改善。世界形势不断发生变化。中国正在成为一个更强大的竞争对手，同时也是一个重要的合作伙伴。良性竞争没有什么不好，只要我们仍然能找到有很强的共同利益可以携手合作的领域。

我认为中美关系是迄今世界上最重要的双边关系。如果你想要应对当今世界面临的重大挑战，从保持全球经济增长到遏制气候变化影响，如果我们共同努力而不是反向而行的话，这些问题会更容易处理。

我写这本书的原因之一是为了增进美国国内对这一问题的了解。我觉得那种认为中国的崛起有利于美国的共识已经开始瓦解。这一关系现在比以往任何时候都更加重要。我们需要做点什么有意义的事情来提高互信水平。我们需要向两国民众证明这一关系具有极大的价值。

目前有一些非常令人鼓舞的迹象表明双方致力于保持牢固的关系。近期达成的中美气候变化协议、重启双边投资协定谈判以及习近平主席即将在 9 月进行的国事访问等都显示出积极良好的动态。

您在接受《今日美国》报采访的时候曾说"中国国家主席习近平不会等着我们或其他任何人宣布他们成为大国"。美国是否已经承认中国的大国地位，美国是否准备好让中国发挥更大作用？

保尔森　我认为中国现在显然是一个实力更强的大国，正在发挥更加积极的外交作用，特别是在全球经济中。

一段时间以来，美国一直致力于支持中国参与建立在规则基础上的全球体系。我促成了中国成功加入美洲开发银行。奥巴马政府一直致力于国际货币基金组织改革，这将使中国发挥更加突出的作用。

最近成立亚洲基础设施投资银行是中国发挥新影响力的一个很好实例。我认为美国应该加入亚洲基础设施投资银行。通过参与其中，我们可以推广最佳实践并出力打造我们的共同命运体。我希望美国将来会这样做。不过我认为，在一直以来支持中国更充分地融入全球经济的长期趋势中，这是个相对次要的问题。

如果既不夸大也不贬损，您对中国的实力和潜力有什么样的公允评价？

保尔森　美国有许多人担心中国的崛起会在某种程度上对美国构成威胁。我告诉他们，美国面临的最大威胁显然在于我们自己没有能力进行结构性经济改革来重振自身经济的竞争优势。我对他们说，如果我们能做到我们需要做的事情，美国在接下来许多年里都将是一个强大的经济力量。

我还说，夸大中国的经济实力就像低估其潜力一样可以铸成大错。中国经济创造了奇迹，使数亿人摆脱了贫困。但现在中国面临某些重大经济挑战。新一届中国领导人明白这一点并制定了改革方案，我谨慎乐观地认为这将取得成功。

如果美国有任何人根深蒂固地认为中国会出现问题，他们应该小心事与愿违。如果中国经济出现失误或衰退，我们（在美国）面对的一切经济挑战会愈发棘手。我认为中国的经济成就及其在开放经济竞争和推动消费主导型增长方面的成功是一个双赢的局面。这对美国工人和美国企业会有很大的好处。

我在书中很明确地指出，由于中国的改革进程曾经停滞不前，习近平主席接手了一些严峻的经济挑战。不过他已经制定了明确和明智的改革路线图。改革目标不容易实现，会需要一些时间。但随着中国实行改革，美国将从中国的成功中受益。

经济增长减速在多大程度上影响到中国改革的前景？

**保尔森** 我不只是关注经济增长速度。我认为，经济增长的质量更为重要。

中国的经济模式必须进行调整，使其减少对出口和通过地方债务融资的基础设施投资的依赖，同时向民营企业开放更多经济部门让其参与竞争。习近平主席领导的这一届政府已经制定了这样做的规划。但是，调整总量高达十万亿美元的经济说起来容易，做起来难，特别是由于存在将会抵制变革的既得利益集团。根据我的判断，习近平主席面临的最大挑战将是政治问题，需要时间来完成最棘手的改革。不过他的改革蓝图和迄今已经取得的进展给我留下了深刻的印象。

我乐观地认为，这届政府领导人关注改善经济增长质量，而且努力以非常专业的方式调控这种经济增长减速的现象。

您是否同意这样的观点，即美国目前对中国采取的做法是以美国的全球主导地位为代价来支持中国在经济和政治上融入自由主义的国际体系，同时亚洲举足轻重的地位正削弱美国在整个亚太地区的影响力？美国是否同意事实上中国是一个正在崛起的大国，而且中国将不可避免地成为一个地区大国？

**保尔森** 这是事实而且不可避免。美国一直是亚洲主要的经济、军事和外交力量，我觉得这一点没有改变。显然，通过经济上的成就，中国已经成为亚洲的主要力量。我认为任何一方都不会让对方成为霸主。我们必须想出如何开展合作的办法而且以不会导致冲突的方式做到这一点，这对每一个国家和全世界都非常重要。

这正是为什么我如此看重发展建设我们两国之间的紧密经济联系。贸易可以发挥重要作用，但直接投资更为重要。这是我大力支持达成双边投资协定的原因。双边投资协定将有助于各国创造就业机会，而且会有助于中国的改革者进一步向民营企业开放竞争。这对保持中国的经济增长具有至关重要的意义。但是，保增长的方式是向民营企业开放中国经济的某些领域让其参与竞争。

我之所以强调经济联系是因为我们不希望让国家安全的紧张关系削弱我们在亚洲的经济一体化和经济发展进程。

中美两国去年达成了有关气候变化的协议。美国是否能如期实现目标？如果在一连串针对美国环境保护署提起的诉讼中法庭裁决不利于这届美国政府的电厂监管条例，可能会导致其效力被削弱或取消，而且 2016 年当选的新总统也有可能会取消这些条例。您对此感到担心吗？

**保尔森** 我认为气候变化是全球面临的最大风险。至关重要的是我们两国在这方面共同努力。尽管存在各种政治言论和观点，我认为最近达成的协议在两国都广受欢迎。

美国方面有真正的进步，特别是如果考虑到各州和城市层面上正在做的事情。我仍然是一个乐观主义者，相信美国会继续做需要做的事，不管你可能会听到什么样的说法。

　　您的新书是关于与中国打交道。在另一方面，中国应该怎么与美国
打交道？

**保尔森**　我认为，正如许多美国人曲解中国一样，许多中国人也对美国的很
多事情有误解，特别是政治程序。

　　我们最大的政治问题在于经济增长速度不够快或者经济效益传播范围不够
广泛。收入差距是个巨大的问题。我们有些政治家把原因归咎于贸易和外国不
公平的经济竞争，往往把中国作为指责的对象，而不是推动必要的但在政治上
有难度的结构性改革。不过，一旦选举结束，共和党和民主党都明白符合美国
利益的做法是在我们的很多共同利益问题上找到与中国的共同点。

　　中国最好不要听从那种党派政治言论。

　　习近平主席即将进行访问的时机非常好。在美国总统大选升温前访问美国
是强调中美关系重要性的一个绝佳机会。我相信，当美国人民看到他时，他们
会做出积极反应。

　　就像美国人对中国存在误解一样，很多中国人的顾虑也存在认识上的误区，
因为他们相信美国不知怎的就想要遏制或阻挠中国的崛起。

　　这就是为什么我认为我们需要重新调整我们的关系。我们需要找到我们有
共同利益的领域，而这样的领域很多，并且努力把事情做好。如果我们在有共
同利益的领域取得了进展，那么我们存在分歧的领域将更容易把握。

# 金融危机的经典教训

美国第 75 届财政部长：蒂莫西·盖特纳（Timothy F. Geithner）
记者：胡舒立、叶伟强、黄山、汪旭
特派华盛顿记者：李增新

如果不是因为半年多前在伊斯坦布尔曾经谋面，很难把推门而来的盖特纳与位高权重的美国财政部长立即联系起来。

年轻、瘦削、随意，步履匆匆，盖特纳在人群中可能被忽略。不过，盖特纳已经担任美国第 75 届财政部长 18 个月。在视经济恢复为第一要务的奥巴马政府，盖特纳无疑是总统第一助手。

5 月 25 日晚，第二次中美战略与经济对话（ S&ED ）在北京落幕之后，我们在北京东方君悦酒店的一间贵宾厅，对盖特纳作了专访。

时间并不宽裕，想问的话题很多，我们略去了开场白直接提问，接二连三，盖特纳则迅即作答，语速很快，谈中美关系、谈欧元危机、谈美国监管，谈"中国模式"、谈希腊危机"美国阴谋论"。话毕，握手，他起身便走，同事叶伟强匆匆赶至门口，再补充了最后一道问题。

采访严肃，主题宏大，但开场有趣。他重述 1981 年在北大学中文的一段经历。有一天在他天坛公园附近游逛，有个中国人兴奋地走过来，问他来自哪个国家？

"我在北大看到宿舍楼附近有文革时期的油漆口号，'打倒美国'。所以犹豫了一会儿，最后还是告诉他我来自美国。结果他说，美国人跟中国人很像，都很直接、开放、坦诚、乐观。"

在交谈中，引用"打倒美国"，盖特纳笑着讲中文，此前他看我们的名片，说"财新"，发音很准。

与其前任亨利·保尔森的始于事业中期的"中国缘"不同，盖特纳在学生时代就初识中国。其父彼得·盖特纳多年来一直是美国国际机构的驻外官员，曾在福特基金会任职28年，而且是该基金会第一任驻华代表。跟随家庭，小盖特纳少年在非洲，中学在亚洲读书，而且早在1983年从美国达特茅斯学院毕业之前，就已经两度来华学习中文。他在美国的本科与硕士研究生专业，也都是亚洲研究。

不过，早年经历并没有使盖特纳的事业进入美国式"中国通"轨道。他1985年毕业后，在基辛格事务所工作三年，即加入美国财政部，此后经历了墨西哥危机、阿根廷危机、以及后来始于泰国、印尼，波及面越来越大的亚洲金融危机。

以其能力和经验，盖特纳在财政部拾阶而上，从负责国际货币和财政政策的助理部长、主管国际事务的副部长高级助理，最终于1999年担任了主管国际事务的副部长。

在国际货币基金组织短暂工作之后，2003年11月，纽约联储主席出缺，他出任此职，成为这家机构史来惟一没有华尔街背景的当家人。盖特纳似乎总是与危机结缘，2007年始，又是在他的纽联储任上，美国金融危机爆发。

后来的事情便为人们熟知了：盖特纳与美联储主席伯南克、时任财长保尔森，成了美国金融危机期间最重要的三位经济决策人。去年1月26日，他接替保尔森，出任奥巴马政府财政部长。从此，美国政府出台的金融机构救助计划有了"盖特纳计划"之名。

美国《大西洋月刊》不久前刊登了一篇长篇特写，说在盖特纳职业生涯的每个关键时刻，尽管不是第一选择，最终他都会获得那个别人认为他太年轻所以不见得够格的重要职位，然后干到最好。

离开采访现场，盖特纳直奔机场飞往欧洲。那里有另一场危机，等待着这位 49 岁的美国财长。

## "中美两国都在改革政府与市场的关系。这一改革极为重要，影响深远"

**财新记者** 今早在中央党校演讲反响如何？你日程如此紧密，为什么还要抽空去人民大学附中跟中学生打篮球？

**盖特纳** 我去跟中学生打球，就是让大家注意到球馆的照明系统。人大附中体育馆的照明设备来自美国爱荷华州一家公司。这家公司生产节能灯具，中国业务增长迅速。不仅波音、通用电气、道康宁或者卡特彼勒等全球公司，地处美国腹地的小企业也能在与中国的交往中获益。

我去党校的原因更简单。我想让在座的中国高级官员问我关于美国经济和金融改革的问题。不知道你当时在不在，一开头我就谈美国在推动创新上的经验教训。我列出了一个包含十个经验教训的清单。当然，这是非正式的。在总结这些经验教训的时候，我们心中有中国当前所经历的挑战。这些经验教训对中国官员们应该挺重要。

在演讲最后，我告诉他们一个故事。还是我在中国学习时，路过天坛附近的一个市场，一个人兴奋地走近我，问我来自哪个国家？我当时犹豫了一会。你知道，当时是 1981 年，我在北京大学的宿舍里，还是可以看到油漆的"文革"口号——打倒美国。

最后，我还是告诉他我来自美国。他说，很高兴见到美国人，希望我知道，美国人跟中国人很像，都很直接、开放、坦诚、乐观。我们具有共同之处。这是一个很好的故事。

这次中美战略与经济对话达到主要预期没有？双方存在什么分歧？

如何寻找双赢?

**盖特纳** 你看,战略与经济对话启动才一年,可以说刚刚开始,但你听对话的基调,看讨论话题范围,从金融改革到医疗卫生,从技术政策到出口,真是令人印象深刻。我认为对话极其有效。

美国公司在中国有大量的成长机会。中国当然也从美国的经济复苏中受益。两国都来到全球舞台,都带着强烈意愿去参加 G20。中美在危机最糟的时候,对需要采取的战略有着清晰的共识,全世界都看到了这一点。中美联手应对危机是很令人欣慰的事。战略与经济对话很重要,我们会努力增强该机制,进而加强对共同利益和共同挑战的理解。

中美对一些事情存有分歧,这不可避免。但正如我昨天以及一直表示的,中美两国经济优势互补。我知道有些中国人担心美国对中国的成功感觉不舒服,也有美国人担心中国得益以美国受损为代价。但这不是我们的看法。我们的看法是:两国优势互补。

另外,中美两国都在改革政府与市场的关系。这一改革极为重要,影响深远。我不知道中国未来产生的模式会是什么,但它肯定正在改变。

这场危机后,你对所谓中国模式和美国模式有没有新的思考?

**盖特纳** 很明显,美国金融机构冒了过多风险,犯下严重错误,现在正努力修补。政府迅速增强金融体系,并推动监管改革方案,后者已经非常接近于达成。奥巴马总统的金融改革方案,致力于遏制金融机构过度承担风险,在整个金融体系内降低杠杆率。

话说回来,在为创新提供资金支持上,美国金融体系令人难以置信地有用。我讲个经典的例子,其实是萨默斯先讲的:你是一个辍学大学生,在车库里搞出一个新发明。你没领带,也没西装,但就可以拿着这个发明出去融资,开始你的事业。这就是美国体制的优势，我们将保留这些优势。

中国模式当然会不一样。跟美国相比，中国处于截然不同的发展阶段，也会学习美国的教训。但是，美国模式依然富有韧性。美国有9000家金融机构，除了大金融机构，还有各种各样的小型机构。这一市场结构很有韧性。美国还有非常活跃的资本市场，包括债券市场、股票市场以及资产证券化市场，以帮助企业募集资金。美国企业还有其他创新方式对冲风险，去募集资金。这些都是美国制度的优势。

看全球金融改革的基本轨迹，其他国家从美国的错误中学习，同时也会复制美国的强项。美国的强项总是很全面的信息披露、很高的会计标准、很有力的系统性制衡机制，以及对投资者的强有力保护。

如你所知，我们犯了错误，但美国的优势是能修补漏洞。

> 你对中国经济增长有无担心？过去几十年间，新兴市场发生过好几场危机。有人相信，下一场震撼世界的新兴市场危机将发生在中国。

**盖特纳** 在金融改革与渐进自由化之间寻求平衡，中国领导层有非常高明的理解，他们已经在管理这些挑战上展示令人印象深刻的技能。

就像你在今天中美对话中看到的，美方的主要关注是，当中国继续推动本国创新和技术发展时，不要采取一种不利于或歧视美国公司的做法，不光是那些在中国有业务的美国公司，也包括那些向中国出口的美国公司。这对我们非常重要。不可能在一夜之间解决它，但我们取得了很大进展，中国做出了重要的政策调整，同意有关非歧视的一整套原则，同意让所有相关方共同努力，在未来几个月里取得进展。

这就是为何我在中央党校演讲时努力反思美国模式的优缺点。根本问题是：推动创新需要鼓励竞争，保护知识产权，需要金融体系提供激励，需要允许新的市场加入者，需要让利率和汇率、价格提供动力。

在中央党校演讲，同中学生在配有美制照明系统的球馆打球，凸显盖特纳此次的"人文"目的——接触未来数年有望登上国际舞台的中国领导人，接触中国最有希望的一批年轻人。

盖特纳给中央党校学员介绍美国的成功经验教训，包括：保护创新和知识产权；对竞争持开放态度，而不论这种竞争来自国内还是国外；对市场新入者的开放，包括小公司；将储蓄引向生产效率最高的投资以及最有前途的创新；教育体系鼓励创造力和挑战意愿；政府大规模投入基础科研，社会对失败持宽容态度；通过市场、价格信号、利率、资本价格、汇率在内的一系列手段鼓励创新；制衡既得利益集团，防止其控制影响监管和激励机制的结构。

在专访盖特纳之前，中国美国商会会长孟克文（Christian Murck）告诉财新《新世纪》记者，后者对在华美国企业关于中国经商环境的关注"清单"有如下描述：政府采购、技术转让要求、一定行业对外资的持续性限制等等。美中贸易全国委员会会长傅强恩（John Frisbie）也对我们指出，采用非歧视性税收优惠和研发扶持计划、而非通过政府采购项目和优先采购方式来推动创新，才是国际社会普遍遵循的准则。

相信盖特纳在对党校学员提供美国经验的同时，间接传递了上述美方企业界的意见。从7000亿美元救市计划的推出，到成为转折点的对大银行的"压力测试"，这些行动或者盖特纳亲身介入，或者直接领导，使美国经济处境目前好过欧洲。对银行的"压力测试"更是其标志性的举动。在上世纪90年代时，作为美国财政部普通官员的盖特纳，就曾建议其日本同行对日本国内银行进行"压力测试"。

2010年4月间，本刊专访过盖特纳的前任、布什政府的财长保尔森。保尔森提到，中国副总理王岐山在危机中曾对他说，"我们的'老师'有麻烦了。"保尔森的回应是，"这话让人清醒。"显然，自奥巴马以降的"谦卑"，并没有在盖特纳同他中国同行的交往中丢失。一方面当然拜中国兴起之势，另一方面，也是盖特纳对亚洲和中国的了解使然。在中央党校讲座中，盖特纳特意提及他在上世纪 80 年代初在北京的两段暑期学习经历。

也许在盖特纳看来，说服而非要求，才是真正推动中国改革——不论这个改革是汇率形成机制还是关于"自主创新"——的关键方法所在。因此，才会有盖特纳关于人民币汇率改革"取决于中国的选择"的表态。

盖特纳在任何对中国的评论上都小心翼翼。他只说美国，避免对中国事务的"指手画脚"之嫌。

盖特纳领衔的经济部分对话取得了相当多的成果。就美方此前关注的中国"自主创新"规定可能对美国企业造成的歧视方面，中方承诺在世贸组织政府采购委员会 7 月会议前，提交政府采购协议修改方案，并对政府采购法关于"本国产品"的认定标准草案公开征求意见。

## "希腊主权债危机最终产生什么影响，要取决于欧洲决策者做什么"

希腊主权债务危机会不会引发欧元危机？

**盖特纳**　这场危机最终产生什么影响，要取决于欧洲决策者做什么。他们已经给出了一系列有力的财政改革和金融救助措施。他们通过政策改革恢复财政可持续性，以促进经济增长；通过为一些国家提供金融支持，来稳定金融体系。市场现在希望看到这些措施得以实施。我认为欧洲会非常快地实施这些计划。

有人认为美国银行对于欧元危机的升级，起到了推波助澜的作用。甚至有人提到这是美国的阴谋。你怎么看？

**盖特纳**　这种看法毫无依据，只是企图将注意力从根本问题上引开。当前美欧合作非常密切。美国正在进行金融监管改革立法，其间美欧有非常密切的磋商，譬如讨论如何将衍生品市场放到阳光下，让它更为公开透明。在这些问题上，美欧观点非常接近。当然，我们不会支持德国上周采取那种单方面行动（指德国单方面禁止"裸卖空"欧元区国家国债、德国金融机构股票和CDS）。从历史来看，这些做法既没有效果，又会挫伤信心。

记者述评

"如果你有一支火箭筒，而人人都知道你有，你多半就不必使用它。"当2008年秋恳请国会批准对"两房"的救助时，美国前财长保尔森如是说。

这不适用于后来的美国金融危机，也不适用于当前的欧洲债务危机。5月10日，欧盟委员会宣布了总额高达7500亿欧元的金融稳定计划。至今，时间已经过去大半个月，但投资者对欧元区经济依然悲观，欧元指数也跌至近四年的低点。7500亿欧元的"火箭筒"，到底管不管用，谁也没底。

当盖特纳结束了中美战略与经济对话，于5月26日在伦敦会见英国新任财政大臣奥斯本时，他的忠告是："金融危机的基本教训是，你必须要快速有力地反应。"

在盖特纳看来，欧盟的金融稳定计划已经具备了必需的"元素"，但"市场想看的是行动"。

7500亿欧元救助方案公布以来，欧洲央行仅仅着手让自己的分支机构购买希腊债券。而救助计划中总额高达4400亿欧元的"特殊目的载体"（SPV），到底会如何使用，谁也说不清。而使用救援计划时，申请所得的贷款会有什么条件、利率是多少，也没有下文。因此，对于救助计划是否能够阻止欧洲主权债务危机蔓延，投资者心存疑虑。

即便这一切都有了答案，本轮陷入主权债务危机的欧元区国家，是否能成功地紧缩财政开支，仍将是巨大的疑问。7500亿欧元的"火箭筒"，确实足以帮助希腊渡过一时的难关，但雅典街头的示威队伍表明，结构调整要难得多。

"阴谋论"不仅在中国有市场。5月8日，在讨论救助希腊的会议上，欧元集团主席、卢森堡首相容克将欧元的连续下跌，归咎于"全球有组织的攻击"。但是，根据国际清算银行的最新数据，全球外汇市场日交易额总计 3.2 万亿美元，欧元交易超过三分之一。欧元毕竟不是泰铢，如此大的市场，投机者真能操纵于股掌之间？

欧元问题的种子，在其诞生第一天就已播下。单一货币政策覆盖下的欧元区各国，拥有独立的财政权和税收权。此次主权债务危机的各主角，虽然竞争力大幅下降，但在统一货币体内，仍能享受到较低的汇率波动和低廉的融资成本，因而以借债度日。而欧盟区没能严守惩罚机制，给"搭顺风车"开绿灯，这才是欧元受主权债务危机拖累、不断下跌的主因。

## "要确保构建一个体系，在机构'失败'（倒闭、破产）时有足够的抗压能力"

你从这场金融危机中学到了什么？

**盖特纳**　最基本的教训是，如果任由金融体系中的风险积聚，（监管机构）又没能很早介入控制风险，金融体系又不具韧性，不能吸收冲击的话，损失可能是灾难性的。一个相关的教训是，当危机开始蔓延的时候，要迅速采取压倒性的金融补救措施，以控制恐慌。这是至关重要的。

这也是所有金融危机的经典教训：必须在金融市场的核心，控制杠杆率和风险规模，确保有更强的冲击缓冲层、更厚的资本规模、更保守的融资。但当错误已经铸成，世界面临巨大风暴，政府必须迅速、强有力地采取行动。

我认为，中国和美国对迅速采取行动有相似的看法。我想再强调，必须及早地采取一切必要手段来解决问题，只有这样才能更快、更低成本、更有效地解决问题。相反，如果采取试探性的、逐步升级的措施，就不可能达到这种效果。我觉得这是从所有金融危机的历史上得出的最基本经验，也是我们在上任时指导我们工作的信条。奥巴马总统就职以后，就立刻迅速果断地采取最强有力、最全面的措施来解决危机。

你认为美国目前的金融改革能够有效地防止金融机构"大而不倒"吗？

**盖特纳**　在目前各国金融改革措施中，美国金融改革方案是控制风险、确保"失败"可控的最好政策框架体系。将来还会有危机。现在采取的措施，就是要确保构建一个体系，在机构"失败"（倒闭、破产）时有足够的抗压能力。

我们要在稳定、韧性与创新、竞争之间寻找平衡。过去是失衡的，这次危机才具有这么大破坏力，金融改革的基本策略是要构建一个更有韧性的系统，有更厚的冲击缓冲层。这样，在将来机构犯错时，或者全球经济又面临下行或衰退时，金融体系能够承受压力、吸收损失，政府也可以让企业倒闭，而不需要担心对全球实体经济构成冲击。

我认为这会成为全球金融监管协议的基础，这也与 G20 原则相符。

金融危机之后，一些国家的保护主义抬头。各国政府应该如何保持开放、合作？

**盖特纳**　对比上世纪 30 年代，甚至 70 年代和 80 年代危机后的情况，这次危机后保护主义抬头的程度小得多。本次危机的一个重要特点，就是各国很早就表示要保持市场开放，反对保护主义。这非常重要，对于市场信心也很有帮助。

　　"迅速、强有力的措施"在执行起来却谈何容易，政府救助究竟要多么有力，才能构成真正的"压倒性"（overwhelming），挽救市场信心？历史能够给出方向，却无法给出方案。如何把握救市措施的"度"，依然是美国政府的一大挑战。

　　2010 年 5 月 20 日，美国参议院通过了《2010 年重建美国金融稳定法》。接下来，将与美国众议院于去年 12 月通过的《华尔街改革与消费者保护法》合并，再次在两院获得通过后，即可送交美国总统签字生效。

　　与医改立法过程不同的是，美国政府没有再采取"提出原则后放由国会完成具体条款"的"中立"立场；这一次，白宫、财政部和美联储对法律制定不断施加影响。围绕着增加金融机构资本充足率、降低杠杆率，两院法案版本的核心是解决"系统性风险"问题和"大而不倒"的道德风险。

　　两院版本目前仍有较大分歧。从参议院法案，将成立一个由各家监管机构负责人构成的金融稳定委员会。这个"九人小组"将负责协调不同机构对系统性风险的管理。相应地，也赋予美国联邦存款保险公司（FDIC）等机构，对可能威胁到金融系统的机构要求更高的资本金，或对它们进行分拆、合并、破产、清算的权利。最终法案还可能设立专门的"资产重组基金"，用来保障机构破产清算有序进行，而资金则来自金融行业，避免再由纳税人承担损失。

　　美国金融改革法案还将建立消费者保护委员会，对按揭、汽车、消费贷款、信用卡业务做出具体规定，要求金融机构用简单易懂的语言，告知消费者潜在风险和违约责任。该机构还有权废除违规法同。

　　最受争议的，是对金融衍生品的监管条例。

　　按照美国财政部的指导原则，未来金融衍生品需要在第三方中央结算系统中结算，对买卖双方做出资金规模规定，每笔交易也要按比例缴足保证金。

按照"沃尔克原则",美国金融机构将被禁止"自营业务"操作；按照农业委员会主席布兰琪·林肯（Blanche Lincoln）的提议，还可能要求银行将金融衍生品交易部门"剥离"主体公司。目前，如何在最终法案中体现"沃尔克原则"还因两院版本不同存在较大争议，但目的只有一个：解决金融机构风险吸入和杠杆率问题。

每轮危机之后，贸易保护主义都会接踵而来。1930年，美国国会通过法案，大幅提高进口关税，引发各国间的贸易战争，加剧了世界经济大萧条。而本轮危机之后，"购买美国货"条款也赫然出现在美国7870亿美元的经济刺激计划中。

虽然2008年11月，参加首次G20领袖峰会的各国首脑，承诺在12个月内不再实施任何限制贸易措施。但当他们再次聚首伦敦之时，全球有17个国家采取了47项限制贸易措施。而一再错过最后期限的多哈回合谈判始终难有进展。危机高峰之时，甚至有人预言，这是全球化的终结。

还好在贸易保护的路上各国没有滑得更远。世界银行5月25日发布的报告显示，随着经济逐步复苏，从2009年四季度开始，贸易保护案件数量开始回落。2010年一季度，全球新发起的反倾销、反补贴和特保案等临时进口限制贸易救济案同比下降20％。世界变平之后，也许真的不会再回头。

*记者笛安对此文亦有贡献*

# 厘清中美经贸分歧

美国财长：雅各布·卢（Jacob Lew）

记者：胡舒立、黄山

特派记者：唐家婕、张翃

上任刚 15 个月的美国财长雅各布·卢（Jacob Lew）——美国人更习惯叫他杰克（Jack），已经是第三次造访中国了。今年 59 岁的雅各布·卢，圆脸、圆框眼镜，发色如炭，笑容几乎有丝羞涩，似哈利·波特人到中年。

离今年 7 月初将在北京举行的中美战略与经济对话（S&ED）还有两个月，雅各布·卢来到北京打前站，不到 40 个小时的行程内会见了中国国务院总理李克强、副总理汪洋，及其他中国高级官员。在离京前，他也特地接受了财新记者的专访。

雅各布·卢是一个低曝光度的财长。与他的前两任保尔森（Henry Paulson）、盖特纳（Tim Geithner）相比，他不必天天被新闻记者追着问：美国经济什么时候能摆脱危机？政府还能拿出什么手段救市？雅各布·卢上任之际，美国经济已经可以触到隧道末端的光，新闻聚光灯也更多投向了美联储，追问量化宽松的退出时间表。

与前两任的不同还在于，雅各布·卢跟华尔街渊源短浅——他只在花旗集团短暂任职过三年。危机过后的美国财长一角，已经不那么需要和华尔街银行家们打成一片了。

雅各布·卢身上更多的是华盛顿的印记。上世纪 70 年代，他还没从哈佛大学本科毕业，就已经到华府给议员当起助手。24岁时的他，已经是众议院议长的"资深政策顾问"。

纵观其公务员生涯，可以发现，雅各布·卢最突出的角色是"总务先生"。他的任务一直是管理预算和财务、调度人力与资源。克林顿总统时期，他已经当上了白宫预算管理办公室（BMO）主任——同样的职务他在奥巴马总统任上又当了一次。他还当过一年奥巴马白宫的幕僚长，此前又在希拉里执掌的国务院当过管理资源分配的副国务卿。可谓国内政治与外交通吃。

"总务先生"会算账，更会谈判。前后七年的白宫生涯中，雅各布·卢的代表作便是代表行政分支和立法分支谈判预算事宜。这位老道的谈判家，将会是未来中美"双边投资条约"（BIT）中国的主要对手。

财新记者的采访在东方君悦酒店一个套间进行。眼前的雅各布·卢，依旧是标志性的圆框眼镜，打着一条红紫相间的斜纹领带，看上去与平时并无二致。他谈人民币汇率、中国经济前景、美国财政状况、国际货币基金组织（IMF）份额改革，以及跨太平洋战略经济伙伴关系协议（TPP）进程，辞锋犀利。

## "人民币仍被低估"

**财新记者** 你这次中国之行有何成果？

**雅各布·卢** 今天（5月13日），我有一连串成功的会议，在人民大会堂会见了经济领域的领导官员，讨论了广泛的议题，为7月将举行的中美战略与经济对话（S&ED）奠定基础。这是我担任财政部长以来第三次到中国。我认为发展这样的关系非常重要，我们可以针对那些共同关注的、需要坦诚对话的问题进行交流。

美国财政部报告认为中国不是汇率操纵国，但需要采取进一步的措施。财政部所谓的中国汇率政策需要"基本调整"是什么意思？

**雅各布·卢** 如你所知，我们在汇率报告明确指出，分析显示人民币被低估。我们已经看到过去几个月的政策转向更为市场决定的汇率机制，比如交易区间加倍。但我们看到了人民币交易区间加倍后，人民币对美元反而贬值，我们还看到外汇储备的持续积累，这都是干预的证据。

中国要为了本国利益而进行汇率机制改革，以提高中国人民的消费力，而且要创造一个公平的国际商业竞争环境，那么按理应该允许人民币双向波动。但是自从人民币波幅扩大，直到几天前都只有向下波动。

我也认为干预需要有更多的透明度，现在我们需要看外汇储备的构成如何，从而推理出干预的具体做法。国际货币基金组织已有这方面的规则，要求政策加大明晰及透明度，我敦促（中国）往这个方向走。

汇率会是你接下来在 S&ED 谈的重点议题吗？

**雅各布·卢** 我已经在每个会议中不断提出这个议题，我必须说，去年初看起来有更多人民币浮动的迹象。我认为，有些担忧认为人民币朝着单方向调整，将成为一个吸引投机性投资的风险。我今天说的以及我们将在 S&ED 持续强调的重点是，如果人民币要转向市场决定，就必须能够随市场机制浮动，这也意味着不干预你所设定的范围内的浮动。

S&ED 还有什么其他议题？你认为此次在哪些方面会有突破？

**雅各布·卢** 我会等到 7 月再来谈哪些可能是突破性的议题，但在利率、市场准入、公平竞争等议题加强市场主导力量，都是需要有进展的部分。过去一年来，我们已有很多坦率的讨论，关于如何鼓励更多美国到中国、中国到美国的投资，如何打开我们的市场让商品自由的交易，这都是我们可以继续取得进展的领域。

我认为，S&ED 成功的标志是找出哪些明确步骤可以让我们逐年朝着目标前进。7 月的 S&ED，希望我们会在经济问题上取得进展，在气候问题及战略领域也是如此。

记者述评

人民币汇率是雅各布·卢此行的重点议题，他在出访前公开表示将在中国行针对汇率议题施压。他认为，中国虽然在汇率政策调整上取得了一定的进展，但仍需加大改革力度，而近几个月中国的汇率改革"出现非常负面的发展"。

今年 4 月 15 日，美国财政部公布了呈交美国国会的"国际经济和汇率政策报告"，虽然未将中国列为汇率操纵国，但是仍批评中国官方对外汇市场的干预程度。

自 2014 年初以来，人民币已累计下跌约 2.8%。在雅各布·卢离开北京当天，美元最新兑人民币开盘价为 6.2407 元，较 13 日收盘价 6.2373 元继续下行。

**"即使遇到挑战，对长期有利的改革也要继续向前行"**

你上次来中国是在 2013 年 11 月十八届三中全会之后。再次造访，你有没有看到中国在这五个多月来的任何改变？

**雅各布·卢** 显然地，三中全会的一个重要的承诺就是引入更多市场的力量到经济的关键领域，在今天所有的会议上，我都再次听到这个承诺，没有听到任何远离这个承诺的声音。

目前的挑战在于如何履行，我今天听到数以百计的实现步骤与措施。如同我对 S&ED 的描述，中国必须思考他们如何朝对的方向前进，因为完整地实现措施需要一些时间，但他们也必须开始在一些重要的议题上有明显的进展。

看起来，中国官方绝对明白这一点，也正在努力朝这个方向前进，但是，这么大量的任务难以从短短的五个月看出成果。我们将继续这些谈话，当我们 7 月回到北京，我当然希望看到那些具体步骤。

你对中国经济最大的担忧是什么？

**雅各布·卢** 中国显然正在因应经济增长放缓的短期挑战。我今天听到很多有信心的话，认为增长速度可以保持在目标的范围内，这与我们做的分析是一致的。

我的担心是，随着短期经济挑战的到来，可能会有些诱因导致经济改革受到推迟，而这些改革是中期和长期经济增长的关键。我认为即使遇到挑战，这些能对长期有利的改革也要继续向前行。对美国和世界经济而言，中国能有强健经济未来是重要的，中国拥有强大的经济前景对自己本身当然也很重要。令人鼓舞的是，这些原则在三中全会后持续地被强调，而且是在我参与的每个会议上。

記者述評 2013 年 11 月 9 日至 12 日，中国共产党于北京召开第十八届三中全会，并于 11 月 15 日公布了《中共中央关于全面深化改革若干重大问题的决定 》。

在经济方面，强调核心问题是处理好政府和市场的关系，"紧紧围绕使市场在资源分配中起决定性作用深化经济体制改革"；此外，还提到了建立公平开放透明的市场规则，建设法治化营商环境，以及改革市场监管体系等。

国际社会对这些改革反响热烈。雅各布·卢此行与中国官员再次近距离接触，显然感受到更多中国官员对于改革的决心，特别是引入更多市场的力量到经济的关键领域。

## 美国经济强健复苏

美国最近的经济情况有些矛盾的数据。你怎么看这背后的因素？这会怎么影响你对 2014 年经济情况的判断？

**雅各布·卢**　我们对于今年的经济增长前景相当乐观，一季度是因为某些特殊情况使得经济增长有些颠簸。我们经历了一个非常寒冷且多雪的冬季，这降低了一段时间的经济产出，人们无法去上班，无法开车到商店里，因为一切都被雪覆盖着。

展望未来，我们看 3 月和 4 月，也就是一季度结束和二季度初的数据，发现许多持续过去一年强健经济增长轨迹的迹象；在今年下半年，可能会略微强于我们所预期的。

整年来看，表现差的一季度会对年度数字有影响，但从核心的经济表现来看，我们认为美国正走向一个较过去几年强健的经济情况。

我们看到，制造业和服务业都已经表现转好，但建设和住房一直比应该要复苏的速度还慢，我认为有些问题与获得抵押贷款有关。我们正在寻找这其中的原因和帮助解决这个状况。另一个原因也可能与年轻人较慢走出经济衰退，难以顺利组成家庭有关。

我认为，大部分的经济形势都显得相当正面，一旦住房和建设也恢复，将创造额外的经济增长刺激。所以，我对于 2014 下半年相当乐观，这也是美国大部分人持有的观点。

　　美国商务部最新公布的数据显示，美国一季度经济增长大幅趋缓，按年率计算 GDP 仅增长 0.1%，增幅远低于市场预期的 1.2% 至 1.5%，更创 2012 年四季度以来的新低。

　　今年 3 月的几项最新数据，则显示了美国房市的疲软，新屋开工总数、营建许可总数皆不如预期；成屋销售较上年同期下降了 7.5%，新屋销售下降 14.5%。

　　不过，另一个经济重要指标——就业市场则表现突出。

　　4 月失业率跌至 6.3%，是 2008 年 9 月以来新低。

　　雅各布·卢对财新记者的解释，与美联储主席耶伦在本月 7 日的国会听证时的说法相同。

　　耶伦也认为，美国整体正走向复苏，经济放缓原因主要是恶劣气候影响。不过，劳动力市场状况虽改善，但长期失业人口及做临时工但希望找到全职工作的人口仍处于较高水平，劳动力仍存在大量闲置；住房市场表现较差——这些都显示美国经济还需要支持，宽松货币政策仍有持续的必要性。

## 避免下一个财政僵局

　　美国政府在去年经历了停摆及减支。你认为这对美国经济及美元影响有多大？未来如何避免？

**雅各布·卢**　如果你看从去年 12 月到目前所有的行动，你会发现当局所采取的一系列步骤都是试图减少这些不确定性。我们有了两年的预算协议，债务上限或借款授权延长了时间到明年中旬；虽然有些法案仍因为政治因素捆绑，比如已经争论多年的农业法案（Farm bill）。但我认为，整体有一个非常积极正面的趋势，正在避免你描述的僵局。

从宏观经济的影响来看，财政整顿已经造成影响。上个月的就业数据显示，公共部门的雇用仅略有增长，这是一个下滑的趋势，无论是地方或联邦，而且这都只是（减支）影响的开始而已。

实际上，鉴于我们所面临的预算约束，这将不会是经济增长的强大推动力。但我们一直在按部就班地进步。我认为，如果你看一下美国经济复苏，我们采取非常大的行动，包含改革我们的金融体系，然后处理赤字，我们的表现胜过许多其他国家，我认为我们采取了正确的顺序进行。我们让经济继续往前移动，恢复了对金融体系的信心、在政治混乱中整顿了财政，至少经济层面上，一切正在按正确的顺序走。

**记者述评**

2013 年 10 月 1 日，美国新财政年度开始，由于国会中的民主、共和两党未能达成临时拨款协议，美国联邦政府进入了 17 年来的首次"部分停摆"，"非核心"政府部门如国家公园、博物馆、动物园等关闭，超过 80 万政府雇员被迫休假。

直到 10 月 17 日，在美国债务"触顶"最后期限前几个小时，参议院与众议院才达成协议，让政府重新恢复运作。

国际评级机构标准普尔估计，美政府停摆 16 天，总体经济损失大约 240 亿美元，还让美国四季度经济增速减少 0.6 个百分点。另一个国际评级机构惠誉( Fitch )也于 10 月 15 日将美国信用评级列入"负面观察"名单。

2013 年底，美国国会通过了为期两年的预算案，这意味着联邦政府将至少能顺利运作到 2015 年 10 月 1 日，两年间不再面对停摆危机。

## IMF 角色重要

> 你在国会听证时，提到了美国在 IMF 的领导地位，但我们知道中国正在提出一些新的提案，比如亚洲基础设施投资银行，以及一些我们熟悉之外的多边机构，你怎么看待中国及新兴经济体提出的新举措？

**雅各布·卢**　在"二战"后期，我们发展对经济及金融稳定极为重要的数个多边组织。IMF 处于领导地位，我们致力于批准 2010 年的 IMF 改革。地区性银行和世界银行也都是非常重要的多边组织，已经建立了标准并确保适当的保护。

我们期待着更多地了解这些提议，但我认为这问题是他们要怎样在已经存在的多边组织上加入新的工作，还有他们要怎么建立这些组织已确立的标准，我们期待着进一步了解。

记者述评

2010 年 10 月，G20 首尔峰会提出的 IMF 份额改革计划，旨在提高发展中国家特别是新兴经济体在 IMF 中的代表性，并提高 IMF 的常规借贷能力。计划通过后，中国在 IMF 份额将翻倍至 6.39%，成为 IMF 第三大会员国；IMF 可用资金则将达到 7550 亿美元。

不过，根据 IMF 规定，增资需要经过有 85% 投票权的成员国同意，但仅美国一国的投票权就占 17%。美国奥巴马政府迄今仍无法说服国会就此项措施采取行动，共和党人担心改革将增加财政负担，并削弱美国在 IMF 的影响力。

2013 年以来，包含"金砖国家开发银行"、亚洲基础设施投资银行的提案，都被视为新兴经济体寻求解套的方法。

今年 4 月的 IMF 年会， G20 还首次对美国提出 2014 年内须批准的时间表，并表示若没有进展，将"呼吁 IMF 在已完成的工作上，发展其他的选择，做下一步打算"。

## TPP 保持开放

TPP 是奥巴马总统的重要贸易议程之一，但在去年达成协议的目标失败了。你认为主要的阻碍是什么？你对即将在新加坡举行的谈判有信心吗？

**雅各布·卢**　我对TPP持乐观态度。我不知道本次会议能不能把事情处理完，但我们正在不断取得进展。TPP 所设立的高标准是一个大胆的新想法，我们已经看到很多国家对这个高标准协议感兴趣。高标准是很难的，这意味着每个谈判国不得不离开他们一开始的舒适领域，做出一些艰难的决定。

我认为我们已经取得了实质的进展，奥巴马总统的亚洲行也为我们继续带来进步。

我们已经在一些艰难的议题上有了讨论的框架，让我们从中取得进展。在所有真正的贸易谈判中，最困难的问题总是到最后才得到解决，因为每一方都想知道对方想要什么，多边对谈背后还有许多双边对谈，这是一个具有挑战性的过程是完全可以理解的。

所有的贸易谈判代表将在几天后再见面，如果需要，我们也愿意再会面，让议程持续向前进，因为一个成功的 TPP 能涵盖全球经济这么多的利益，我们期待着它是一个开放的 TPP，让所有满足高标准的国家能够参与。

你期待中国在 TPP 的角色是什么？

**雅各布·卢**　中国至今尚未参与进来。但是，我们视 TPP 为一个开放的进程，所有准备好接受高标准的国家，都能参与其中。

你认为今年底可以完成吗？

**雅各布·卢** 我总是不愿意设立一个时间点，但我对这个协议非常乐观，当然越快达成越好。

记者述评

美国主导的 TPP 是首个连接亚洲、大洋洲、南北美洲的自由贸易协议，旨在通过开放市场、促进投资、协调监管等，深化各成员国经济关系，提高贸易标准。TPP 成员国 GDP 约占全球四成，贸易额约占全球三分之一。

目前，TPP 谈判共完成 19 轮谈判，12 个成员国包含文莱、智利、新西兰、新加坡、美国、澳大利亚、秘鲁、越南、马来西亚、加拿大、墨西哥、日本等。

美日达成双边协议被视为是 TPP 展开下阶段谈判的重要一步。不过，今年 4 月奥巴马的日本行，仍未在争议的重点议题达成协议，包括汽车和农产品的市场准入。

2014 年底，美国国会将迎来中期选举。多数分析认为，迫于选举压力，美国要在贸易上进一步让步的可能性极低，TPP 在今年达成的机会也更加渺茫。

# "遏制中国与我们的目标不符"

美国助理国务卿：罗素（Daniel Russel）
记者：张远岸

　　席卷北美大陆的寒潮，令今年华盛顿的春天来得格外迟。不过，这并不影响中美两国高层官员新年伊始的频繁穿梭往来。随着中美罕见地提前大半年公布中国国家主席习近平将于9月对美进行国事访问，负责中美事务的两国官员不是在彼此首都，就是在赶往彼此首都的航班上。

　　对美国而言，今年不仅将迎来中国国家元首，包括日本首相安倍晋三、韩国总统朴槿惠、印尼总统佐科在内的其他亚太国家领导人也将踏上白宫的南草坪。美国总统奥巴马步入最后两年任期，作为其外交之锚的"亚太再平衡"政策再次被聚焦。

　　美国负责战略沟通的副国家安全顾问罗兹（Ben Rhodes）今年2月时表示，美国已经向亚太地区传递了清楚信号，"亚太再平衡"将会持续下去。而2015年也是个特殊的年份——第二次世界大战结束70周年。在此背景下，略有缓和的中日关系是否会再次出现波动，美国在亚太地区的重要盟友韩国和日本间的关系能否修复均不明朗。

　　不仅仅是亚太，随着乌克兰危机的持续，极端组织"伊斯兰国"（IS）的蹿起，利比亚、叙利亚局势的恶化，伊核问题的僵局，后美军阿富汗时代的不确定，以及包括埃博拉疫情在内的公共卫生危机，大量全球治理问题需要分别作为全球最大发展中国家和最大发达国家中美两国充分沟通和合作。

作为"亚太再平衡"战略的主要设计和执行者，美国负责东亚和太平洋事务的助理国务卿罗素，也因此成为往来中美两国间的重要人物。他刚于 2 月初访问了中国。3 月 23 日下午，罗素在美国国务院的办公室里接受了财新记者专访。

在奥巴马第二个任期内，罗素 2013 年 7 月 1 日被任命为负责东亚和太平洋事务的助理国务卿，接任坎贝尔（Kurt Campbell）。之前，罗素在白宫担任总统特别助理和国家安全委员会负责亚洲事务的资深主管。在此期间，他协助制定了被认为是奥巴马政府标志性的"亚太再平衡"战略，包括强化同盟、加深美国与多边机构的关系，扩大与该地区新兴国家的合作等。

不过，由于奥巴马政府首届任期外交政策更多由希拉里主导的国务院负责，罗素的角色较不明显。在 2009 年 1 月加入国家安全委员会之前，他曾在美国驻日本、荷兰、韩国等多国使馆工作，外交生涯长达 30 年。

罗素的日程非常紧，上一个会议刚刚结束，他便立刻开始接受采访。他戴一副细边眼镜，身着深色条纹西装，搭配天蓝色领带，典型华府职业外交官的打扮。说起话来，语速不疾不徐，十分有条理。

采访中，罗素多次强调高层领导人及官员间交流的重要性。半个小时的采访快结束时，工作人员提醒下一位客人已在等候。办公室门一打开，门口站着高大、满头白发的美国现任驻华大使鲍卡斯（Max Baucus），罗素马上将他迎了进来，开始下一个会晤。鲍卡斯当时正率领代表团在华盛顿参加第二届"选择美国"投资峰会。毫无疑问，作为中美关系重要一环的经济外交，也是罗素重要的工作内容。

**财新记者** 你最近一次中国行有何收获？是否利用此行确定了新年中美双边关系的要务？

**罗　素** 我研究中国多年。但在过去四年半里，我在白宫担任总统特别顾问，后来在这里担任助理国务卿，我才有机会真正开始处理双边关系。

中美两国间有持续的磋商。今年尤为重要，这不仅体现在过去的基础上继续发展，更借力两年前在阳光庄园营造的势头。当时，新上任不久的中国国家主席习近平与奥巴马总统能投入足够多时间，在那样一个场合，彻底想清楚一些问题，"我们关系中什么是重要的""什么是我们真正努力想做的"。

所以在过去近两年中，我们首先给两国关系打下我所称的"基础"（floor），意思是有一个更加稳定的根基，即便出现问题或挫折，双方仍对两国关系不会太糟糕有一定信心。

阳光庄园峰会及之后，两国关系的另一个重要特征是密集的双方高层对话，这不仅包括两国领导人之间的对话，还有部长及内阁成员间的对话及该级别以下其他高级官员间的对话。这种交流和对话的节奏一直在加快，2015 年已经安排好一些访问。

在中美战略与经济对话（S&ED）和中美人文交流高层磋商（CPE）框架下，我们还加强了结构性的政府间对话。这两个对话都预定于今年 6 月在华盛顿举行。

我还要补充的是，中美两国已在合作应对全球挑战上取得进展。中美都意识到，首先我们面临一些共同挑战，不管是气候、环境、能源，还是全球卫生，比如埃博拉和其他传染疾病，还是源于中东但并不仅限于中东的"伊斯兰国"（IS）和恐怖极端主义。其次，如果中美两国没有合作和协调，而是单独行动，解决这些全球挑战将困难得多。最后，在一些双边领域，包括贸易、教育和学生交流、次国家级合作项目、推广旅游和延长签证有效期等，我们都有收获。

与此同时，还有一些问题领域。我认为不光是地区热点问题，而是在双边背景下，2015 年我们要能用习近平去年 11 月的话说，"站得高，看得远，锲而不舍，排除万难"，有勇气解决敏感领域的问题。我们不能掩饰分歧，而是要应对它们，努力取得进展。

阳光庄园会晤被称为"蜜月期"，之后中美关系出现波动。你如何描述目前的中美关系？习近平主席访美时的重点将是什么？

**罗　素**　那个"蜜月"我也在场。实际上，不管是阳光庄园会晤还是之后，在中美关系中不可避免地存在合作领域、竞争领域和分歧领域。问题在于两国领导人能否有效应对全部这三个领域。

谈到合作领域，包括 2015 年在内，我们要在对中国人民、美国人民、区域和世界来说真正重要的问题上，建立有意义的、真正的、实际的合作。

在极为重要的问题上开展有意义的合作，我们在这一点上已经建立了良好可靠的记录，比如气候变化问题。两国领导人去年 11 月的宣言代表了一个重要的里程碑。这只是开始，而非结束。我们还有很多工作要做，包括今年 12 月的巴黎气候大会。

在竞争领域中，我认为两国都意识到存在"良性竞争"很重要，这样的竞争基于遵守共同标准、规则和原则，是公平的竞争，并驱动各自改进，使双方都变得更强大，对消费者、公民和地区都有好处，促进而非削弱稳定。这是我们应该追求的"健康竞争"。

第三个类别则是管控分歧，这仍有很多改善空间。为了北京上空再现美丽的蓝天，不管是像奥巴马总统出席 APEC 期间时那样，还是像习近平主席秋天访问华盛顿时那样，我们都必须联合起来，齐心协力，仅仅关闭河北省的工厂无法带来蓝天。

此外，还有一些难题，美国的民众、国会和商界对这些问题深感担忧，老实说奥巴马政府也感到忧虑。这些问题涉及公平贸易、公平竞争和网络安全等。

今年是第二次世界大战结束70周年，美国的盟国韩国和日本间关系是否会出现困难？这将会如何影响美国与他们的关系以及中美关系？

**罗　素**　日韩关系间存在紧张，而其他美国盟国间则没有。日韩关系多年来起起伏伏，近几年的双边关系紧张。不仅是日韩关系改善，还有中日关系改善，都符合我们所有国家的利益。

2015年是"二战"结束70周年，我认为这提供了日本改善与邻国关系的最佳契机。我们一直在与日本和韩国对话，这也是我最近访问北京时的重要议程之一，因为这是全世界重要的三个经济体，也是美国在亚太地区的三个重要伙伴。我对关系改善抱有希望，并将坚定推动美国帮助促进良好关系与和解。

中日韩三国外长已会过面，你认为这是否会为三国领导人会晤铺垫？

**罗　素**　肯定的。中美关系已证明国家领导人直接会晤、交换想法、更好地了解对方，是确保双边关系稳定且具建设性的核心要素。因此我认为习近平和安倍晋三在APEC上会面是积极的，我希望会有更多会面。三国领导人没有什么理由不会面。

在我看来，考虑到东北亚还有那么多工作要做，会面越早越好。我当然希望该地区的领导人会晤扩展，不管是双边还是三边。我应该提到习近平对首尔的历史性访问，这在东北亚是非常有建设性的转折点。

请谈一下围绕朝鲜的磋商。

**罗素**　朝鲜必须停止并且消除其核武器项目和弹道导弹项目，在这一点上两国的意见压倒性一致。这两个项目都直接违反中国、美国和其他联合国安理会成员国通过的决议。我们都同意，希望通过真正的谈判达成一个和平的、外交的解决方案。朝鲜梦想的所谓"双轨政策"注定会失败，即同时追求核武器以及外国投资和经济援助。我们永远不会支持该政策。

　　即便如此，我们各自采取的行动截至目前还不足以说服金正恩停止并改变方向。我们必须为此加强努力，但同时继续向朝鲜展示其改变方向、消除核武器野心的好处是真实可见的。我们就朝鲜局势、可能有效的手段及如何实现我们的共同目标继续保持磋商。


　　　　你是设计"亚太再平衡"战略的重要人物。你如何看待中国的定位？
　　　　未来是线性上升还是会受国内问题拖累？


**罗　素**　我不预测未来，而是试图影响未来。我希望看到的未来，奥巴马总统和国务卿克里希望看到的未来是一个稳定、繁荣的中国，以与中国实力相符的方式承担对其公民、邻国和国际社会的责任。

　　美国从未寻求压制或遏制一个强大外国伙伴的发展，事实上，我们自"二战"结束后，在过去 70 年里不知疲倦地花费大量资金增强欧洲、增强日本、增强韩国、增强其他世界大国。我在中国听到一些说法，认为美国寻求遏制中国，这与历史不符，也与我们的目标不符。


　　　　那在制定规则上呢？英国等国刚刚宣布加入亚洲基础设施投资银行
　　　　（AIIB），美国是否视为挑战？美国试图说服伙伴国家不要加入，
　　　　美国立场是什么？


**罗　素**　不，美国是想试图说服中国作为 AIIB 背后的推动力，在建立一个

新的多边开发银行的起点上,采用过去几十年间其他国际开发银行创立的好的、严格的标准和规则。

也就是说,我们希望任何新银行,如果真的是一个跨国银行或国际银行,应建立于高标准之上,而不是从一开始就忽略国际机构已经取得的成就。我认为我们的影响力以及许多其他国家的鼓励和建议,实际上已经对中国政府的想法和计划产生了很大影响。

我看到在创建 AIIB 过程中有稳步改善,那是很多国家艰辛外交努力的结果。一些国家已经决定签订谅解备忘录(MOU),作为成员国继续为良好的监管和治理规则被采用而努力,其他国家则决定观望。因为只有当协议条款刊印出来,当银行开始运营时,这些国家才会有信心。


所以美国在观望?


**罗　素**　是的。

# "我浸淫政治够久了"

第 43 届佛罗里达州州长：杰布·布什（John Ellis Jeb Bush）
记者：黄山

    杰布·布什，老布什和芭芭拉·布什夫妇的次子，父亲和兄长乔治·布什都曾任美国总统。杰布·布什曾任第 43 届佛罗里达州州长（1999 年 –2007 年）。成长于得州的杰布，由于在佛州迈阿密地区涉足地产开发业取得成功，很快就与戴德县的共和党建立了联系，并在父亲总统任期结束时就任佛罗里达州商会主席一职。在 2011 年 1 月 3 日出版的《华尔街日报》上，他被认为是该年最值得关注的九位全球人物之一。

    酒店行政套间的房门打开。与采访对象略作寒暄后坐下，对方递过的名片上，没有惯常见到的诸如机构、职务、地址等内容，只有寥寥数字：Jeb Bush（杰布·布什）、一个以 jeb.org 结尾的电邮地址以及电话号码。

    对这位身材高大、家世显赫的美国人而言，如此出场确实低调。也许，一方面因为这是他的首次中国之行，另一方面因为此次行程更多是私人性质。

    确实，杰布无需一般流于俗套的商业名片，只因为布什这个简单的姓氏。作为老布什总统的次子、小布什总统的弟弟，布什家族在美国政界堪称"王室"。但是，并非无功受禄的"官二代"，杰布以亮丽的商业表现、对慈善领域的投入，以及最终成为佛州历史上首位连任的共和党州长的履历，赢得了共和党内明星的声誉。一直以来，有关杰布竞选联邦参议员乃至参选总统的传闻不绝于耳。

他此行更多是以美国地方政治家的形象出现，而一旦涉及布什家族熟稔的中美关系的话题，杰布也不遑多让。

恰逢中国国家主席胡锦涛对美国进行国事访问，杰布表示，中美关系具有多重性，双方最高领导人交流的结果，将有助于增进对彼此的理解，进而避免可能对关系产生不利影响的错误，"我认为访问很重要，也恰当其时。"

似乎回应了杰布的关注，在"胡奥会"后发表的联合声明中，两国元首期待在今年美国夏威夷举行的亚太经合组织领导人非正式会议期间再次会晤，而美国副总统拜登也将访华，中国国家副主席习近平此后亦将访美。

## 共和党明星

显然，美国国内政治的走向，以及已然开始升温的 2012 年美国总统选举，还是杰布关注的重点。"王室"血统加上佛罗里达州州长任内的出色表现，在目前共和党内群龙无首、人人蓄势待发的背景下，使得杰布成为各位共和党潜在候选人竞相拉拢的对象。

杰布的本次中国之行，原本定在去年秋天。但随着当时美国中期选战的如火如荼，奔走各州为共和党候选人筹款拉票，使得杰布无暇他顾。而最终共和党众议院大胜，杰布也被记上一功。

娶了拉美裔太太的杰布，说着一口流利的西班牙语。这对杰布经营拥有大量拉美裔移民的佛州，无疑是如虎添翼。正因如此，布什最近关于共和党如要赢得 2012 年大选，必须花大力气吸引拉美裔选民的说法，获得广泛关注。要知道，当年奥巴马拿下白宫，拉美裔选民功不可没。根据美国官方人口统计，截至 2009 年 7 月的数据，美国 3 亿人口中，有大约 4840 万属于拉美裔，占全国总人口的 16%，已超过黑人为最大的少数族裔，且处于上升趋势。预计到 2050 年，拉美裔将占美国总人口的 30%。

面对这样一个迅速增长的选民力量，两党自然不会放过。但共和党相对强硬的移民政策，往往令很多拉美裔选民转投民主党。在深谙拉美裔心理的杰布看来，拉美裔选民绝对是共和党胜选的可倚之力。"我们拥有与拉美裔共同的价值和道德原则，共和党的哲学同这些渴望实现美国梦的拉美裔一致。"

除了争取选民支持，在政治领域适度攻击对手，也是政治家的必修功课。此前，杰布曾表示华盛顿的政治氛围需要重设（reset），并批评奥巴马总统对其前任也就是小布什总统的攻击。杰布表示，他不认可现任总统批评前任的做法，"攻击前任无济于事"。

但杰布强调，他所认为华盛顿的政治氛围需要重设的理由，不单是为超越奥巴马对其哥哥的批评，而是因为"美国现在面临亟待解决的迫切问题"。

在杰布看来，在奥巴马治下两党分裂的加剧，不仅使得共和党、也使得民主党很难在既坚持原则的同时找到利益共同点。单纯从华盛顿的现实来看，杰布此言不虚。

被视为奥巴马任内最大成就的医保法案，在投票时就遭到无一共和党众议员支持的局面，实属罕见。而最新的消息是，目前在众院席位占优的共和党，在 1 月 19 日以 245 票赞成、189 票反对的投票结果通过一项废除医疗改革法案的立法。尽管从实际操作层面上废除法案势必遭到挫败，但无疑是共和党新国会向奥巴马政府一系列"反扑"的开始。

党争之外，以佛州地方政治家身份示人的杰布，不遗余力地为其已卸任州长的佛罗里达州做宣传。这也是近年密度频频的美国州长访华的必做功课。

在杰布看来，拥有独特地理位置和气候的佛州，与养老相关的产业是其发展重点。"中国企业可以来佛州投资养老产业，并将其作为通向南美、中美和加勒比地区近 5 亿潜在消费者的踏板（gateway）。"此外，杰布也表达了对中国养老产业市场的兴趣，认为美国企业同样也可以从中国社会老龄化趋势中获得商机。

不过，拥有辉煌商业成就和政治履历的杰布，并不满足于已有的成就。在他看来，成功的定义并不限于银行账户上的数字，同时，慈善活动也不仅是社会对捐赠者慷慨的承认，"真正的慈善应是无人知晓的。"

在1994年首次参选佛州州长失利后，杰布建立"佛州未来基金会"，希望以此在草根层面影响公共政策。此后杰布还建立旨在改善教育质量的机构。

对提高佛州教育质量的重视，日后被证明即是杰布州长生涯的亮点，但同时也是遭到诸多诟病之处。

杰布州长任上，在全州公立学校系统推行标准化考试，并对佛州所有的公立学校进行统一的评分，对那些表现卓越的学校进行资金支持，并支持鼓励家长进行择校的教育券制度以及允许私人机构介入的"政府特许学校"（charter school）。

但是，杰布旨在结束倾向少数族裔和弱势群体的"平权法案"（affirmative action）的"同一个佛州"议案，导致佛罗里达大学的教师们反对该校给予杰布荣誉学位。

对于这些争议，杰布显得很坦然。"任何一项政策都有支持者，也有反对者。但通过给学校施加更大的责任感，现在你很难对教育质量的参差不齐再找借口。我来之前佛州教育质量位居全美末席，但如今正努力朝最优秀前进。"

## 政治未来

对于目前未有公职在身的杰布而言，他的政治未来无疑是各方都最关心的话题。就此，杰布表示，"在政治中，你绝不会说'绝不'，你也绝不会关上任何一扇门，但我目前并没有参选公职的打算。"

至于现在为其他共和党候选人出谋划策、筹集竞选经费的介入政治方式，杰布感到很舒服，"要知道，我不是为选而选，而是要有确定的目的。"

杰布还借用人的年龄和狗龄来形容自己的政治生命。"在美国，一个狗年相当于人的七年，现在我的政治生命如果按照狗龄算，已经 800 岁了，在政治中我浸淫得够久了。实际上，在我 8 岁时，我的父亲就开始竞选公职了。"

确实，出身这样一个政治世家，从小就对华盛顿的竞选环境耳濡目染，难免有倦怠之意。"在政治的世界里，我想我太老了。"相信这是杰布的肺腑之言，但"老"在美国的政治语言中，并不代表没有机会。回顾"战后"的历任美国总统，特别是来自共和党的，大多是老将"回炉再造"。相比 69 岁的里根当选总统、父亲老布什 64 岁才登上总统宝座，今年才 58 岁的杰布机会犹在。

排除种种其他因素，杰布政治生涯再进一步的最大障碍，恐怕就是美国人是否愿意接受第三位"布什总统"。

本刊实习研究员 Alexandra Park 对此文亦有贡献

# 我站在风口浪尖

美国驻华大使：鲍卡斯（Max Baucus）
记者：胡舒立

　　刚刚过去的 11 月，是中国在国际舞台施展大国外交浓墨重彩的一个月。时隔十三年后，亚太经合组织（APEC）峰会再次来到中国。此次会议成果丰硕，尤其是中美元首会晤，双方在气候变化、两军关系、信息技术产品关税以及签证便利化等方面取得的进展，普遍超出此前的预期。近日，履新九个月的美国驻华大使鲍卡斯（Max Baucus）在北京的大使官邸，接受了《舒立时间》专访，这也是鲍卡斯上任后首次接受中国媒体采访。

**财新记者** 习近平主席用了九个小时与奥巴马总统会谈，比其他国家领导人加起来的时间还要长。你认为他们是否有了新的理解？

**鲍卡斯** 他们对彼此的倾听给我留下了深刻印象。习近平主席听取了奥巴马总统对美国价值观、宪法、独立宣言的解释。此外，奥巴马总统也用了约 20 分钟，听取习近平主席对于中国角色、中国增长、中国共产党在中国重要性的阐述。每段讲话或陈述结束时，对方都会说"非常感谢你，我很有收获"。这是非常有帮助的。所以达到了另一个层次、更深层次的理解。但正像生活中的每件事一样，没有事物是静止的，而是瞬息万变，你必须继续努力。正因如此，我认为我的工作就是不断推动理解，与人们交谈，遍访各地，尽我所能夯实并深化关系。

你认为这对双边关系是一个突破吗？

**鲍卡斯** 我认为这是向前迈进了一步。我的观点是，虽是老生常谈但值得重申，中美关系是世界上最重要的双边关系。我们必须让中美关系朝着正确的方向发展。我很喜欢我的工作，因为我被推到了风口浪尖，在十字路口做决定，为这两个国家工作，努力一点点逐渐推进，确保我们做的是正确的。我认为，峰会期间达成的协定正是在往那个方向前进。那只是一个星期。我们必须继续前进，这需要很多努力。

近期，美国和中国对彼此的民意都显得更偏负面。（这是因为）有人提出，中国的实力和影响力在增强，而美国相对在走下坡路。你对此观点有何看法？

**鲍卡斯** 美国欢迎中国崛起。首先，这是不可避免的。中国正在增长。未来中国的 GDP 将会超过美国。某一天肯定会的。我们美国人对此持欢迎态度，因为中国经济发展对中国、美国以及世界都有好处。我认为很多美国人都对中国好奇。他们看到中国增长。他们看到中国崛起，经济增长不断发展。他们对此感兴趣。这意味着什么？我认为中国人也同样好奇。美国人是谁？美国对此有何反应？这两个问题的答案很简单。我们必须合作并用建设性且积极的方式管控美中关系。我不是说这很容易，但我确实认为我们别无选择。这是不可避免的，没有替代选项。

记者述评 今年 73 岁的鲍卡斯，是 1979 年中美建交以来上任时年龄最大的驻华大使。与前两任美国大使骆家辉和洪博培相比，鲍卡斯似乎并没有什么"中国缘"。不过，他在处理贸易问题上的丰富经验也许是他获此职位的重要砝码。他不仅是颇有权势的美国参议院财政委员会主席，还是奥巴马饱受争议的医疗改革法案的设计师，迄今也是蒙大拿州任职时间最长的联邦参议员。

你当了多年律师，后来成为政治家，担任参议员长达 30 多年，为什么？

**鲍卡斯** 我上大学的时候，在法国学习了六个月。然后我背上背包，搭便车环游世界一年，去了欧洲、非洲和亚洲。这在我心中埋下了日后对公共服务产生兴趣的种子。那时我并没意识到。但在当了几年律师后，我开始思考。我意识到我不想作一个被雇佣的商业工具。我更想为人们工作，为更多人解决问题。所以我选择了公共服务。我很幸运我做出了这个决定。

我喜爱我过去的工作，在美国参议院工作。但我对这份工作的热爱甚至更多。因为我正处在风口浪尖上，置身于世界上最重要的关系中，没有什么能比试着为中美加深理解做出贡献更让人有成就感的了。这非常美好。

作为一个参议员，我确实花了很多时间思考中国、拜访中国。因为我所担任的职位，我非常努力帮助中国加入世界贸易组织（WTO），我来过中国八次。我在 1999 年、2000 年时与朱镕基会谈。我喜欢中国，它令我着迷。同时，我很久以前就认识到中美的命运是密不可分的。所以我想在那里帮助其发生。

你被授予这一职务时是否感到惊讶？

**鲍卡斯** 惊讶。但我立刻就接受了这份工作。我毫不犹豫，凭着直觉立刻就说，好的。那是我想做的。

到目前为止你喜欢你的工作吗？

**鲍卡斯** 我热爱我的工作，因为它是如此有趣、令人激动。每天都有新事情发生。人们是如此的迷人、聪明、敏捷、迅速，有创业精神，寻找解决问题的创新方式。我很喜欢。我偶然发现了微信，很有用。我觉得它很有意思。我去开会、参加晚宴，我问别人他们用不用微信，他们说用呀，聊微信是打开话匣子的好方法。我发现这很管用，微信用起来也很有趣。我热爱旅行，我周游了全国各地。

我在递交国书时告诉习近平主席，我要走遍中国的每一个省。迄今为止，我已经去过了 31 个省中的 13 个，所以我还有一些省要去。我热爱旅行，因为那是我学习的方式。我通过与人交谈学习，那些省的党委书记、省长、商人、美国人和中国人，还有非营利性组织。我与他们见面，尽我所能学习。我觉得那很有趣。

你未来两年的首要任务是什么？

**鲍卡斯** 我们将会继续推动已做出的努力，即气候变化。我认为这是历史性的，我们两国就气候变化达成了协议是很了不起的。九个月前我抵达这里时，我问政府关于气候变化的问题，那就像是对着栅栏说话，没人关心气候。但现在大家对气候有浓厚兴趣。我们达成了协议，两国都同意完成一些目标，减少碳排放。所以一个目标是与中国公司、美国公司、能源技术公司、清洁能源公司合作，继续推动这项议程。

另一个目标是经济，是双边投资协定。结束谈判还需要几个月的时间。所谓的负面清单明年将会出来，缩短清单以便相关国家和企业享受国民待遇以及非歧视性待遇。这极为重要。然后着眼于其他具有世界范围重要性的领域。埃博拉是一个好例子。我们是世界上最大的两个国家。这正是两国携手合作、起表率作用的好机遇，向世界展示中美能够合作以及合作是多么重要。这样其他国家更有可能会效仿。

你认为多久能达成协定？

**鲍卡斯** 我们正在就语言进行磋商。这已经是大概第16次或第17次会议了。明年中国将提出所谓的负面清单，也就是没有国民待遇的领域清单。我们的目标是保证人人都能享受国民待遇。国民待遇意味着在中国的公司，无论是中国公司还是外国公司，都能得到同等对待。这是目标。我预期明年某个时候能达成协议。越早越好。

据报道，一些美国跨国公司对在中国的待遇不满。你认为这些公司得到公正对待了吗？主要有哪些抱怨？

**鲍卡斯** 全球化使世界充满竞争，全球竞争愈发激烈。因此为了增加净收益，公司不得不更努力地竞争。有些行业感觉在中国发展得很好。另一些则认为没有充分的国民待遇。对于想要成长及发展的中国企业来说，它们必须保持国际经济标准和透明度、法律规则、去除补贴、取消优惠融资，在价格和产品质量的基础上竞争，因为那是世界规范和标准。这样中国企业才能在未来很好地发展品牌，并维持产品在海外的市场。但与此同时，因为有了公平的竞争环境，美国公司也将可以去竞争。一个公平的竞争环境，有利于企业、消费者，有助于建立信任。对中美两国来说，创造一个公平的竞争环境很重要。

竞争是双向的。中国企业渴望走向海外投资，反之亦然。是否有越来越多的中国公司在美投资呢？主要障碍是什么？

**鲍卡斯** 越来越多中国人开始在美国投资。事实上，今年中国在美投资大幅超过美国在华直接投资。中国企业对在美投资感兴趣，它们不确定市场格局，提出很多问题，这是应该的。因为据我经验，如果你想找到问题的答案，你必须提出问题，然后才能找到答案。所以我鼓励中国公司来美国。许多我在这里接触到的中国投资者说，"我们喜欢在美投资，为什么？因为更稳定。我们了解美国政治体系，不像非洲和南美。我们喜欢在美国投资。"

**记者述评** 放眼亚太地区，美国继续积极推动其主导的跨太平洋伙伴关系协议（TPP），一旦达成，TPP 将成为世界贸易组织创立以来最大的贸易协定，覆盖全球经济约 40%。而在今年 APEC 上，中国则开启了亚太自贸区（FTAAP）进程，FTAAP 较美国主导、接近完成的跨太平洋伙伴关系协定（TPP）覆盖面更广，包容性更大。

你是跨太平洋伙伴关系协议（TPP）的倡导者，其进展如何？你预计是否会有来自美国国内政治的阻力？

**鲍卡斯** 我们在为达成贸易协定而努力，因为贸易协定旨在帮助国家间贸易。总体来说，随着贸易增多，消费者可以同等价格购得更多产品，同时有助于研发更好的产品。现在在亚洲有很多贸易协定正在被商讨。TPP 是其中之一。亚太自由贸易区（FTAAP）是另一个。我听说过很多个。这些都不错。我们继续为此努力是好的，这样国家间能够更便利地开展贸易和投资。无论何时出现改变，几乎总会有一些来自当地的阻力。在这件事情上，美国一些人可能并不像大多数人那样支持 TPP。我认为 TPP 应当通过。我正致力于此。奥巴马总统也致力于此。

同样也是在 APEC 期间，中国建议开启区域经济伙伴协定（RCEP）。这被看作区域合作的一大进展。TPP 和 RCEP 之间的关系如何？

**鲍卡斯** 我认为 TPP 会通过，当它通过后韩国很可能想加入。如果是这样，我认为中国将会问自己，是否也想加入。七八个月以前，当我和人们、政府官员聊起 TPP 时，他们对 TPP 持批判态度。但过了一段时间，他们对 TPP 越来越不那么批判了，在我看来这显示出加入 TPP 的一些潜在兴趣。你提到了 RCEP。这是一个方案。FTAAP 是另一个。让我们致力于鼓励国家加入最行得通的协议。现在最突出且最有可能最早成功的是 TPP。可能会在明年早些时候达成。

在多大程度上中国这一因素影响着美国国内事务的议题？

**鲍卡斯** 这在往好的方向发生变化。五六年前，一个中国公司想要在东海岸购买一个港口。这掀起了轩然大波，美国人不喜欢这种做法，因此搁浅了。但看看过去几年中发生了什么。"双汇"收购了史密斯菲尔德火腿，美国人喜欢这种做法。现在各种各样的中国投资人在美国购买地产，在我看来他们畅通无阻。例如，一个中国的商业联盟收购了纽约的通用大厦，诸如此类的收购还有很多。我认为中国财富在美国发挥的作用非常重要且是有建设性的。这是供给。财富在那里。需求是对基础设施建设的需求。美国需要建更多的铁路，就像中国的高铁；需要更多机场，就像中国那些高级漂亮的机场一样。我们需要融资、投资。我们美国会提供很多，但是中国私人投资也可以来美国发挥作用。我认为美国对此所持的接受态度实际上比有些人想象得要多，只要是以有公平、透明和法治的方式进行，且有责必究。

记者述评 今年，中国在对外经济政策方面提出了一系列战略性想法，如"一带一路"的国家战略布局，即"丝绸之路经济带"和"21 世纪海上丝绸之路"，以及筹建亚洲基础设施投资银行，对此，作为美国驻华大使，鲍卡斯又有何见解呢？

美国在多大程度上欢迎，或至少不反对上述举措？

**鲍卡斯** 我认为这些努力是重要的，因为亚洲需要更多资本投资。现有机构尚可，但是中国发展如此迅速，亚洲人口增长如此之快，亚洲需要额外的基础设施建设投资来满足人们的需求。第二，我认为任何被设立的机构，你提到了一些，都必须遵守国际商业标准、透明度和资本要求。只要遵守基本的国际准则和金融准则，我认为不管这些机构在哪里设立都是可以的，因为这将更有可能带来可持续的、持久的增长以及对基础设施建设的投资。

美国一直是中国腐败官员最喜爱的藏身处之一。中美在追捕腐败官员上的合作如何？最大障碍是什么？

**鲍卡斯** 很不幸，腐败无处不在，不仅是中国。这令人惋惜。但是，我们必须严厉打击腐败，尽可能根治腐败，因为这些人不应该卷了不义之财就逃跑。腐败是腐蚀剂，它削弱信心，令商业活动变得困难，使人们不再相信彼此。我们美国正在和中国政府努力根除两国的腐败问题。我们不想成为贪官的避风港。我们目前正在和中国政府合作，找出藏匿在美国的坏人。他们以为他们逃过一劫，到了这里就安全了，我们要做的是确保他们并不安全。这将不是一个简单的过程，因为要尊重美国司法标准。你找到了某个人，应该根据法律给予这个人法定诉讼程序。我们有很多途径和工具。我们确实想和中国合作，根除那些贪官。他们自以为找到了避难所，但很快就会发现这里压根儿不安全。这是我们关系的一部分。中国政府认识到美国政府在与其合作。这很有帮助。这对未来可能出现的其他问题也有所帮助。

# 我受够了政治

美国华裔驻华大使：骆家辉（Gary Locke）
记者：胡舒立

　　骆家辉，祖籍广东省台山市。作为首位美国华裔驻华大使，上任之初即受到广泛关注。去年11月宣布辞职，其真实动机更被媒体热议。在他短短两年半的任期内，除了推动中美关系发展，加强经贸领域的合作，其个人行事风格，如坐经济舱、吃街头小吃、公开收入、发布PM2.5数值等，亦成为大家津津乐道的话题。

　　2014年3月1日，是骆家辉正式卸任离开中国的日子。离任前夕，他接受了财新传媒总编辑胡舒立的专访。

**财新记者** 你因个人原因辞任。但是，你突然提早离任还是引发了诸多猜测。你是怎么考虑的？

**骆家辉** 实际上，我待的时间比原先计划的要长。一年前，也就是2013年2月，我和妻子坐下来聊天时，我突然意识到，"天呐，我们的大女儿即将开始最后两年的高中生活"。我们认为，对她来说，在美国完成剩余两年高中生活很重要。

　　我觉得与女儿相处的时间已经非常有限，因为从现在起一年半后，她将离开去上大学，可能去到另一个城市。在这之后，她会有自己的工作，也许会结婚住在其他城市。我觉得在我的小姑娘长大离开前，我只剩下这一年半的时间了。

我们本想待的更久一点。像我的儿子，也很乐意在北京读完高中，但那是不可能的，因为这就意味着我们要待到奥巴马总统卸任后。下一任总统无论是民主党人还是共和党人，都会选出自己的大使。我们不可能待到奥巴马总统任期届满，所以我们只能将儿子送回美国接着读高中。可这就是说，他会在那里完成最后一年的学业。陌生的学校，没有朋友；老师不了解他，也就不会帮他写大学推荐信。同样的事情也会发生在我们的女儿身上。我们很想多待一阵子，但是她在美国完成后两年高中学业也同样重要。于是我们就要在 2013 年夏天举家迁回，我的想法和计划是在当年 10 月份离任。但是白宫要求我再待久一点。

　　对外界来说，这很突然。

**骆家辉**　我们没有其他办法可以宣布。我与奥巴马总统有过会面，并且试图当面告知他我的决定。但是他太忙了，此事就一直推后。

　　所以，实际上你与他（奥巴马总统）早就讨论过了？

**骆家辉**　是的，事实上在 2013 年 9 月，我就与白宫讨论过这个事情，但直到 11 月份才正式发布公告。

　　64 岁的骆家辉在 2011 年 8 月出任美国驻华大使前，即有着传奇和骄人的政治履历。1997 至 2005 年，他在华盛顿州做了两任、为期八年的州长，成为美国本土第一位、也是迄今惟一一位华裔州长。卸任州长后，他加入了一家国际法律咨询公司，业务主攻中国及政府间关系。2009 年，奥巴马总统又任命他出任商务部长，成为奥巴马政府继能源部长朱棣文之后第二位华裔部长。至于卸任驻华大使后的生涯，他又有何规划和打算呢？

你已经有一段非常成功的政治生涯。你将怎样从如此骄人的履历中向前迈进？

**骆家辉** 我并没有很详尽的职业规划。我从未想象过从政，也从未想象过成为华盛顿州州长。我当然也没有想过当商务部部长，我在希拉里·克林顿竞选总统时，是支持她的。当她在与奥巴马竞争中输掉初选后，我开始为日后成为总统的奥巴马助选。但我从未想过奥巴马总统会打电话通知我成为他的商务部部长。这是一份巨大的荣耀。我们在华盛顿度过了一段美好的时光。突然有一天，他让我接替洪博培成为新一任美国驻华大使。

之后，我盼望着回家，可以教我的大女儿开车，教我九岁的女儿滑雪，和我的儿子一起做运动。

你会再次加入律师事务所或者相关的机构吗？

**骆家辉** 我不太确定之后的工作。我与美国政府之间有各种各样的协议，在3月1日离任前，我不能签署任何合同，与任何人签订工作合同。所以，我会休息放松一下，与家人在一起。但是，我此后打算致力于推动中美关系。

从政治生涯的角度看，在我看来，你不打算规划什么，但不拒绝任何机会？

**骆家辉** 世事无绝对。我没有任何想法。我受够了政治。我会帮助别人竞选。但是我无法想象，也没有看到，重返公职的时机和条件。

记者述评　　2 月初，美国国会参议院投票一致批准马克斯·鲍卡斯成为新任驻华大使。72 岁的老牌参议员鲍卡斯随即被冠上"史上最年长美国驻华大使"、"13 年来首位不会说中文的美国驻华大使"等名号，他对中国的了解和亲近感似乎远不及前任。

　　在你看来，你的继任者鲍卡斯面临的最大挑战是什么？

**骆家辉**　我认为，作为美国大使，他会做出卓越的成绩，他和妻子也会非常享受在中国的日子。他此前来过中国很多次，他会表现的很棒。我只能给他一个建议，这我已经通过许多次电话交谈告诉他了。我认识他许多许多年，我对他的建议是：走出北京。就像华盛顿不代表美国，北京也不代表中国。半数中国人住在农村，像北京、上海和广州这样的城市不代表中国的全部。所以，你必须去到中国的不同地区，包括小城镇和大城市，不仅仅是东部沿海地区，也有西部省份。接触那里的人们，尝试理解中国不同地方文化习俗的差别。就像美国有许多不同的文化和传统，从北部到南部，从东部到西部。中国同样如此。

　　我认为最大的挑战在于管理自己的时间。在北京会有很多事情，很多会议。但是，你必须留出时间探访全中国。

记者述评　　中美关系被称作 21 世纪最重要的双边关系。2011 年骆家辉到任后，在"再平衡"背景下，中美关系遭遇了诸多新的考验，而 2013 年 6 月的"习奥会"又标志着两国对"构建新型大国关系"达成了一定共识。作为这一段中美关系的亲历者，骆家辉又是怎样看待两国关系未来的呢？

　　你在中美关系中扮演了什么位置？

**骆家辉**　我参与到一些在中国发生的争议性事件当中：王立军进入成都的美

国领事馆，陈光诚寻求美国大使馆庇护，我帮助协商解决了这两起事件。我还参与筹备习主席和奥巴马总统在加利福尼亚的历史性会面，他们用了两天，许多个小时在一起交流，互相了解，讨论建立新型关系，因此我认为我们非常积极地参与了制定美国（外交）政策，建言华盛顿政府，但是最重要的是，发展两国之间已经持续了 40 年的良好关系。

我们刚刚提到了两起事件，陈光诚事件和王立军事件，你小心处理了这两起外交纷争。基于你的经验，避免双方关系不被此类外交事件蒙上阴影的关键是什么？

**骆家辉** 我认为，我们在众多其他领域有切实的合作，政府、企业、科学家和文化机构都深度参与。我们需要在这些领域不断向前。我们会有分歧，不时出现微妙处境。因为我们在其他领域有很牢固的关系，我们不会允许此类外交事件为中美关系进程蒙上阴影。

你认为现在中美关系面临的最大挑战是什么？

**骆家辉** 我认为最大的挑战是保持沟通。中国与美国在许多方面都合作紧密，也伴随着分歧。就像兄弟姐妹间的争执、公司里合作伙伴的看法不同。这是可以预见的。但挑战在于确保分歧可以在和平、合作的方式下得到解决，双方仍然着眼于地区间的共同利益与共同关注的问题。

谈到中美关系，我同样想知道你对各区域的看法。一些人把当今的亚太地区比作 1914 年的巴尔干半岛，你怎么看？

**骆家辉** 我们应该以史为鉴，时刻确保不重蹈历史的覆辙，我们应该研究历史。但是今天，情况不同了。我们有许多机制，处在一个国际化的时代，政府间持续不断地进行沟通。各国政府有不同的方法和机制，携手共进，解决地区问题。我们有 APEC（亚太经济合作组织）、东亚峰会。因此我认为，关键是能让双方交流保持畅通，坦诚相待。这也是中美之间高层互访频繁的原因。

如果一切顺利，奥巴马总统将会于今年来中国参加 APEC 峰会。对他二次访华，你有什么想说的？

**骆家辉** 他会对过去几年中国发生的变化印象深刻。中国一直在变化。尽管还没有发布关于他出席在中国举办的 APEC 峰会的官方声明和决定，但是我确信他很期待参加。并且，重要的是，奥巴马总统和习近平主席在持续性地会面。两位领导人都在谋求会面机会，相互交流，发展更强有力的个人关系，当然也有政府间关系。全世界面对的问题需要中美之间领导人协作共赢。

记者述评 从 2013 年 11 月正式宣布辞职，到 2014 年 3 月 1 日离任，在任驻华大使最后的岁月中，骆家辉一如既往地忙碌奔波，他多次接受媒体采访，赴各地考察，出席各种会议发表演讲，表达他对中国未来发展的建言和期待。

你怎样看待中国在三中全会上确立的改革议程？此次改革会帮助中美之间建立一种新型大国关系吗？

**骆家辉** 我们正在试图建立一种新型大国关系，不仅在经济领域，也有战略上的努力。要真正造福民众，无论是在医疗科研、世界和平、地区稳定，还是共同寻找叙利亚问题的解决办法，以及确保朝鲜半岛无核化等方面。

对于中国政府在去年春天宣布的各项改革措施，我们很振奋。中国领导人承诺深化改革开放，我们赞赏并支持。只有时间会证明，这是否惠及中国民众。我们期盼更多细节。

你怎样看待中国近年来在法制方面的发展？你是这一领域的专家，中国现在还需要做什么？

**骆家辉** 我们看好并期盼中国能够继续加强法制建设。因为，我们认为强有力的法制不仅允许公民和企业纠正错误，有上诉的权利，也可以提供稳定，确保民众解决诉求时不诉诸武力，不发动革命以及大规模抗议，或者有街头暴力行为。这是美国法制优越性的一个特点。法制同样会让我们发明创造，让民众投资一家公司，发明一个产品，或者发现攻克癌症的方法时有信心。

*记者黄山、张远岸对此文亦有贡献*

# 治疗金融癌症的药方？

美联储前主席，国际金融论坛荣誉主席：保罗·沃尔克（Paul Volcker）

记者：王力为

　　保罗·沃尔克 1927 年出生，1949 年毕业于普林斯顿大学，1951 年毕业于哈佛大学；1952 年 -1957 年就职于美联储；1957 年至 1962 年加入大通曼哈顿银行；1962 年加入美国财政部，1969 年到 1974 年任主管国际事务的副部长；1975 年到 1979 年任纽约联储主席；1979 年至 1987 年任美联储主席。退休后在一系列投资机构和智库任职；2009 年至 2011 年担任奥巴马总统的经济复苏顾问委员会主席，并提出了限制银行投机性交易的"沃尔克法则"。

　　央行行长应该是但不幸很少有真正的国士。保罗·沃尔克正是这种少见的物种。所有健在的中央银行家中，沃尔克可以说享有最高的声誉，尽管在沃尔克以后，美联储历任主席格林斯潘、伯南克各有成就，尽管欧洲与亚洲都有杰出的央行行长。原因听来很简单但做来不易：央行行长得做那些困难但必须要做的事情。沃尔克做了。

　　上世纪 70 年代任财政部副部长期间，沃尔克管理了美元与黄金脱钩，美元由固定汇率向浮动汇率转换的过程。他称之为职业生涯最重大的事件，其实只是开始。

　　1979 年至 1987 年，在美联储主席任上，沃尔克不惜将美元利率上调到 20% 以上，成功驯服通胀猛兽，使其两年内从 13% 降至 3%。

其后，沃尔克以前瞻性的紧缩政策促使美国联邦政府平衡财政，为之后 20 年的繁荣打下基础。

20 年繁荣过后，危机再临。2008 年金融危机后，沃尔克受奥巴马总统延请再次出山，推动危机后的美国金融业改革。四年后，"沃尔克法则"将重塑美国金融体系。

今年 2 月下旬，沃尔克应国际金融论坛（International Finance Forum，IFF）之邀访中国，距其 1980 年初次到访中国，已经过去了整整一代人的时间。其传记中文版《力挽狂澜：保罗·沃尔克和他改变的金融世界》（下称《力挽狂澜》）此前已经在中国出版。为写这本书，作者、纽约大学斯特恩商学院教授威廉·西尔伯（William Silber）与沃尔克本人长谈前后达 100 小时。作为一位中央银行家，沃尔克珍视中央银行的独立性，也尊重传记作者的独立性。直到该书付梓，沃尔克都拒绝审阅书稿。

沃尔克有狂狷之气。此行北京，沃尔克与中国金融业自决策层而下的多位重要人士相会，并参加了多场公开和闭门活动。国际货币基金组织副总裁朱民特地从美国首都华盛顿飞回北京，参加与沃尔克的对话。中国对话者对沃尔克的尊重与重视贯穿始终。即使如此，在一次公开讨论时，竟出现了数语不合沃尔克起身拂袖而去的情景，令中国主人一时语塞。其实，沃尔克不是年过八十才作狂生。还在美联储主席任上时，他把利率一升再升，工商界抱怨升腾，时任美国总统里根邀其做客白宫共商大计，沃尔克不去就是不去，里根也只能优容之，成就一段央行独立的佳话。

不屈从于政治压力，并不意味着沃尔克对政治不敏感。一位成功的中央银行家，不能玩弄政治但必须懂得政治。有人比较沃尔克与刚卸任的伯南克，称伯南克更像一位纯粹的经济学家，而沃尔克更像一位政治经济学家。

2 月 22 日举行的国际金融论坛领袖对话会上，当沃尔克发现屏幕上显示的讨论主题为"重启改革：中国的下一步"时，他马上说，在其记忆中，10 年 -20 年前很多中国人谈论国企改革。"但我感觉这一过程好像停滞了？"

朱民给出了一个较为乐观的回应。沃尔克于是设问，"如果我们十年后还坐在这里看，国企在经济体中的份额是否会显著降低？"

"我认为会远比现在低。" 朱民答道。

"那我们十年后再聚！"沃尔克回应道。现场一阵笑声。

沃尔克今年已经 86 岁了，步履已蹒跚，但每言及要害，仍声震如雷。最重要的是，沃尔克说话，人们会仔细听。

财新全程参加沃尔克北京之行，并作专访。

### "应禁止银行的投机性交易，所有国家都应如此"

**财新记者** 你从 2008 年金融危机学到了什么？如何避免下一次危机——如果这是可能的话？

**沃尔克** 这个问题很大。导致这场重大危机的因素不止一个，而且都是许多年积累下来的，可以总结为债务增长过快、杠杆太高、投机行为越来越多、风险承担行为越来越出位等。这些因素最终全面爆发，抽了我们自己一个耳光。

金融市场总有起起伏伏，高峰低谷，但这次危机是一个尤其突出的大低谷。所以，我们必须从中吸取一些教训，需要避免债务像危机前那样再次激增，控制风险活动，制订更平衡、有序的经济政策，实行更负责任的货币政策。这些都是很大的课题。

以你的名字命名的"沃尔克法则"的实施细则在去年 12 月通过。

你对于这个最终版本满意吗？

**沃尔克**　这个法则以我的名字命名，所以我只能对它表示满意（笑）。

"沃尔克法则"总的来说是一个不错的法则。它实现了我们一直希望做到的一点。我们希望它能降低银行体系中不必要的风险。

银行总是要冒风险的，这样它们才能开展业务，但它们冒风险的目的必须与公共利益相一致，即为了实现经济稳定和增长，而不是为了方便自己，为了自己的利益去拿别人的钱和系统的稳定去冒险。

所以，我们希望能降低这类风险，让银行能够回归它们本来应该承担的、主要的职责，而不是沉浸在投机性活动中。不仅是在美国，在所有国家都应该是这样的。

能将你的"沃尔克法则"与《格拉斯－斯蒂格尔法案》（20 世纪30 年代美国大危机后立法，将投资银行业务和商业银行业务严格地划分开，保证商业银行避免证券业的风险，于 1999 年被取消）作一个比较吗？

**沃尔克**　我的法则（笑）？其实是奥巴马政府的法则，一个法案！

"沃尔克法则"试图禁止《格拉斯－斯蒂格尔法案》所有禁区中的一个方面，而对该法案的其他方面并未涉及。你可以认为我们是有意这样设计的。

《格拉斯－斯蒂格尔法案》禁止银行的承销活动，即传统的投资银行业务；"沃尔克法则"则允许进行承销活动，因为这类活动本身并不是高风险、投机性的业务。

但"沃尔克法则"不允许银行出于投机目的作交易，这当然也被《格拉斯－斯蒂格尔法案》禁止。但在当时，银行本就不会进行这类活动。所以，《格拉斯－斯蒂格尔法案》主要禁止银行的承销活动；"沃尔克法则"是禁止投机性交易。

当前美国银行业的健康状况恢复得如何？"沃尔克法则"会对美国本土的银行，以及在美国境内运营的国际银行产生什么影响？

**沃尔克** 我认为，美国银行的健康状况毫无疑问比危机前要好：资本金水平提高了、流动性更好、风险偏好也有所降低。"沃尔克法则"虽然才刚刚开始实施，但银行对此已经早有预期，所以该法则在降低银行的高风险活动方面已经起到了一定的作用。

在欧洲也有类似的努力。从技术角度来说，它们所采取的办法和美国有所不同。但全球各国都在努力提高银行需要达到的资本金水平要求，同时增加它们的流动性，这些举措都非常重要。将这些努力综合起来，构成了全球银行业最基础性的改革。

中国的银行业正在向混业经营方向发展。在你看来，中国应该如何平衡行业创新与稳定之间的关系？

**沃尔克** 在我看来，中国的银行并没有太多参与投机交易活动。即便如此，我给中国的建议也是，应该禁止这类交易，就像我们在美国所做的那样。我很真诚地建议中国的监管机构采取这样的措施。

记者述评

2013 年 12 月 10 日，在经历了四年的博弈之后，"沃尔克法则"的实施细则终于获得美国监管机构的通过，将于 2014 年 4 月 1 日开始实施。该法则旨在禁止银行从事自营性质、而非为客户服务的投资业务，同时禁止银行拥有、投资或发起对冲基金和私募基金。该法则最先由沃尔克提出，并被奥巴马总统冠以"沃尔克法则"之名。在限制商业银行从事投资银行业务的《格拉斯 – 斯蒂格尔法案》于 1999 年被取消后，这是自上世纪 30 年代大危机以来，美国监管当局限制金融混业的最重大举措。

"沃尔克法则"的最终通过事实上伴随着诸多争议。英国《经济学人》在第一时间撰文评论，题为"带来的问题多于答案"。

2月22日在北京举行的国际金融论坛领袖对话会上，"老朋友"朱民就向沃尔克提出一个问题："沃尔克法则"将对市场流动性，尤其是公司债和衍生品市场流动性形成的冲击，应如何看？

沃尔克直言，"这些市场的流动性确实会因此减少，但这可能并不是件坏事。"他解释称，危机前的一个问题是市场流动性过大，公司债与美国国债间的利差太小。市场参与者因此可以随意买入任何产品，并能很轻易地转手卖出，"这无疑鼓励了投机行为"。"市场确实需要流动性，但不应该是所有金融产品都拥有像美国国债一样的流动性，这一点植根于风险的定义里。"

如何区分现代金融市场所需的做市交易和以投机为目的的自营交易，是人们对"沃尔克法则"的另一个担忧。前美联储经济学家张霄岭向财新记者表示，这是"沃尔克法则"最大的难点，原因是交易往往很复杂，很多看起来像投机的自营交易，和其他一些交易组合在一起，就成了一个对冲或做市交易。张霄岭曾在华尔街工作，现任中国银监会监管三部副主任。

沃尔克也承认两者存在一定的模糊地带。不过在张霄岭看来，"沃尔克法则"已经能够削减很大一部分自营交易，因为"银行自营交易部门的交易很清楚，这些交易事实上已占自营交易的很大一部分"。

金融危机后，华尔街两大投行高盛和摩根士丹利做出了不同的战略选择。后者预期"沃尔克法则"的通过，已提前砍掉有近20年历史的自营交易部门，专注中介业务；高盛则较为完整地保留了高风险交易业务。"高盛之后的发展，对于评价'沃尔克法则'的作用，将有标杆意义。"张霄岭说。

人们不免关心"沃尔克法则"在中国有多大的适用度。德意志银行首席经济学家马骏 2 月 23 日在北京大学举行的研讨会上称，"'沃尔克法则'在中国还不是那么紧迫的一个问题"，目前自营交易在中国的比例还不高，很多国内银行自营交易头寸占总资产的比例低于 1% ，与美国一些大行 70% 的利润来自自营交易的情况还不太一样。

不过，在熟悉美国情况的观察者看来，尽管目前国内自营交易的占比还较低，但 20 年前的美国也是如此。自营交易可以发展得很快，就像中国目前的银行间同业市场，发展速度、波动和风险在三年以前是不可想象的。监管需要有一定的前瞻性、预判性。"'沃尔克法则'是中国很好的学习对象。"

新鲜出炉的"沃尔克法则"之外，沃尔克在北京的几天中对美国监管架构改革的停滞不前多次表达不满。

在 2 月 23 日的北大研讨会上，沃尔克称，"我可以很确定地说，2008 年危机前后的经历表明，这是一个高度重叠、时常存在竞争、不时'拍脑袋决策'，有时甚至是有意懈怠的监管体系。"

在美国，分业监管、多头监管被应用到极致，7 个到 8 个联邦监管机构，50 个州属监管机构，共同承担金融监管的职责。光是负有银行业监管职责的机构就有 5 家到 6 家。"把五群不同的官僚放到一起，在任何改革议题上都很难达成一致，只会招致无休止的纷争。"沃尔克直言，"沃尔克法则"细则的制定牵扯六个监管机构，最终通过由两年拖到四年，就是"监管架构重症的表现"。

在供职于中国银监会政策研究局的吴祖鸿看来，总的来说，目前美国的监管是有效的，但确实存在一些问题。监管竞争导致一些机构未受到充分监管。

2010 年推出的《多德－弗兰克法案》，在诸多方面推行改革，也曾一度包含合并监管机构的提案，包括合并证券业的两个监管机构证券交易委员会（SEC）和商品期货交易委员会（CFTC）的设想。

"但当时美国人认为监管方式比监管架构更重要，监管方式要全面调整，监管架构就可以不作出太大的调整。"吴祖鸿对财新记者回顾道，"但话说回来，监管方式固然重要，但也应该考虑到监管架构对监管方式可能会产生的影响，监管架构能不能应对挑战。"

牵扯了过多的政治因素，是监管架构改革在美国难以推进的原因。由于美国的体制性安排，监管机构越多，就能有越多的国会委员会（Congressional committee）牵涉其中。"他们都不想放弃影响立法的权利。"沃尔克直言。

回顾美国历史，曾有超过20个由总统或国会提出的改革监管体制的方案，但无一成功。沃尔克称，鉴于"沃尔克法则"和衍生品监管拖延了四年之久，现在"改革的必要性更大了"。

但张霄岭对这一改革的前景并不乐观，"对于任何改革，人们都有惰性，错过了2008年危机这一最好的时机，恐怕只有等到下次危机，才有机会整合。"

在国际金融论坛领袖对话会上，沃尔克坦言，"我丝毫不认为'沃尔克法则'的实施是（美国）金融监管改革接近尾声的标志。还有其他更重要的事项，包括资本金和流动性要求，将监督监管拓展到影子银行体系，以及有序的清算退出机制。"

放眼世界，他称："各国目前的改革努力，恐怕还不足以减少人们对于道德风险的担忧。人们仍旧认为，政府会对系统重要性金融机构进行纾困；我在中国的这几天里，也屡次听到这样一个说法：'不要担心，政府会打理一切！'"

还有比这更让人担心的安慰吗？

## "试图（通过货币政策）以牺牲物价稳定的方式提高就业率，可能会两头落空"

你如何看待目前美国经济的复苏情况？

**沃尔克**　美国经济近几年日趋稳定，尽管有一些幅度较小的起落，但每年的增长率基本保持在 2% 上下，不算强劲，但经济状况无疑改善了，而且会继续向好。与其他发达国家相比，美国经济的表现相当不错，比欧洲、日本都好。当然，没有哪个国家能和中国的增长率相比。

不，现在中国经济的状况并不好。

**沃尔克**　我们不能指望像中国那样。但美国经济确实安全了一些，金融系统也更安全了一点，同时经济也有所增长。因此相对来说，美国经济表现还算不错。

鉴于美国现在的经济状况，美联储应进行更迅速还是更缓慢的量化宽松政策（QE）退出？

**沃尔克**　我还是把作这一判断的权力留给美联储，这是他们的工作！我能做的只是在外部下注。

那你押哪边？

**沃尔克**　较为肯定的一点是，他们的任何政策举动都将异常谨慎。他们已经做出非常温和、谨慎的政策变化。我敢肯定，他们将继续保持谨慎。

你如何看待过去几年量化宽松政策的有效性及其退出量宽的后果？

**沃尔克** 这无疑是一个很有争议的问题。一方面，人们认为将利率维持在极低的水平，保持大量的流动性，有助于刺激商业活动，但另一方面，又带来危险，刺激投机性的行为。

监管可以应对出现在银行体系内的投机行为，但是无法应对发生在银行体系之外的投机活动，而那些很可能是非常危险的。因此，这一政策既有好处也有坏处。

当然，如果美联储能够回归更加传统的中央银行（货币政策）操作，我将更加高兴。

QE 退出在过去一段时间内一直是新兴经济体最为担忧的问题。他们尤其关注对于各国货币的影响。你觉得美联储在做决定时，是否应该考虑其他国家的处境？

**沃尔克** 坦率地说，我觉得这类抱怨奇怪异常。美联储的政策措施十分温和、适度，这样规模的举措不应该在世界的任何角落，包括美国，造成大的（市场）动荡。

但我们确实是面对高度动荡的国际资本市场。因此，美联储缩减还是维持购债规模，收紧还是维持宽松的货币政策，成为一个很大的问题。我们面临资本市场波动造成不确定性的风险。

这提出了一个非常大的疑问，各个国家是否都为市场和资本流动的波动性做好了准备？如果没有能够为此做好准备，这个国家就会面临麻烦，无论美联储是缩减还是维持 QE，收紧还是放松货币政策。

我不久前刚到过韩国。可能你还记得，在上世纪90年代的亚洲金融危机中，韩国受到了巨大的冲击。我认为他们已经吸取教训，已经采取审慎的政策措施：

避免过多的债务，在经济体中保持足够的流动性，避免过高的杠杆率。所以他们此次并未受到这些资本流动的困扰。我想这是一堂我们都需要学习的课。

所以，应对量化宽松政策退出的职责应该是在各个国家自身？

**沃尔克** 这样小幅的货币政策变化对其他国家所能造成的影响，被夸大得完全不成比例。这样的变化的影响应该是几乎无法感受到的。如果一些市场因此动荡，那么他们最好寻找一下其他的、出自自身的问题来源。

现在美国的通货膨胀仍然维持在很低的水平。考虑到即将到来的美国能源独立，越来越多的人认为，可以更不用担忧通胀。你同意吗？

**沃尔克** 不，我无时无刻不在关注通胀的威胁。对通胀的担心存在于我的血液之中。

通货膨胀是所有经济体都可能面对的危险，它很容易失控。即使你允许让通胀率稍稍走高，也将很难在事后摆脱它。这将造成巨大的经济困难。所以，尽管现在美国的通胀处于较低的水平，但我认为对未来可能的通胀保持警觉，仍然是非常重要的。

美联储到目前为止的办法，是通过审慎监管应对金融不稳定。美联储目前的货币政策瞄准物价稳定和就业两个目标，你认为是否还应考虑宽松的政策立场对于金融稳定性的影响？

**沃尔克** 我认为是。

但现在的美联储并没有那么做？

**沃尔克** 他们无法像我当时那样，只关注物价稳定。央行首要职责是维持物价稳定，但由于拥有印钞的权利，也有义务保证金融稳定，或者说更广义的稳定。

事实上，一些地区联储虽然还没有说要控制通胀，但确实已经提到需要更好地，包括通过监管手段来应对金融不稳定的挑战。所以，美联储在这个方面做得还不算太差。

但我担忧的是，近年来美联储不但要考虑物价稳定，还要考虑充分就业。我认为这会导致一定程度的（政策）混乱。我认为在物价稳定的情况下，充分（最大）就业水平会有所降低。当你试图（通过货币政策）以牺牲物价稳定的方式提高就业率，你可能会陷入两边都落空的局面，就像上世纪70年代（美国）的情况一样。所以，我对这部分解读有所担心。

所以，美联储不应再把提高就业率作为货币政策的目标？

**沃尔克** 当我在上世纪80年代担任美联储主席时，我们只关注物价稳定。我认为那是最重要的，

当然，现在在美国还没有出现较高的通胀率。考虑失业率，制定宽松的货币政策来促进增长就很自然。现在的通胀率不高，这是关键的不同。

但通胀往往很快抬头。2000年互联网危机之后，当时的美联储异常缓慢地提升利率水平，一定程度上为2008年次贷危机埋下了种子。你认为这次我们是否会犯同样的错误？

**沃尔克** 央行工作最难实践的，就是（在宽松政策后）足够早地开启紧缩政策。因为在经济体重拾繁荣之前提高利率从来不受欢迎。但是，当增长提速，通胀重启，收紧就太晚了。这让美联储现在的工作很困难。

当然，迈出第一步是最为艰难的。现在美联储已经迈出很小的一步，尽管小到让市场几乎没有反应，但事实上为美联储释放了很大一部分压力。他们无疑意识到了他们必须行动，但是步伐需要十分缓慢。

> 美联储现在已经有了一个新的团队：主席珍妮特·耶伦和副主席斯坦利·费雪。你怎么评价这一新团队？他们的决策风格是否会与他们的前任有所不同？

**沃尔克** 我思考过这个问题，但我不能就此作深入评论。大家都知道，耶伦主席是上一届美联储的核心成员之一。她和伯南克主席走得很近，而且她已经强调她将保持政策连续性。

记者述评

在沃尔克 50 载公职生涯打的三场战役中，历史对于他美联储主席的经历给予了最高的评价。八年间，沃尔克审慎的货币政策不仅治住通胀，还促使联邦政府走向财政平衡。刚刚卸任的美联储主席伯南克称沃尔克的政策"打下了美国几十年经济增长和稳定发展的基础"。

在此行北京的多个公开场合，沃尔克屡次为美联储当下的量化宽松政策（QE）退出辩护，称"我也会做他们现在做的"。

然而，他也对美联储近年来的其他一些做法有所批评，对货币政策的双重目标直言不讳。

在沃尔克看来，面对美联储的小步 QE 缩减政策，其他国家应该自谋改革，而非期待流动性潮水永不退去。

对正处在十字路口上的全球主要央行政策制定者来说，沃尔克在美联储主席任上的货币政策实践则更值得玩味。

在 2 月 23 日北大的研讨会上，即将出任央行研究局首席经济学家的马骏把话题引向了沃尔克在上世纪七八十年代之交的货币供给数量化

紧缩政策。其时，在沃尔克前任伯恩斯（Arthur Burns）未能一以贯之的货币政策下，美国出现百年一遇的滞胀，通胀压力持续上升，失业率一度达到 8.6%。

1979 年 10 月，沃尔克启动货币紧缩政策，向外界承诺放低货币增长速度。对此，马骏设问，这一举措是出于货币和利率间关系已然脱钩的经济理论，还是为了让美联储对外界的沟通更为有效？

沃尔克答道，"美联储当时采取极为严格的货币供给锚定，一定程度上是为了束缚住自己的手脚。因为一旦把（货币增速）这一目标公之于众，那就开弓没有回头箭。可以说，我们是有意截断自己的后路，来对抗通胀。"

他进一步解释，"这是一个较好的向公众传达明确信息的办法。当时人们普遍认为高通胀与过多的货币创造有关，就像弗里德曼（Milton Friedman）所说的，'通胀总是个货币现象'。这样的办法帮助我们在艰难的政策环境，包括可能的衰退下，保证政策连续性。"

1978 年 10 月到 1982 年 10 月，美联储紧紧盯住货币发行总量；一度将联邦基金利率上调至 20%；放手让货币市场的利率一度飙升至 21.5%；甚至动用了提高商业银行存款准备金率这一对市场影响更为直接的措施。在经历两次衰退之后，通胀怪兽终被驯服。

衰退的代价是否太大？当时，包括多位美联储理事在内，人们都对此异常担心。

沃尔克坦率地述说自己当时的考量，"鉴于当时的状况，美国不可避免地会进入衰退，只是时间早晚的问题。在这种情况下，衰退来的越早越好，这样才能确保之后重归稳定和持续的增长。"

这一曾被称为"沃尔克试验"的美联储自我革命的成功，得益于美联储的独立性，也得益于沃尔克"用短痛换取长期稳定和健康增长"的决心。

1983 年，沃尔克获得连任，美国经济也进入上行期。然而，由于联邦政府的无度开支，财政赤字高企，甚至危及美国政府的信用。面对巨大的政治压力，沃尔克却并未以创造货币的方式弥补财政赤字，此举推高了实际利率水平，最终使得国会削减赤字，平衡预算。

在回答财新记者关于当时如何决策的问题时，沃尔克直言，"我并不喜欢《力挽狂澜》一书中（迫使国会和总统采取平衡财政政策）的解读。当时我确实没有通过印钞来将债务货币化，但并没有想借此挑战美国总统和国会。书中的描述给人以我在操纵总统和国会的感觉，但我只是试图做好自己的本职工作。"

春华资本创始人胡祖六在为《力挽狂澜》撰写的序言中，这样回忆沃尔克曾对他说过的话，"央行最容易做的事莫过于 easy money——宽松货币政策，既可让企业和金融市场高兴，又可取悦于白宫和国会山，减少短期痛苦，人人皆大欢喜……但央行最应该做的是可能短期内让一些人不太开心，但中长期却惠及大多数人的事情。"

# 对环境的真正保护来自民众

美国环保署（EPA）署长：莉萨·杰克逊（Lisa. P. Jackson）
记者：胡舒立、张瑞丹、李虎军

　　10月5日，美国总统奥巴马颁布总统行政令，任命美国环保署（EPA）首位非裔署长莉萨·杰克逊（Lisa. P. Jackson）为墨西哥湾生态系统恢复特别小组组长，全面负责墨西哥湾漏油事件后的环境修复工作。

　　五天后，杰克逊女士在北京接受财新《新世纪》专访，谈及墨西哥湾漏油事件、气候变化等重大议题。

　　这是杰克逊第一次访华。短短几天的行程中，她在北京与中国环保部官员探讨区域空气污染控制等难题；在广东造访著名的电子垃圾处理地——汕头市贵屿镇，在中山大学与师生分享中美环境合作30年的得失；在上海世博会园区考察美国环保署提供的实时空气质量信息管理系统 AirNow。

　　或许，杰克逊是最了解环保事务的一任署长。自1986年获得普林斯顿大学化学工程硕士学位后，她先后在美国环保署和新泽西州环保局工作了20多年。

　　接受采访时，一袭黑衣的杰克逊非常温和。但实际上，这位女署长颇有铁腕风范。当美国气候法案陷于困境时，她和同事借助《清洁空气法案》率先强力推行温室气体减排。

　　她还表示，面对环境灾难和事故，最重要的是保证信息透明度和信息传递渠道的顺畅，"让人们获得透明公开的信息，开始关注环境问题，继而参与进来，也是美国开展环保工作最重要的方式。"

## 事故善后者

"我在墨西哥湾的新奥尔良长大，对于我来说，成为这个（墨西哥湾生态系统恢复）特别小组的负责人是一种荣幸。"杰克逊说。

今年4月20日，英国石油公司（BP）在墨西哥湾的海上钻井平台爆炸沉没。此后，钻井平台底部油井开始漏油，原油一路漂浮至路易斯安那州沿岸。无论是漏油量还是污染范围，均可视为世界上罕见的重大漏油事故。而路易斯安那州的港口城市新奥尔良，也未能幸免于油污侵害。

杰克逊说，无论企业还是政府，均需从墨西哥湾的BP漏油事故中吸取教训，"首先需要吸取的教训是防护工作上的缺失"。

她表示，虽然目前还无法确定BP位于墨西哥湾的深水钻井平台的防护装置失控的真正原因，但事故促使人们思考，"在这种深水钻井平台里，我们实际上并不具备应对大型意外灾难的能力。这意味着无论是政府、环保署还是企业，未来都需要提高灾难的预防和防护能力"。

杰克逊强调，假如当初各方能够加大技术、培训和预防方面的投入，事故本可避免。"我希望企业能够从中吸取教训，未来能够投资更多资金在这三个方面。因为对我们而言，预防意味着一切。"

她说，面对墨西哥湾漏油事件这样的环境灾难和事故，最重要的是保证信息透明度和信息传递渠道的顺畅。"这恰恰是政府与公众建立信任感的关键时刻。"

墨西哥湾漏油事故发生后，美国环保署即展开监测，并将获得的所有数据在互联网上及时公布。

在太平洋对岸的中国，大连湾油污阴霾未散。7月16日，一条输油管线突然爆炸，造成估计至少上万吨原油泄漏入海，堪称中国史上规模最大的漏油事故。但事故发生至今已有三个月，关于泄漏量的具体数据，以及给渔民和生态造成的具体损失，仍未见任何官方数据发布。

在杰克逊看来，信息公开和数据分享恰恰是鼓励民众参与、关注环保，一道解决问题的最佳途径。

2005 年，她曾目睹卡特里娜飓风如何彻底摧毁新奥尔良，其养母也在灾难中丧生。

"当时人们十分不信任政府，觉得政府不会再提供帮助。然而，现在公众十分信任奥巴马总统，相信他会遵守保护墨西哥湾、阻止漏油继续发生、修复墨西哥湾环境生态的承诺。"

谈及 BP 目前因漏油事故所承诺的赔偿金时，杰克逊说，目前美国环保署正协同美国国会出台新法案，尝试取消原油泄漏事故 7500 万美元罚金的上限标准。这意味着，法案一旦通过，BP 除了需要支付 200 亿美元补偿金用于去除油污和生态修复等，还可能面临没有上限的巨额罚金。

"对于企业而言，这是一个教训。他们需要意识到在未来，一次原油泄漏可能会将整个企业赔进去，也只有这样才会督促企业采取更完善的措施。"杰克逊强调。

她认为，对于大型企业而言，政府更加需要采取措施，制订好规则，通过严格的法律监管和适当的激励手段来鼓励企业向更负责任、更可持续化的方向发展。"企业的本质是赚钱，好企业则会利用一种更具有可持续性、更负责任的方式来赚钱。"

相比之下，中国的大连湾漏油事故发生后，当地渔民数次上访，但仅仅由大连市政府在 9 月出具了一份计划赔偿渔民损失的书面承诺，具体赔偿事宜等尚未进入启动程序。至于给海洋造成的生态损失，以及对当事公司的处罚，则更是未见任何动静。

大连湾漏油事故发生后，海上清污和捞油工作大部分由政府组织的当地渔民完成，而且绝大部分参与清污工作的渔民和工作人员都未采取防护措施。美国政府部门则采取了一种截然不同的方式。

"过去的经验告诉我们，当飓风、台风来临时，民众会展开自救，互相帮助，BP漏油事故发生后也一样。我们的民众十分担心，也很愤怒，他们很想做些什么。但在这种普通人不具备处理事故的专业技能培训的情况下，最合适的安排反而是不要靠近墨西哥湾，"杰克逊说。

她认为，如何协调民众的自发援助行为是考验环保行政部门专业水平的挑战之一，"是一项严肃而艰苦的工作"。

## 择道而行

杰克逊走马上任之前，美国环保署在国内的工作一度处于被动状态。她到任后，美国总统奥巴马称，美国环保署终于可以"回到正轨"（back to work）。

作为美国联邦政府的一个独立行政机构，美国环保署雇用 1.7 万名职员，在美国各地建立了十个区域分局，可以说是全球拥有独立执法权且权力最大的环保行政机构之一。

但在气候变化问题上如何使用权力，美国环保署曾经饱受争议。2007 年，美国加州一项旨在限制汽车温室气体排放的条例遭到美国环保署阻止。随后，前著名影星阿诺德·施瓦辛格担任州长的加州政府，启动法律程序，一举将美国环保署告上法庭，并很快得到另外 14 个州的支持。

当时，杰克逊担任环保局局长和州长幕僚长的新泽西州，恰恰是支持州之一。杰克逊的观点与主流科学界类似，认为全球变暖主要由人为活动引起，应当对温室气体排放进行管制。她公开指斥美国环保署，认为阻止加州自发控制温室气体排放，是一个"十分可怕"的决定。她还讥讽说："在对汽车业进行温室气体排放管制时，美国环保署（Environmental Protection Agency）显然应该被理解为'排放许可署'（Emissions Permissions Agency）。"

关注气候变化问题的美国民众普遍对美国环保署失去信心，直至2009年奥巴马入主白宫，宣布"准备在新能源和环保问题上重新领导世界"。

今年1月，杰克逊在美国环保署官方网站发表致美国环保署全体成员的公开信，所提及的核心任务第一条便是采取行动应对气候变化。

在北京接受专访时，她再次表达出相同态度，因为美国面临的挑战，不仅有环境污染，也有能源效率偏低、能源紧张等，"这些问题均与气候变化紧密相关"。

和很多人一样，杰克逊将气候立法视为美国应对气候变化的最有力手段。2009年5月15日，美国民主党众议员亨利·威克斯曼（Henry Waxman）和爱德华·马基（Edward Markey）正式提出了《美国清洁能源和安全法案》草案。这被外界视为能源和气候方面的立法框架，简称气候法案。

该法案如果获得通过，将为美国政府到2020年温室气体排放量在2005年基础上降低17%的承诺提供保障——尽管美国政府的这一目标被国际社会批评为太过保守，是在推卸减排责任。但今年7月，法案的参议院版本未能获得通过。

杰克逊坦言，气候法案在参议院受阻确实令她感到失望。但曾经在州政府环保行政机构工作过的她，也清楚地了解美国环保署和地方政府可以在温室气体减排行动上有所作为。

杰克逊所能倚重的，是迄今已经施行40年的《清洁空气法案》。根据该法案，美国环保署可对"威胁公共健康和社会福利"的空气污染物进行管理。此前，温室气体未被纳入美国环保署的管理范围。

2009年4月17日，美国环保署认定包括二氧化碳在内的六种温室气体威胁公共健康和社会福利。换句话说，温室气体可纳入《清洁空气法案》的管制范畴。这一决定也回应了2007年美国最高法院的一项裁决：如果案件当中涉及到的温室气体被证明为有害污染物，美国环保署有权对其进行管制。

这意味着，美国环保署可以绕过国会，在没有任何新法律约束温室气体排放的情况下，利用现有法律对温室气体进行管制。"即使国会没有颁布法律，但气候变化依然是严肃而重大的问题，我们已经开始采取一些很重要的措施。"杰克逊说。

今年 4 月 1 日，美国环保署携手交通管理部门，出台了一项针对小轿车和货车温室气体排放的规定：2016 年之前，其油耗需从每加仑 25 英里降低至每加仑 35.5 英里。此外，美国环保署还计划对发电厂等大型排放源的温室气体排放进行控制。

分析人士称，这几乎可以看成是目前美国缺乏气候立法的情况下，能做出的惟一举措。

不过，美国环保署举措的影响程度恐怕比较有限。杰克逊也坦言，运用《清洁空气法案》还比较复杂，如果需要解决大范围的温室气体减排，仍需要其他考虑和分析。

历经波折之后，杰克逊表示依然对气候法案的前景持乐观态度，美国环保署也会为推进气候法案而继续努力。

谈到美国环保署面临的挑战时，杰克逊说，美国已经有《清洁空气法案》《清洁水法案》等一系列法案，法案本身固然重要，但必须被执行，而不仅仅是纸上谈兵。

"同样重要的是，我常常说，对环境的真正保护来自民众，而美国环保署仅仅是提供支持。假如你和我一样是一位母亲，有位患有哮喘病的儿子，那么不管美国环保署是否存在，都会自然而然地关心空气质量。"杰克逊说。

杰克逊的一个儿子患有哮喘病。她曾经提到，如果不是《清洁空气法案》的执行，她这个儿子可能会生活在一个相对不利的大气环境之中。

这一次，杰克逊的两个儿子也随她一起到中国访问。10 月 12 日，在广州的中山大学，她讲述了此前一天的贵屿之行。在那里，从手机到 iPod，从电脑到数码相机，杰克逊看到了这些废弃的电子垃圾如何被拆解和回收。

她给学生们提到了电子垃圾可能对人体健康带来的伤害，以及拆解电子垃圾的工人和孩子们所面临的巨大风险。她坦承，美国也是这种威胁的制造者，因为美国是电子垃圾的来源地之一。正因为此，美国多个州已经或正在立法防止电子垃圾的出口，全国范围内的立法也已经启动。

"就像我们需要面对的其他环境问题一样，电子垃圾问题没有一个单边的解决方案，我们需要共同应对，协调行动。"杰克逊说。

# 病人的需求是医疗服务的核心

美国联盟医疗体系副总裁：马奇（Gilbert H. Mudge）

记者：李妍、薛健聪

实习记者：俞翔

　　马奇，医学博士、美国联盟医疗体系副总裁、美国联盟医疗体系国际部总裁兼 CEO，哈佛大学医学院教授、布列根和妇女医院心血管疾病科主任。

　　2014 年 9 月 22 日，国家卫计委、商务部下发《关于开展设立外资独资医院试点工作的通知》，允许境外投资者通过新设或并购的方式，在北京市、天津市、上海市、江苏省、福建省、广东省、海南省设立外资独资医院。

　　外资独资放开，为国外医疗资本及医疗机构进入中国铺平了道路。上海嘉会国际医院（Shanghai Jiahui International Hospital）位于上海市徐汇区，总投资 30 亿元，是目前上海投资规模最大的中外合资医院。

　　据上海嘉会国际医院介绍，2014 年 9 月下旬，医院将开工建设，2017 年初开始试运营。医院将开设全科、内科、外科、妇产科、儿科、耳鼻喉科、口腔科、肿瘤科、急诊医学科、康复医学科等多个科室，共设 500 张床位，第一期 246 张，致力于成为国际先进、国内一流的综合性医疗机构，以患者为中心，使患者在国内即可享受一体化、人性化、国际标准的综合医疗服务。

2011 年，嘉会医院与美国联盟医疗体系建立起战略伙伴关系。美国联盟医疗体系（Partners HealthCare System，简称 PHS）是由哈佛大学医学院成立最早的两大教学附属医院——布列根和妇女医院以及麻省总医院组建的一个综合医疗体系，位于马萨诸塞州的波士顿。

PHS 是马萨诸塞州最大的私人企业，系统内包括约 6 万名医护人员，13 家医院，挂牌床位 4000 多张。很多 PHS 系统的医生都在哈佛大学医学院任教。PHS 还是美国最大的学术研究机构，研究基金总预算超过 15 亿美元。

为按照国际标准建造医院，PHS 在上海嘉会国际医院的战略规划、建筑设计、科室设置、就诊流程等方面都发挥了重要作用，在 PHS 的推动下，10 月，上海嘉会国际医院将与麻省总院肿瘤中心和辅助生殖中心签订战略合作意向书，借助 PHS 的医疗资源和丰富的运营经验，针对医疗流程、人员培训、学术研究、远程合作医疗等领域开展深度合作。

9 月 19 日，财新记者专访美国联盟医疗体系国际部（Partners HealthCare International，简称 PHI）总裁与首席执行官、哈佛大学医学院医学教授马奇博士，探究美国医疗机构在中国的战略布局，以及与中国医疗机构合作的思考。

## PHI 的中国战略

**财新记者** PHI 在北京、上海、深圳、乌鲁木齐等地都有合作项目，PHI 的中国战略是如何布局的？

**马　奇** 在过去的几年间，我们在其他城市虽然也有开展项目的可能，但我们在上海的项目是目前唯一有长期交流的项目。以前在乌鲁木齐有过研究类的项目，在北京也和医疗机构在提高医疗质量方面有过合作，但上海嘉会国际医院是现在唯一的和医院合作的项目。

如果以五十年的维度来看，中国肯定会在未来成为医疗市场的领导者，无论是从人才，还是从教育和研究能力上来说。

如果美国联盟医疗系统（PHS）要保持在国际上的领先地位，就必须和中国建立很好的机构合作关系。这个就是基本的战略。

　　PHI 为什么选择来到中国？您认为中国有哪些优势可以帮助到 PHI 在全球的布局？

**马　奇**　首先，我们认为未来在共同研究的方面有很大的合作空间，科研合作本来就应该是无国界的。我们相信通过和其他不同的医疗机构的合作，自己也可以学到很多。我们希望可以通过国际合作，使本土的机构得到提升，使我们的医生护士和整个医疗系统都能够得到提升。

　　您如何评价中国的医疗体系资源？

**马　奇**　我并不是这方面的专家，我也是在逐步的了解和学习中国的医疗系统。但毫无疑问，中国的医生和世界任何一个国家的医生相比都是毫不逊色的。之所以这么说，是因为在 PHI 系统内，中国的医生也在指导着 PHI 系统的一些工作。我不是出于礼貌才这么说。在此基础上，中国的医疗系统中有一些结构是需要调整，有一些问题是需要慢慢解决的。我说的主要是现代西医，我对传统中医并不了解，我相信中国是有能力解决这些结构上面的问题的，只是需要一些时间。

## 中国医疗系统复杂性

PHI 和中国医疗机构合作有哪些形式？获得了哪些经验？哪些是推动合作、项目进展的必要因素？

**马　奇**　现在最大的合作就是和上海嘉会国际医院。三年半之前，PHI 和嘉会的管理层开始对话，那个时候嘉会的管理层就表示了他们的决心是在上海建立一个和在波士顿的医院的理念和管理一致的一个医院。这是什么样的模式呢？就是以病人为中心的模式，就是说病人和家属他们的需求才是医院提供医疗服务的核心。所以我们感觉嘉会的兴趣和我们一致。在嘉会的医疗中，初级医疗 (Primary Care) 是非常重要的一部分。我们知道嘉会是非常重视提高医疗服务的质量和安全的，这也是我们比较认可嘉会的地方。过去三年中，PHI 花了很大精力帮助嘉会医院规划他们医疗上面的项目，尤其在两个方面，一个是引入多学科协调护理 (Multidisciplinary care) 的模式，一个是医疗 IT 系统在整个护理和医院运营中如何发挥作用。

在与中国医疗机构的合作中获得了哪些经验？

**马　奇**　在过去的几年里，我们主要就是在和嘉会医院合作。医院才刚刚启动，之后会有更多的合作。我意识到中国医疗系统很复杂，而一个复杂系统在演化变革的过程中当然需要不断调整。

您认为现阶段还存在哪些障碍和顾虑？是否有政策方面的阻力？

**马　奇**　我来中国的路上，带了一个文件夹，里边是三年前我们和嘉会合作的一个计划和目标。到现在来看我们的目标和战略还是没有改变，所以 PHI

和嘉会在遇到问题的时候是会共同承担的。我们并未感到政策上的阻力。

## 建立病人中心制医院

上海嘉会医院在科室设置、就诊流程等方面得到了麻省总院及布列
根和妇女医院多位教授、医生和护士的指导，PHI 主要承担哪些工
作？上海嘉会医院会和一般医院有什么不同？设计亮点有哪些？

马　奇　嘉会是一所真正的国际医院。在过去三年中它的每一步规划都做得
都非常谨慎，很多事项都是与麻省总院及布列根和妇女医院多位教授、医生和
护士共同讨论决定的。在中国的医疗系统不断演化的过程中，我们借助了 PHI
医疗资源，谨慎的研究什么样的模式是适合中国的最好的模式。我们的合作并
不仅仅是品牌上，而是整个医疗模式上的全面合作。

您认为这样的创新对于中国的患者有什么样的影响，是否会形成新
的服务标准？

马　奇　首先我不会低估中国医疗系统的复杂性，医疗系统的改变并不像一
个开关，在瞬间就能完成。但我们希望能展现一种不同的医疗服务模式。从某
种角度上来看，一个有趣的事情是中国的医疗系统现在面临的一些问题也同样
是美国的医疗系统所面临的问题，比如说怎么样提供性价比更高的医疗服务，
人口老龄化社会下如何提供更好的医疗服务，老龄化人口会消耗更多的医疗资
源，怎样利用现在先进的技术降低医疗成本，在这些问题中美面临相同的挑战，
只是进展的方向上不同。

举例来说对于有很严重的病症需要经常来医院的病人，我们在美国就给他
们提供了一种医疗服务模式。这种医疗服务主要是通过护士来传达的。这种服

务有效的降低了医疗成本，病人的满意度也在提升，他们的寿命也更长了。如果我们把这种模式带给中国政府，告诉他们，我们的这样一种模式可以降低医疗成本，使病人的满意度更高，存活时间更长，我想我们就可以严肃深入地探讨这个话题了。中美面临的医疗局面有很多的共性，只是我们看待的问题角度有所不同。

下个月双方将签订战略合作意向书，PHI/MGH 为什么选择癌症和辅助生殖两个方向？在这两个项目中，PHI/MGH 位居什么角色？

马　奇　我们希望从小处开始着力，在会跑前要先会走。所以我们选择先从两个可以有效、可以实际操作的项目开始。我们会从波士顿引进一些医生，他们和中国团队共同开发出适合这个项目的方案。我非常希望这个项目可以成功，它成功之后我们可以在更多的方面展开合作。以我过去的国际合作的经验，一开始就是全面合作是很难成功的。PHI 和嘉会的早期合作主要体现在整个医院和医疗体系的规划和设计方面上，在未来我希望可以把小的着力点做精致，包括这两个合作项目结构如何设计，希望把它做得非常好。

# 中美反腐合作行动意义有限

美国国务院负责 APEC 事务的高级官员：王晓珉（Robert S. Wang）
特派华盛顿记者：张远岸

王晓珉 2013 年 8 月起担任美国国务院负责 APEC 事务的高级官员。此前 2011 年 1 月至 2013 年 8 月，任美国驻北京大使馆公使（Deputy Chief of Mission）；2006 年 8 月至 2009 年 9 月，任美国在台协会（American Institute in Taiwan）副处长。王晓珉 1984 年成为美国外交官，曾驻东京、香港、上海、新加坡和北京。王晓珉拥有美国爱荷华大学政治学博士学位。在从事外交工作以前，他曾在加利福尼亚州惠提尔学院（Whittier College）教国际关系

亚太经合组织（APEC）第三次高官会 8 月 21 日在北京闭幕，此次高官会是今年领导人会议周前各经济体高官最后一次全体会议

刚刚回到华盛顿的王晓珉 8 月 27 日在国务院外国记者中心召开记者会。APEC 领导人会议将于 11 月 10 日至 11 日在北京召开。美国总统奥巴马确定出席，并将于 12 日在中国多停留一天，与中国领导人进行会谈。

本届 APEC 会议的主题定为"共建面向未来的亚太伙伴关系"。会议的三大议题分别是：推动区域经济一体化；促进经济创新发展、改革与增长；加强全方位互联互通和基础设施建设。

王晓珉称，在推动区域经济一体化议题下，中国十分关注亚太自贸区（FTAAP）。他表示，亚太自贸区路线图有望在 11 月领导人会

面时公布。路线图将包括信息共享、能力建设，以及对向亚太自贸区方向发展的分析研究。

在促进经济创新发展、改革与增长议题下，反腐败执法合作网络（ACT-NET）举行了第一次会议，中美在反腐败领域紧密合作。在中国国内大力反腐的背景下，国际反腐合作成为此次 APEC 的亮点之一。

在加强全方位互联互通和基础设施建设方面，王晓珉称对互联互通蓝图进行了详尽的探讨，并计划设定目标。蓝图主要包括三块内容，即实体基础设施、监管统一、跨境教育及旅游。

关于奥巴马和习近平的双边会晤，王晓珉预计讨论话题十分广泛，可能包括人权、贸易、网络安全等。他称，如果两位领导人谈及中国南海问题，他不会觉得意外。

在今年中国最重要的"主场外交"中，亚太自贸区路线图进展如何，中国在该地区实体基础设施建设中是否扮演领导角色，中美反腐合作在开展行动上的意义究竟如何。王晓珉在记者会后接受了财新记者专访。

**财新记者** 亚太自贸区路线图的具体进展如何？

**王晓珉** 亚太自贸区路线图分析如何向建立亚太自贸区发展，并不是亚太自贸协定谈判，甚至还没有到研究可行性的阶段。我们现在该地区已经有大约 80 个自贸协定，我们还有区域自贸协定谈判，比如跨太平洋伙伴关系协定（TPP）、区域全面经济伙伴关系（RCEP）。所以亚太自贸区现阶段从本质上来讲是开始分析如何把这些都无缝整合在一起，而不会变成对贸易的阻碍，现在只是一个对什么是对该区域最好选择的战略研究。

这（亚太自贸区）是美国欢迎的吗？

**王晓珉** 是的，我们从 2004 年起每年都讨论，为什么有这么多（自贸协定谈判）、我们该做什么，因为一个国家参与多个自贸协定。例如日本，日本有许多双边自贸协定，它既在 TPP 谈判中，也在 RCEP 谈判中。那么问题是，如何才能便利大家？另一个问题是，你最终希望这（亚太自贸区）是协调良好，同时是高标准的。在 75 至 80 个自贸协定中，有很多标准不高。不过，亚太自贸区目前还属于早期阶段，我们想要弄清楚这个自贸区最终会是什么样的。我们希望研究在 2015 年或 2016 年完成时，我们可以说这是亚太自贸区可能的样子。在现阶段仅此而已。

实体基础设施建设的目标是什么？

**王晓珉** 目标我们还在设定，比如交通和基础设施，我们正在评估该地区现在有哪些基础设施。目标是截止到某一个时间将增长提高到某个水平。比如说如何增加港口数量，我们想达到的目标数量是多少。在旅游方面，评估我们现在有多少万游客，如何能使这个数字翻番。一个有趣的提议是由 APEC 赞助举办文化活动，每年在一个国家举办一次，其他 APEC 国家提供支持，由此将游客带到那个国家。这只是一个例子，希望能够激发人们对一个国家的兴趣，我想巴布亚新几内亚会对这个主意很高兴，因为这会带来许多游客。不过，他们得降低价格，飞往巴布亚新几内的机票非常昂贵，因为这不是一个人们频繁访问的目的地。

是否看到中国努力在实体基础设施建设方面扮演领导角色？

**王晓珉** 我认为是这样，但这对大家来说可能是积极的。因为中国有经验，且总体上在中国做得很好。我觉得中国确实认为他们可以使用这些专业技能以及资金，在满足 APEC 地区基建需求方面扮演领导角色。中国是在努力扮演领导角色，这也是可能受到欢迎的。

美国在这一领域的角色如何？

**王晓珉** 美国尽量发挥自己的作用，我们有很多大型建筑和工程公司。当然，日本有很多，韩国也有很多。我们有卡特彼勒（Caterpillar），我们认为美国在这个领域也是发挥作用的。最终我们在该地区共同合作建设基础设施越多，我们的公司就有地方投入更多、建设更多。在基础设施建成以后，该地区其他公司的贸易也会从中受益，可以更快地开展贸易，有更好的港口、铁路和公路系统。因此，满足该地区的基础设施需求对该地区来说是好事，不管是提供建设，还是从中受益。有了这些基础设施，实现人员和货物流动会更加容易。这属于连接性的分类。

中国拥有技术，但其他很多国家也有。例如在高铁方面，日本也有技术。你是否已经看到成员国在 APEC 中激烈竞争？

**王晓珉** 是的，我是看到会有竞争。但我的观点是这个竞争是健康的，或者可以是健康的。在美国市场中总有来自不同公司的竞争。我认为这是好的竞争。日本通常认为他们的优势是建造可靠的、持久的高质量产品。他们在与其他国家竞争时可能会这样强调，其产品更加高质和持久，但也可能更加昂贵。生产同一种产品的公司之间会有竞争，日本的小松制作所（Komatsu）与美国和中国的建筑公司之间会竞争。但我不认为这是个问题，竞争可以是健康的。这是为什么我在谈到亚洲基础设施建设银行时讲到，当为基础设施项目提供资金时，记住腐败问题是很重要的。没有行贿的竞争是好的。但一旦开始行贿，政府说你买我的产品，我给你低价，那么恶性竞争也是有可能的。

中国与一些邻国有领土纠纷，例如菲律宾和越南，而他们正是有基建需求的。在选择合作伙伴时，他们是否会因为领土纠纷而选择与其他国家合作？

**王晓珉** 反过来也是有可能的。假设说，等亚洲基础设施开发银行建设好了，许多国家纷纷申请项目，有可能中国会说这个项目在越南，我不想支持，因为该银行提供资金，它可以说我支持这个、不支持哪个。所以这是可能的，我们的总体目标是避免对这样的问题作出政治性决定。在针对该银行和许多其他议题上，我们都谈到透明度、良好治理，应该有一个董事会让大家一起做出公平的决定，而不是被作为一个政治工具。所以，这是双向的。当菲律宾和越南选择购买什么的时候，符合他们最佳利益的是选择最好的产品，而不是出于政治原因。但有时候这（政治原因）会起到作用。

中美之间没有引渡条约，中美反腐合作的意义是否局限于了解彼此法律体系，而在行动上的意义有限？

**王晓珉** 老实说，是有限的。希望将来能取得进一步进展。通过双方法律援助（mutual legal assistance），我们还是可以将腐败官员带回中国。没有引渡条约的国家，还可以通过双方法律援助。当然如果有引渡条约会容易很多。那问题是怎么样才能达成引渡条约？关键是更深入的一个问题，美国必须对中国的司法体系有信心，相信那是一个公平的体系。人员不会因为政治或其他原因被带回中国。如果我们不能确定一个人被带回中国后能够根据法律享有公平的法律待遇，那么我们之间就不会签订引渡条约。如果对别国法律体系没有信心，我们不能将一个人送出美国、送去那个国家。我们与日本、欧洲有引渡条约，我们相信那里的法律体系能够给一个人提供公平的法律正义。问题是，到哪一个阶段我们能对中国有信心？比如，现在中国的定罪率是95%~99%，基本上每一个被逮捕的都会进监狱。这可能表明为其辩护的力度不够强，或者中国真的很擅长逮捕到正确的人。

如果我们看到中国的法治体系发展、给辩护更多机会，那么在将来某个时间我们会签订引渡条约。在那之前，虽然有合作，但合作是有限的。

在双边会谈中，你预计奥巴马和习近平是否会讨论俄罗斯问题？

**王晓珉** 我不知道，很难说，我想是可能的。美国确实是在针对乌克兰问题对俄罗斯采取措施，比如经济制裁。如果他们讨论乌克兰问题、商讨该做什么，我不会感到意外，特别是如果俄罗斯采取更进一步行动。

记者述评

总结来看，此次 APEC 领导人会议有三大看点：亚太自贸区路线图、反腐败执法合作网络（ ACT-NET ）以及互联互通蓝图。根据王晓珉的看法，亚太自贸区路线图还处于十分早期的阶段，甚至还没有到研究可行性的阶段。在双边自贸协定和区域自贸协定不断增多的情况下，亚太自贸区可能可以为该地区贸易提供一个更协调、更便利的平台。不过，涉及国家越多，利益越难协调一致，特别是在区域自贸协定相互竞争的情况下。

王晓珉认为，反腐败执法合作网络的重点不在于达到同一个准则，因为各国拥有非常不同的政治及法律制度，"重点在于努力了解每个国家的准则及监管条例"。具体到中美来看，理解意义大于行动意义。王晓珉认为，根本阻碍是美国对中国司法体系仍然缺乏信心。因此虽然中美在反腐上有合作，但在行动意义上有限。

在互联互通及基础设施建设上，中国一方面拥有丰富经验以及资金发挥领导作用；另一方面也面临来自其他国家的竞争。在发挥领导作用及保持良性竞争时，应注意从制度上提高透明度、治理能力，以避免恶性竞争和决策政治化。

# 中美双边投资协定前景

彼得森国际经济研究所（PIIE）雷吉纳尔多·琼斯高级研究员：
加利·霍夫鲍尔（Gary Hufbauer）
记者：王力为

霍夫鲍尔 1992 年加入彼得森国际经济研究所，曾任美国外交关系委员会（CFR）学术主任，1977 年至 1979 年间担任美国财政部负责国际贸易及投资政策的助理部长。曾任教于乔治城大学。

全球贸易谈判的"意大利面"正在被加热 。7 月 12 日，跨太平洋伙伴关系协定（TPP）最新一轮首席谈判代表会议在加拿大渥太华结束。7 月 14 日至 18 日，跨大西洋贸易与投资伙伴协议（TTIP）第六轮谈判在比利时布鲁塞尔举行。中美双边投资协定（BIT）在 6 月初的第 13 轮谈判和 7 月初的中美战略与经济对话（S&ED）磋商后，第 14 轮谈判于 7 月 28 日至 8 月 1 日在美国华盛顿举行。

贸易大国间竞争性开放，试图抢占新的全球贸易体系先机的努力正在升温。财新记者在 7 月下旬，就 TTP、TTIP，以及 BIT 的进展和前路，采访了彼得森国际经济研究所贸易协定、国际关系方面的专家加利·霍夫鲍尔（Gary Hufbauer）。

**财新记者** TPP 谈判最新进展如何，是不是如之前外媒报的那样，美日间仍然存在巨大的分歧？

**霍夫鲍尔**　TPP 各国间的谈判方面，事实上已经有了很大的进展，我认为已经很接近协议。现在只剩下一些事项需要达成一致，包括日本的市场准入，尤其是在农产品方面、知识产权问题、以及国企竞争中性问题。谈判的整体进展是良好的。

根据我的判断，TPP 谈判能在明年一月达成协议。但之后的大问题是，达成的协议会不会被各国立法者——尤其是美国国会和日本议会——批准通过生效。

美国国会对于奥巴马政府未在 TPP 谈判的内容和推进上充分征询国会的意见，有很多的不满。所以即使各国间的协议达成，协议也会在获得美国国会批准通过时面临很大的阻力。很多国会议员希望美国谈判代表向日本施加更大的压力，获取更多的让步。

而在日本，尽管安倍在劝说日本议会接受农业开放，安倍领导的自民党也控制着日本议会的多数席位，但是一部分自民党的成员事实上并不想签署 TPP。

奥巴马政府恐怕也没法在今年获得贸易促进权（TPA）？

**霍夫鲍尔**　奥巴马政府最终必须获得 TPA。但很有可能是在国会对各国达成的协议进行投票表决之前一周，换句话说 TPA 和协议本身的投票几乎会是同一个表决。

美国国会希望奥巴马政府现在就申请获取 TPA，然后国会可以要求谈判代表在与日本谈判中提哪些要求。而奥巴马政府不想现在获取 TPA，因为美国贸易代表迈克尔·弗罗曼（Michael Froman）认为——或许他的想法也是合理的——如果现在去国会获取 TPA，国会就会要求拿到所有 TPP 谈判的细节。如果国会议员不喜欢这些条款，就会在 11 月的中期选举中"拆墙角"。因此，他不希望在选举之前把所有细节都向国会公开。

我认为在中期选举之后，美国政府会将更多的细节透露出来。那样做的话，重新就一些条款进行谈判的压力（可能性）就会较小。如果现在公开所有细节，会有很多国会议员说，你在这上面要价不够，在那里让步太多。

所以明年的好戏是，达成的协议是否能被美国国会通过。总的来看，（TPP的进展）在国际层面和国内层面，显现出较大的不一致。

美欧之间的 TTIP 最近也进行了第六轮谈判，进展似乎不大。你对 TTIP 的前景怎么看？

**霍夫鲍尔** 我认为 TTIP 不会在奥巴马政府任期内达成，这会是下一届政府的任务。而且欧洲最近也有很多机构、人员方面的变动，也刚刚推举产生了新的欧盟委员会主席，没法在 TTIP 上形成一致，全力以赴。当然，美欧之间的谈判仍然会继续，很可能会将总体谈判框架分为几个小块，因为整体协议不太可能达成。奥巴马政府如果能达成 TPP，恐怕已经基本用尽了他们在贸易谈判上所能够分配的能量。

那么对于中美 BIT 的前景怎么看？

**霍夫鲍尔** 我认为 BIT 可以达成。美国商界对于 BIT 有很大的支持，他们会全力推动国会批准通过 BIT。

而且事实上很多美国国会议员对于 BIT 并不了解，只有少于三分之一的国会议员知道 BIT 是什么。这事实上是一个有利因素，让国会内少了很多反对 BIT 的阻力。他们不了解 BIT，即使了解，也会意识到，美国已经和其他国家签订了不少 BIT，所以再签订一个也是可行的。

而且主要是中国需要在大多数方面实行开放？美国需要改变的较少？

**霍夫鲍尔**　对。不过我们（美国）在外国投资审查上，确实不够透明（secretive）。我的猜测是，BIT 谈判会在明年 3 月结束。

包括负面清单的谈判？

**霍夫鲍尔**　是的，或许晚一些，到明年 6 月。然后就会在不久之后获得立法者通过。

我从中国商务部人士处了解到，负面清单谈判原本是计划在 6 月初和 7 月底的这两轮谈判中进行的，但现在似乎拖到了明年？

**霍夫鲍尔**　是的，他们原本想要推进得更快。但中国内部必须要在国企问题上达成一致；与此同时，中国国内要确定一个谈判将要基于的负面清单，也牵涉很多的国内政治。

在中国国内，有些人认为只有在 TPP 快要达成时，中国才应该加速 BIT 的谈判。你认为 TPP 和 BIT 之间的关联如何？

**霍夫鲍尔**　我不认为 BIT 和 TPP 之间有很大的关联，TPP 方面，比较大的问题是日本，可能还包括越南。我认为至少对美国来说，关联度可能不是零，但无疑很低。

# 欧洲篇

▶▶▶

# 改革之难与欧洲之机

意大利总理：蒙蒂（Mario Monti）
记者：胡舒立、李增新、张远岸

马里奥·蒙蒂2011年11月16日蒙蒂担任意大利总理，兼任经济和财政部长。此前，蒙蒂有十年担任欧盟委员会专员的经历。蒙蒂1943年3月19日生于意大利北部城市瓦雷泽（Varese），1965年获米兰伯克尼大学（Bocconi University）经济管理学学位，后赴美国耶鲁大学攻读硕士，师从诺贝尔经济学奖得主托宾（James Tobin）。自1970年起，蒙蒂在意大利都灵大学经济系任教15年，后任母校伯克尼大学教授、校长。2005年，蒙蒂成立布鲁塞尔欧洲暨全球经济研究所（Bruegel）。

年届七旬，蒙蒂银发萧萧，慈眉善目，看去不像一位欧洲大国总理，倒更像他此前担任的大学校长。或许，正因为学者而非政治家的出身，还有在2011年11月的危机时刻被意大利总统纳波利塔诺（Giorgio Napolitano）延请出山担任总理的背景，媒体人对他有一种特别的尊重。1月24日中午，在达沃斯世界经济论坛主会场国际媒体领袖们聚集一堂的时候，这场由英国《金融时报》总编辑主持的答问很热烈也很坦诚。

说好了是闭门会议，但蒙蒂事前说清，他不会细谈选举和选情，其他内容可以敞开谈，媒体也可记录在案。会场顿时活跃起来。

蒙蒂，不可能不是人们关注的焦点。

　　这已经是欧元区发生危机后的第四个年头。拯救危机的努力牵动人心，意大利处于漩涡中心，一波三折，欧元存亡也曾报警声声。不过，最关键的还是欧洲主要国家的政治意愿和经济实力。在多番博弈之后，欧洲央行于2012年8月推出旨在购买主权国债的"直接货币交易"（OMT）。以此为标志性事件，形势逐渐回暖，欧元区在2013年出现崩溃的可能性大幅降低，最危险的时刻已经过去。

　　然而，欧债危机以来，各国持续大规模财政整顿已超过两年，选民们对"牺牲"的容忍程度接近极限，民粹主义、反紧缩情绪日渐高涨。在达沃斯世界经济论坛上，出席会议的各国领导人和国际金融机构总裁们已绝口不提"紧缩"（austerity），连一向最为严厉的国际货币基金组织（IMF）也至多提出过"整顿"（consolidation）。

　　这使2013年在意大利和德国的两场大选，成了欧元区政治环境和政策取向的风向标。

　　首先是2月24日和25日的意大利全国大选。作为欧元区第三大经济体，意大利一日不走上正轨，欧洲乃至世界经济就不能真正脱离危险。

　　当然，意大利不是希腊。它还拥有响当当的时尚和豪车品牌、独具风格的制造业、源远流长的金融业。过去一年的"蒙蒂新政"，开启了意大利迟来的经济改革，成果虽不完美，但给人希望。

　　因此，选举的焦点不仅是意大利未来的经济方向，更是这个国家的政治前景。意大利能否产生一个有担当而非沉溺于个人权力的政府，能否塑造政坛新风，正视过去20年意大利社会被掩盖的问题，决定了这场危机是一个历史性的转折，还是又一次浪费掉的机会。启示不仅仅属于意大利，也不仅仅属于欧洲。

## 抉择时刻

财新记者 在你任总理期间，何时是最危险的时刻？你是如何应对的？

蒙 蒂 最危险的时刻是 2011 年 12 月。我刚上任一个月，谢绝了德国当局、国际货币基金组织（IMF）和其他欧盟机构提出的保护（救助方案）。

他们说，意大利当时的金融状况非常不稳定，为什么不寻求欧盟和 IMF 的金融支持呢？我说不。

那是一段非常困难的时期，我们如履薄冰。有可能会出现金融危机，冲击整个欧元区。但我观察了"三驾马车"——IMF、欧洲央行（ECB）和欧盟委员会——在希腊、葡萄牙和其他国家的经验。我认为意大利足够强，能够做出自己的选择。

有些金融家认为我们应该寻求保护。但我对在意大利安装"三驾马车"这个主意感到不舒服。所以，我们对意大利民众解释：并不是欧盟要求我们做什么。执行严格的预算纪律和进行昂贵的结构性改革，本身符合意大利人民现在和将来的利益。

同时，在政治上礼貌谢绝对意大利金融体系的帮助，也很困难。在意大利金融状况极为脆弱的情况下，我们要说服德国总理、法国总统和欧盟机构，让他们相信，我们会努力地快速地做该做的事情。

当然，因为我来自一个金融极为脆弱的国家，说话还得别人听。我做说服工作，一直坚持到2012 年 6 月底的欧盟峰会。在欧盟峰会上我们投了否决票，僵持 15 个小时后，大家终于在凌晨 5 点达成了一致，决定稳定欧元区主权债务市场，这件事关乎共同利益而不只是关乎个别国家是否遵守财政纪律。这是一把巨大的政治保护伞。欧洲央行保持完全独立，对德拉吉（Mario Draghi，欧洲央行行长）之后所展现出的领导力非常重要。

因此，可以看出，最困难的时刻并不是在意大利国内。如果你是欧元区成员国，你将很难再将国内决策与欧盟决策分开。

> 一个提议是欧洲央行通过直接货币交易（OMT）来干涉债券市场。为什么你没有选择申请使用 OMT 来缩小市场利差？

**蒙 蒂** 得说这是一个非常合理的问题。我很高兴与西班牙首相拉霍伊（Mariano Rajoy）、法国总统奥朗德（Francois Hollande）、德国总理默克尔（Angela Merkel）达成共识——欧洲央行和欧洲金融稳定基金（EFSF）将使用现有手段帮助遵守欧盟规定的国家稳定债券市场，而不是帮助违反规定的国家。意大利不在那些违反规定的国家之列。对我们而言，直接的金融帮助就是让市场知道，如果需要，我们拥有哪些手段。

意大利为什么没有要求激活那些手段呢？因为使用欧洲央行 OMT 的程序中被加入了很多严格要求，我觉得程序有些麻烦，比在意大利安装希腊式"三驾马车"还严，有些要求不那么受到我们的欢迎。

我得做一个权衡：我们是否应该经过这些麻烦的程序？据我所知，连拉霍伊都没有这么做；或者，我们是否应该再次做出自己的选择？

让我提醒你们，我刚上任时，十年期意大利国债与十年期德国国债的利差是 575 个基点。在经历了多次起伏后，我们可以在利差约 400 个基点时激活帮助机制。昨天的利差是 260 个基点。我没看今天的利差是多少，这是一个好迹象。我头一回可以不看利差。

> 在欧债危机中，欧洲国家领导人经常受到市场参与者的批评，说他们总是在被动反应，而不是提前准备。你认为等待但拥有选择是最好的方式吗？

**蒙 蒂** 是的，同时请考虑到我是被请来执政的。这种事很少发生，但 2011

年底它就是发生了。在金融动荡的头三个至四个月里，包括欧洲央行在内的欧洲机构在向当时的意大利总理贝卢斯科尼 (Silvio Berlusconi) 传达指令，后者几乎全盘接受，他以为能够安抚市场。贝卢斯科尼同意意大利必须在 2013 年达到平衡的预算目标，比预定提前了一年。欧洲央行通过购买意大利和西班牙国债来支持两国，尽管如此，利差还是在扩大。

目前的利差水平是否意味着危机已经度过了最坏的阶段？

蒙 蒂 如果你是指金融危机的话，那绝对是的。当然，经济危机和社会危机才刚开始，而不是走向结束。最终的问题是政治问题，即如何保持决策的紧迫气氛，即使金融市场争分夺秒的紧急决策已经过去了。

你刚才说是被要求做这份工作的。你担任总理一年多，现在又准备投身大选，你喜欢上这份工作了吗？

蒙 蒂 我是被邀请的，不是被命令的，不过基本上就是。我受到意大利共和国总统的邀请，在议会获得了 85% 的信任投票。我得说，也有责任并且很荣幸地说，在这一年的大部分时间里，被我称为"奇怪多数"（strange majority）的三个党派成员对不受欢迎的经改措施也给予了支持。

我享受这段经历？显然，这期间有痛苦的时刻，但也有感到巨大内在满足感的时刻。当你在怀疑这是不是幻觉时，你看看市场，纵观国际，观察意大利发生的变化，听到别人对我说，"放手去做吧，虽然你对我们征收了太高的税。"在这些时刻，我会感到莫大的满足。

何时是最痛苦的时刻？有没有特别满足的一瞬间？

**蒙蒂** 最满足的时刻应该是我卸任那一天。我相信将会有很多很多令人满足的时刻。如果我是一名真正的政治家，我就能立即编出一个满足时刻的具体日期。但对一个被要求做这份工作，且完全不确定自己能否胜任的人来说，最大的满足就是当我意识到大部分目标已经达成的时候。有人会对我说，你被总统任命为终身参议员，在结束政府生涯后，可以等着被邀请担任下一届共和国总统，或者某一天像前总理普罗迪（Romano Prodi）那样加入欧洲理事会。这多么美好啊！

这会改变意大利人在过去 14 个月中致力于改变的意大利吗？改变很有必要。因为改革有如此多的文化和利益障碍，不光有右翼的障碍，也有左翼的障碍。惟一的机会是触发公民社会更直接地参与，这是意大利真正的前途，因为意大利是一个拥有巨大潜力、活力社会的健全国家。

我希望我们——意大利公民社会的成员更加积极，至少能够改变议会的构成。我希望聚集具有改革思想的人士，不管他们是从属于哪个党派。这一计划已经奏效，这些人士已经加入进来。

## 改革难在何处

意大利将来的结构性改革有哪些重点领域？

**蒙 蒂** 一个很明显的例子就是，结构性改革要减少国家政府与市级政府之间的政府层级。市政府、地区政府、省政府，然后是国家政府，再往上还有欧盟政府。好处显然很多，比如大幅减少了地方政府官员的数量。这对各省来说，都是最困难的战斗，因为这关乎公务员就业和减少公务员所涉及的经济利益。过去，正是这些利益使得削减开支尤为困难。

再举一个例子：要使劳动力市场更加具有弹性。虽然最近劳动力市场的增长很快，但在我看来还不够。我们会对劳动力有更具建设性的观点。要减少下面这种事情：企业被逐渐挤出市场，陷入困境，请求政治家通过某种形式的补贴，人为地维持生存。幸运的是，布鲁塞尔（欧盟）提供大部分补贴，但如果在劳动力市场进行很好的结构性改革的话，还是能省些钱下来。

（之所以投身即将到来的大选）是因为我认为（现在的意大利政治格局）有空白，需要我和同伴们发挥作用，在左派与右派之间寻找改革的空间。

很多人认为意大利劳动力市场改革是最难的，也是你在任期内没能真正取得突破的领域，甚至有人说，你在这里搞砸了。

**蒙　蒂**　其实问题是，在危机缓解后，我们能不能进行困难的结构性改革？我知道在德国和北欧，对南欧国家有一种严母般的态度，"你是好孩子，你可以做得更好。但你总是办不到，除非有利率和金融市场压力的鞭子逼着你。"

某种程度上，我同意。市场平静下来，于是我们就产生了市场压力已消失的幻象，但市场会突然苏醒。毫无疑问，那时压力就会再来。

在我与德国总理默克尔的多次对话中，她理解我们在欧元区中所处的不同位置，以及我们所承担的责任。我保证，即使利率下降，我们也会继续改革。我对她说，"这是有限的（平静）"。

欧盟要我们履行承诺，我说，"你看，如果我们持续在国内执行这些严厉政策——我们应该执行也将继续执行，但民众会问好处是什么？"他们期待经济增长和就业方面的利益。我会努力说服他们，经济政策需要时间才能产生效果。他们可能会被说服，但也可能会提出其他疑问。

我坦白地对默克尔说，有一段时间，意大利议会大幅转向更反欧洲、反德国和反美国。那些中右翼政党，如欧洲人民党（意大利政党之一，目前在议会中没有席位）尤为反欧洲。意大利离反财政紧缩、反欧盟的底线不远。如果转向发生，会带来一场灾难。

因此，市场这条鞭子并不是惟一的武器，而且超越某一界限后会适得其反。

这就是为什么在欧盟这样的政策机构提出针对不同国家的建议，是如此重要。

你提到过，意大利的一大问题是腐败。如何解决腐败问题？

**蒙 蒂** 关于腐败，我们采取了一些措施。第一，意大利引进了经合组织（OECD）标准中最为先进的措施以提高透明度，不仅包括公布收入和利益冲突，还公布每个政府成员的全部财产。几天前刚刚签署的这项政令，要求所有地方政府的高级官员都要公布。在中央政府网站上，能看到所有政府官员的财产数字，哪怕持有的是国债也要公布。这就可能查明官员在任期内是否有无法证实的收入。

由于中右翼联盟中有党派反对，意大利尚未出台反腐败法，但腐败一直被认为是竞争力丧失的重要因素。解决经济问题需要克服政治障碍，我想还有很多需要做的。如果大选进展顺利，我相信可以实现。

## 审视欧盟

危机爆发后，欧盟机制发生改变，各国让渡更多主权，也引起了反弹。英国首相卡梅伦说要重新考虑与欧盟的关系，如果保守党在下次大选中获胜，有可能在 2015 年后举行公投决定是否留在欧盟。这是怎么回事？

**蒙 蒂** 说实话，我不知道。如果到了最后那一天，英国人民要公投决定是否保持欧盟成员国的身份，是否愿意留在这个单一市场中，反而可能带来英国与欧盟关系的复苏。我可能是错的，但我认为英国人民最终会热情地支持欧盟。

所有媒体都会在全欧洲范围内讨论这个将来的所谓的全民公决，这可能会带来两个重要的问题。其一是这可能会开一个先例，其他国家也可能会要求公投。第二是欧洲也会越来越排斥举行公投的国家。

西欧特别是法国和意大利经济的低增长将持续多长时间？什么时候
才能走出困境？

**蒙　蒂**　我认为与其阻止全民公决，欧洲政治领导人不如更切实做好他们的
工作。现在欧洲理事会也面临紧急情况的压力。眼下的有些事情，财政部长们
可以做得更好，比如解决希腊危机。有些重大问题，各国国家和政府元首从未
讨论过，比如欧洲民粹主义的兴起。

在我看来，这些是需要解决的问题，因为我们无法让欧洲一直靠最开始时
那样的热情支撑，简单地压制全民公决的可能性。我们要更认真地吸引欧洲人。
这是可能的，我们有这么多正面的故事可以讲。

欧洲国家的缓慢增长会持续很长一段时间。普遍观点认为，每个国家国内
结构性改革的程度越大，我们就越能激发活力。但我认为，这也在很大程度上
依赖欧盟的政策，单一市场取得真正进展是至关重要的。

我完全支持财政纪律，但应当避免欧洲自伤，避免为了投资目的或大项目
而导致欧洲公共事业部门功能瘫痪，这是经济发展的重要组成部分。

在过去几个月中，欧元在金融市场中升值。一些人开始抱怨欧元升
值，因为这会影响流动性，一些人批评美国和日本的量化宽松。你
怎样看待这个问题？

**蒙　蒂**　关于欧元，我说两点。首先是语言上，我们任何时候都不应说"欧
元危机"。欧元区内产生的危机，实质是财政和银行业的危机，绝不是欧元的
危机。

人们抱怨欧元有时过于强势。我认为德国是欧洲很好的典范。尽管或者说

可能正是因为有坚挺的货币，德国经济才得以增长，且越来越具竞争力，欧洲不应考虑采取导致欧元疲弱的政策。可能有时欧元太高，但市场周期就是如此。

有关欧元区共同债券，很多人认为这不会从根本上解决欧元的结构性问题？

蒙　蒂　我支持欧元债券，并不是因为它是解决欧元区危机的一种方式，而是因为它是一种结构措施，能推动欧洲金融市场进一步融合。我们要完善单一的金融市场以及巨大的蓄水池，即国债市场，尽管这个债券市场不具备美国和日本国债市场的规模和深度。这一措施要随国家预算政策协调系统的进展而推进。

记者温静、王婷婷对此文亦有贡献

# 以现代化告别过去

俄罗斯第一副总理：舒瓦洛夫（Igor Ivanovich Shuvalov）
记者：胡舒立、黄山

　　白宫是莫斯科一座六层的白色长方形建筑。这座上世纪六七十年代的苏式建筑曾经是俄罗斯人代会和最高苏维埃的所在地。在1991年8月时任苏联副总统亚纳耶夫的未遂政变中，叶利钦就是站在白宫前的坦克车上发表了反对政变的演讲。而在1993年10月，听命于叶利钦的军队也是在这里与俄罗斯国家议会对峙，最终以流血方式获胜。

　　"十月事件"后经过修缮的白宫，如今是俄罗斯政府办公所在。经白宫前的警岗，进大楼上电梯至六层，再从东侧楼梯步行到五层东端，就是两间政府首脑的办公室——总理普京和第一副总理舒瓦洛夫各据其一。

　　身材硕大的舒瓦洛夫迎出来与我们握手。我们以俄式习惯直称父名，说："你好，伊格尔·伊凡诺维奇。"他笑了，说"你们叫我伊格尔就可以了"。

　　舒瓦洛夫办公室里的长条会议桌可容20人开会，我们对坐交谈，他身后墙上挂着一幅小尺寸的普京画像。舒瓦洛夫说流利英文，采访时显得很轻松，新闻秘书亚历山大在旁作陪。舒瓦洛夫说，除了不久前去新加坡时接受过当地记者采访，他还是第一次给外国记者专访。"因为你们来自中国。"

　　舒瓦洛夫43岁，两年前出任普京内阁第一副总理，在普京出行期间可代行总理之职，足显地位重要和受信任。舒瓦洛夫当过工人和士兵，后来在莫斯科国立大学读法律，毕业后做过律师也当过外交部官员，上世纪 90 年代后期一直在俄罗斯国有资产委员会工作，直至任职俄罗斯联邦国有资产委员会总裁。此后他当过一届政府部长，自 2003 年成为总统普京的助手之一。2008 年 5 月普京连任总统已经届满又改任总理，舒瓦洛夫遂由普京提名成为第一副总理。

俄罗斯商界朋友安德烈对我们说，采访舒瓦洛夫就对了，他懂经济，是俄罗斯"事实上的首席经济学家"。安德烈还介绍说，虽然官居副总理，舒瓦洛夫不是政治家，而是技术官僚。一些西方观察家则评价舒瓦洛夫"非常自由派"，是俄罗斯一系列自由化政策的推进人。

记者述评

莫斯科的郊区浓绿环绕，当地人介绍说，驱车西行便是富人区，"越往西越富"。会议最后一天，东道主把盛大的招待晚宴安排在 40 多公里外的西郊，地名就叫"奢华村"（luxury village）。翻译丽达私下告诉我们，"那是寡头们（oligarchs）住的地方"。

周五傍晚的"奢华村"很宁静。我们在名牌专卖店汇聚的商业区就餐，餐馆造型独特。已经看过莫斯科城内的繁华时尚，"奢华村"的存在并不显得突兀。前些年俄罗斯经济发展良好，莫斯科、圣彼得堡以龙头地位得享其利，看去与欧美发达国家已相差不远。

俄罗斯在 1999 年至 2008 年十年间，平均经济年增长率达到 7%，股市总市值增加 2 倍，居民实际工资收入增长 3 倍，失业率从 12.9% 下降到 6.3%，贫困率也从 29% 下降到 13%。虽然整个国家贫富两极差距在加大，但中等收入人群从占总人口 8% 增至三分之一强。

尽管如此，我们接触的俄官产学界人士对已有发展并不觉得满意，交谈中可以感到对未来的困惑。所谓的"资源陷阱""荷兰病"的说法一直萦绕着俄罗斯的经济决策圈。

2008 年的金融危机将俄单一能源经济的脆弱性暴露无遗。2000 年,石油和天然气贡献俄 GDP 的 20%,2005 年上升为 25%,到了油价峰值的 2008 年内,跃升到 30%。国际原油价格每桶下跌 10 美元,俄罗斯 GDP 会下跌 3 个百分点,所以俄罗斯 2009 年 GDP 下滑 8%,在 G20 国家中受创最巨。与上年度相差达 13% 的变动幅度,也遥遥领先于 G20 平均 4% 的 GDP 产出波动水平。

经济与社会长期稳定发展的关键,在于制度建设。采访中,我们听到了对俄罗斯近年来一些改革措施的认可,其中最获肯定的是 2001 年实施的单一税改革,以 13% 税率取代以往的所得税累进税制,大大减少逃避税,重建国家财政能力;此外,2001 年至 2004 年,俄政府简化了企业市场准入的行政审批和注册程序,启动金融改革以满足私营中小企业的融资需求,也颇具正面意义。

我们还听到许多尖锐批评。油价上升削减了继续改革的动力,如今经济复苏之后,改革压力会不会减小? 还有一些疑虑和批评是具有根本性的:政府干预、腐败无处不在,法治不彰,都令人心惊。

加州大学洛杉矶分校政治学教授 Daniel Treisman 在其即将出版的新书《回归:俄罗斯从戈尔巴乔夫到梅德韦杰夫的旅程》中表示,今天的俄罗斯有民主制度结构但民主不充分。在俄罗斯从事金融业 18 年之久的西方投资银行家詹宁斯( Stephen Jennings )就向财新 -《中国改革》记者表示,今天的俄罗斯并未完全摆脱过去时代的烙印。

“对一个有着 1000 年专制历史的国家而言,新价值观必须从一片荒芜的土地上兴起,而缺乏市民社会传统的现实意味着新的价值体系发展不会很快,这需要时间。”他说。詹宁斯来自新西兰,曾就职于瑞信证券,他现为复兴资本 CEO。他与几位西方投资银行家于上世纪 90 年代中期创办复兴资本,如今已经成为俄罗斯最重要的投资银行之一。

俄罗斯经济的掌舵人对这一切是如何思考的? 去年 9 月,上任年余

> 的新总统梅德韦杰夫提出了俄罗斯的"现代化事业",令人想起当年彼
> 得大帝（1672 年 –1725 年）的"现代化"主张。见到舒瓦洛夫,我们
> 便从"解读现代化"入手提出一系列问题。而舒瓦洛夫将"现代化"称
> 为新的改革议程,并认为"现代化意味着一切",意味着我们需要作出
> 改变。

**财新记者** 2009 年 9 月梅德韦杰夫总统提出俄罗斯的"现代化事业",应当如何理解? 很想听听你的解读。

**舒瓦洛夫** 梅德韦杰夫总统上任后,立即宣布了俄罗斯发展的新议程。他意识到这个国家的一切都应当改变,包括政治、社会、经济的方方面面。他特地发表文章"俄罗斯,向前"——你知道,苏联解体之后,我们度过了非常艰难的 15 年岁月。要生存下去,我们必须创造新的东西,但那个时期俄罗斯还在怀念昔日。

苏联时期创造的资产已经老化,旧产业不再具有竞争力,科学和教育亟待改变和现代化,财政体系和经济需要新的管理方法,商业活动需要新环境,许多东西都急需改变。

现在人人都在谈论现代化,会认为有个很具体的议程。梅德韦杰夫总统确实有过一个详细说明书,你可能听说过一个委员会和五个方向,五个与俄罗斯现代化密切相关的方向,制药业、核能等等。但现实中,现代化意味着一切——人们的行为、教育、科学,涉及人们的整个生活。

举个例子,俄罗斯有很多擅长发明创造的科学家,但很难把发明商业化。在以色列和美国,俄罗斯研究人员非常受欢迎,相当多的人变得很富有,但俄国还没有这样的基础设施。再举个例子,我们这里司机开车不系安全带,因为苏联的行为方式是不用安全带的。

当我们谈论现代化时,恰恰意味着我们需要作出改变。

你说了许多改变。俄罗斯经济目前最大的挑战就是如何减少对能源和资源的依赖，如何鼓励创新，对于俄罗斯经济多样化有没有具体规划？

**舒瓦洛夫**　能源产业需要大幅创新，但创新并不一定要与能源相关。

俄罗斯近 40% 的收入来自能源部门和原材料领域。当我们谈论新经济时，我们想减少对能源部门的依赖；当我们谈论创新时，能源创新或许是居于首位的任务——因为俄罗斯就能源效率来说是最后一名。我们需要使用更好、更廉价、更安全且二氧化碳排量更少的能源，需要减少单位产量所消耗的能源。

能源与创新是并存的。但如果你指的是具体规划，关于怎样发展其他部门，我的答案是改变财政政策。我们现在对非能源部门减税。能源消耗行业的税率是 34%，而其他新兴部门只有 14%。同时，我们意识到在建立新产业时，存有官僚体制的障碍、大量腐败现象等。对你的问题，我回答"是"，我们有具体规划来吸引俄罗斯和其他国家的商人投资，不局限于能源部门。

你如何描述后苏联时代到今天俄罗斯的经济发展？如何看过去和现在？

**舒瓦洛夫**　我们从苏联经济转变成今天所说的俄罗斯经济。

过去 15 年里主要是生存，我们伴随着苏联时期遗留的困难生存下来。苏联于 1991 年解体，但直到 1993 年叶利钦总统和议会发生冲突，并于 12 月施行俄罗斯新宪法。从那时起，我们才开始考虑建设新俄国。1996 年，叶利钦再度当选总统。叶利钦甚至在第一轮选举中票数不够，在第二轮中才获胜。那个时期，我们从苏联政体转换到新体制，试着树立民主原则，尝试实行真正的分权体制，司法、立法和行政权三分。这之后，真正的苦难才逐步消失。

在 1991 年以前，苏联人可以得到国家补贴，接着一切突然没有了。普通人很痛苦，养老金发不出来。在发展和建立新事物的过程中，百姓在承受痛苦。我记得，就是到了1996年，仍有许多工人拿不到工资，厂方只能设法给工人们发一些食物，让他们养家糊口。严格意义的苦日子到2000年才算结束，我们开始考虑未来。

在2008年普京离开克里姆林宫之前，他发表了对于2020年的计划，我们必须取得比过去15年里更大的成就，要在舒适和安全方面与世界上最好、最舒适的国家相媲美。

近期俄国经济改革的主要任务是什么？

**舒瓦洛夫**　我们需要更灵活，需要更快地改变。我们都记得过去的苏联时代，那时什么变化都没有。尽快改变，不仅适用于经济，但首先适用于经济。我们必须学得非常灵活，善于求新。

## "危"与"机"

世界金融危机直接冲击了俄罗斯经济，你怎么看其深层影响？

**舒瓦洛夫**　我恰恰认为金融危机使我们受益。

从一方面来说它使我们陷入困境，因为我们开始动用大量外汇储备救急，去年我们是苦撑过来的。但从另一方面来说，人们开始认真思考效率。政府和商界一起思考怎样处理实体行业的闲杂冗员，找到一个真正的妥协：政府提供一定条件，帮助有能力的人们成立中小企业，使企业家们可以从工厂逐渐清理冗员。

为了应对危机，俄政府在2009年颁布了《抗危机计划》( Anti-Crisis

Plan），出资约 30 亿美元，为失业人员提供失业救济及再培训和再就业就会。同时，俄政府也对实体经济提供支持，提供总额高达 200 亿美元的援助。

这组政策中，政府向大企业提供纾困资金受到广泛批评，因为这些企业效率低下，盈利能力很差，虽然通过补贴暂时缓解了失业风险，但有限资金并没有获得合理配置，从长远看，对俄提升企业实力，实现经济整体复苏并无好处。

按照舒瓦洛夫的说法，一旦危机过去，将试图引进更灵活的的劳动力市场，允许企业裁汰冗员。其思路朝向重启大企业的私有化以及减少对中小企业的监管，以赋予企业更多自主性。以舒瓦洛夫的主张，自由化路向相当清晰。

不过，在新兴市场研究院院长朴胜虎教授看来，俄罗斯制度建设远未成熟，仍在初级阶段。

"纵使俄罗斯前 400 位的企业近 80% 都是私人所有，但政府可以随时介入企业的经营。"专门研究中、印、俄三国经济比较的朴胜虎说。看来，进一步推进私有化必须与政府行为的改革相同步，这会是个曲折艰难的过程。


你担心世界经济会"二次探底"吗？


**舒瓦洛夫**　我们相当关注。如果"二次探底"不幸真的到来，俄罗斯也不会遭到重挫，因为我们有足够的外汇储备度过这一关。但我还是希望我们能一起避免"二次探底"。

作为世界上仅次于中国大陆和日本的第三大外汇储备国，截至今年 4 月，俄罗斯共有 4560 亿美元的外汇储备，较其峰值时的 6000 亿美元略有下降，因为俄在金融危机时动用了大约 2000 亿美元储备。

在金融危机中,俄罗斯第一个呼吁让世界货币基金组织的特别提
款权发挥更大作用,你如何评价特别提款权的职能和世界货币基
金组织?

**舒瓦洛夫**  我们认为特别提款权现在的运作方式应独立于 IMF 目前的份额
安排。现中国、印度、俄罗斯、巴西政府花了很多时间讨论共同立场。我们对
于讨论这笔钱的开支问题抱有极大热情。

俄罗斯对于经济的自信源于手中握有大量资源和能源,但大宗商
品的波动也会对俄罗斯经济产生冲击。俄罗斯未来如何避免这类
冲击?

**舒瓦洛夫**  我们目前还无法避免这种冲击。这是一项长达五年、十年甚至
十五年的任务,不可能立即见效。我们拥有充足的外汇储备。现在我们更加关
注中国和亚洲的经济体,因为你们购买越来越多的能源和和俄国产品,并保持
增长。当然我们同时还依赖欧洲和其他市场,如果它们没有增长就意味着价格
要下跌。

一旦出现你说的波动,能源和资源价格再度下跌,我们的经济就会受损,
得用外汇储备加以中和。从长远来讲,我们的预算政策不能再这样依赖于能源
行业。专家都说现在将近 40% 的预算收入来自能源部门。在理想的情况下,
能源行业的收入不应超过预算支出的 10%,其余能源收入应全部进入储备,
不能用于当前的支出。

为了减轻对能源价格的依赖,我们需要让其他行业在俄罗斯发展起来。现
在俄罗斯可以给其他行业提供更好的商业机会。俄罗斯与中国、印度和巴西都
属"金砖四国"。最近俄罗斯投资银行复兴资本在莫斯科召开会议,根据他们

的说法，发展中国家很快也会就如何使世界现代化提供自己的视角。

我认为，新经济的想法会在我们这些国家中产生。俄罗斯拥有丰富的资源，广袤的土地，受过良好教育的公民，邻国的支持和亚洲的战略伙伴，足以让我们创造出经济新策略。其中最重要的信号就是我们不能再随意挥霍来自油气出口的资金了。如果我们是储备而非挥霍，俄罗斯或迟或早会发现新的谋生之道。

俄罗斯自金融危机以来在许多国际场合，都会提出削弱美元作为全球主要储备货币，增加包括国际货币基金的特别提款权（SDR）在内的其他储备货币品种的建议。这一方面固然是对危机期间美联储一系列激进量化宽松措施的反应，另外也是俄出于地缘战略的考虑。多样化国际储备货币，在国际金融组织中增加新兴经济体和发展中国家发言权和代表性，在后危机时代是很容易形成共识的领域。这也可以解释，为何俄罗斯对主要新兴经济体的"金砖四国"机制格外热心：以俄罗斯单边的实力，难以推动包括国际新金融经济乃至政治秩序的重塑，但加上中国、印度和巴西，情况就会不一样。

俄罗斯距离 WTO 还有多远？

**舒瓦洛夫**　所有主要问题都解决了，现在这完全是政治问题。梅德韦杰夫总统访美与奥巴马总统会面时有认真探讨，解决了我这个层面力不能及的问题。据代表团回来传达，仅剩最后一个问题，很容易解决。但即使 9 月 30 日之前我们解决所有问题，也不代表能自动加入 WTO。其他国家都看美国的立场。美国和我们关系好时就想帮助我们，若关系恶化就排斥我们，我们习惯了。

## 做什么？怎么办？

俄罗斯正努力使莫斯科成为世界金融中心，你们准备采取哪些措施使莫斯科更具吸引力，你们又从西方国家的金融危机中学到什么？

**舒瓦洛夫** （笑）首先，我们不像西方那样批评银行家。我看来金融危机发生的原因并不能完全归咎于银行部门，许许多多的困难同时发生了。我相信银行业、信贷业等金融部门就像身体中的血液一样必不可少，失去它就无法发展。现在俄国的银行法规相当进步，《新巴塞尔协议》已经实施，银行运作非常透明。

尽管有许多困难，俄罗斯的银行系统很强大。有许多人批评银行太多了，应该减少其数量。但数字多少不重要，因为在克服困难和度过危机的时候，我们保证了主要银行正常运行，没有一家破产。

莫斯科会很自然地成为金融中心。重返莫斯科的人会发现它是个急速变化的城市，每天都在变。我们有将莫斯科发展成为金融中心的雄心壮志，一些东欧国家和独联体国家也对此有兴趣，他们在寻找一个既友好熟悉，又能为其事业吸引资本的地方。

这是很开放的措施。一旦提到将莫斯科发展成为金融中心，对于监管是如何考虑的？在美国正在进行金融监管改革的背景下，俄罗斯将采用怎样的监管架构？

**舒瓦洛夫** 我们借鉴了欧盟的监管方式，试图建立共同的经济市场，主要的经济法规是一致的。至于银行，可以说等同于欧盟。央行所做的一切都符合《新巴塞尔协议》。

我们进出俄罗斯，深感国际机场和海关效率低下。你有何改进设想？

**舒瓦洛夫** 我们正打算出售谢列梅捷沃国际机场，我们准备卖掉，因为我们无法运营得很好。现在有两家投资银行为此替政府工作。有投资者想买下谢列梅捷沃国际机场。咨询机构建议应将莫斯科三大机场——谢列梅捷沃国际机场、多莫杰多沃国际机场和伏努科沃机场——打包出售，合并后新公司的多数股权出售给战略经营者。投资者们买一家不如同时买三家，因为这些机场不应相互竞争，而应与法兰克福那样的欧洲航运中心竞争。

> 最近欧洲危机很引人关注。俄罗斯这些年一直以欧盟为标杆，这次是否感受到欧洲危机的冲击？你如何看待危机发生的原因？

**舒瓦洛夫**　我们非常欣慰地看到欧盟团结起来，投入巨资，以类似 IMF 那样的机制行动起来——当然这只不过是在欧洲内部。俄罗斯现在的主要储备货币是欧元和美元，这（欧洲危机）当然会对俄罗斯产生巨大影响。

与此同时，我们正与哈萨克斯坦和白俄罗斯携手建立关税同盟和单一市场，也许在五年内实现统一货币，可能使用一种全新货币，也可能用俄国卢布。哈萨克斯坦总统纳扎尔巴耶夫以前曾提出三国都使用全新货币的建议。

为了能创造单一市场并统一货币，我们必须收紧财政政策并避免希腊、葡萄牙和西班牙遭遇的状况。他们之所以陷入危机，是因为他们没能履行所有入盟的必要条款，预算赤字高居不下，人们工作时间越来越少。这些都是很宝贵的教训。

> 你提到统一三国货币，乌克兰呢？

**舒瓦洛夫**　最初我们设想的货币统一包含四国：乌克兰、白俄罗斯、哈萨克斯坦和俄罗斯。乌克兰总统尤先科当选后乌克兰停止了所有一体化进程，决定退出。乌克兰在所有主要条约上都签了字，我们审核批准之后他们又反悔了，所以现在俄罗斯、白俄罗斯、哈萨克斯坦——我们三国形成了关税同盟。

我们始终张开双臂，加盟与否取决于乌克兰。但另一方面乌克兰是 WTO 成员，我们三国都不是。现在我们可以以任何形式与乌克兰合作，但乌克兰现在无法加入关税同盟，已经不可能了。

俄、白、哈关税同盟条约的签署，是俄重新恢复地区性大国（如果不是全球大国）战略的重要一步。不管最终用的是卢布抑或是一种全新的货币，这三个前苏联最重要加盟共和国的经济一体化，都是俄重拾影响力的开始。乌克兰在"橙色革命"后没有加入到三国经济一体化过程中。

另外，俄、白、哈关税同盟在最后阶段遭遇了一些波折。由于白俄罗斯坚持俄罗斯对其的石油天然气出口也要享受免除关税的待遇，但俄罗斯方面毫不退让，认为只有根据同盟条约，在2012年三国正式建成包括货物、劳工和投资在内单一经济市场后，才可免除商品出口关税。结果，原定在今年7月1日签署生效的关税同盟条约只有俄罗斯和哈萨克两国签字，白俄罗斯只是在俄罗斯采取包括削减天然气输送等手段压力下，才在7月6日签字加入关税同盟。

## 中国邻居

> 你刚刚提到了货币问题，我想俄罗斯在与中国进行贸易往来时，有没有可能用人民币作为支付货币？

**舒瓦洛夫** 我们有这个打算。1992年有项条约规定双方交易时要使用硬通货。后来在边境贸易中有所改变，可以使用人民币和卢布。我想我们已经很接近用卢布和人民币进行贸易的目标了。俄国境内的中国银行可以为与中国做生意的俄国公司提供人民币，这是个非常积极的信号。人民币迟早会成为储备货币，这有助于全球经济健康。我认为卢布也会成为地区储备货币，这对两国会有很大帮助。

> 中国企业可能在俄国用人民币进行投资吗？

**舒瓦洛夫** 我认为这是可能的，但需要对公平条件达成共识，需要了解对双方都公平的游戏规则。如果俄国人和中国人都能在彼此的国家用卢布和人民币进行投资，方便简单，就太棒了。

我们目睹了中俄贸易量的增长，但我想这个数字不符合一些人对两国良好关系的较高预期。今年两国首脑已经有了四次会面，最近的一次是在多伦多的 20 国峰会。未来两国如何扩大合作领域？

**舒瓦洛夫** 我们希望两国间有"聪明的贸易"。我们渴望与中国合作，但不只是出售我们的金属和森林资源。我们希望中国投资者在俄国投资，也希望中国欢迎俄国投资者去中国投资。这应该是交叉持有的资产和交叉持有的产业。我们需要互帮互助而不是互相猜忌，这一点非常重要。

两国首脑会面，磋商，人民也随之互相往来。20 年或 30 年前我不会认为两国是关系很铁的朋友，但现在你再看，中俄关系非常友好并极具战略意义。

随着俄罗斯本世纪初重新崛起，加上国际实力重心从西方向东方转移，俄罗斯"双头鹰"战略再次兴起。新兴市场不仅只是资源的来源地，也成为资金乃至知识技能的来源地。俄罗斯铝业公司今年 1 月在香港上市，就被认为是俄资源型企业利用亚太资本市场资金的举动。

由于受到国际金融危机的影响，2009 年中俄双边贸易额由 2008 年的 568 亿美元下降至 400 亿美元左右。但今年第一季度中俄贸易额高达 162 亿美元，同比增长 57%，基本恢复到 2008 年金融危机初期的贸易水平。作为两国经贸合作重头戏的能源项目，在辗转踯躅多年后，也出现转机。2009 年 2 月，两国签署"贷款换石油协定"，中国将向俄罗斯提供总计 250 亿美元的长期贷款，俄罗斯则从 2011 年至 2030 年按照每年 1500 万吨的规模通过管道向中国供应总计 3 亿吨石油。

中俄贸易结算特别是边境地区的贸易结算也是两国关注的重点。卢布和人民币在中俄贸易结算中占 1% 左右，双方都有意扩大此份额。今年 4 月 27 日，中国银行宣布从即日起在中国境内推出卢布对人民币直接汇率项下的卢布现汇业务。此举被视为中俄贸易结算已经到达真正意义上的本币结算时期。

实习记者单舟、杨远啸对此文亦有贡献

# 结交新朋友，不忘老朋友

澳大利亚总理：阿博特（Tony Abbott）

记者：李增新、陈沁

特派纽约记者：张远岸

    阿博特 1957 年 11 月出生于英国伦敦，获悉尼大学经济学和法律学士学位，牛津大学政治学和哲学硕士学位。从政前曾做过记者。2013 年 9 月赢得大选，成为澳大利亚第 29 任政府总理

    新朋与旧友兼顾，经贸与安全并行，是阿博特首次中国行传递出的一个明确信号。

    去年 9 月上台执政的阿博特，带领规模空前的工商代表团 4 月 9 日至 12 日到访中国，也是他 4 月日韩中三国行的最后一站。访华期间，阿博特分别到访海南、上海和北京，先后出席了博鳌亚洲论坛年会以及 "澳大利亚中国周" 等一系列活动，与中国国家主席习近平、国务院总理李克强等政府高层以及商界代表举行会晤。

    "我此行不断强调的一点是，不能通过失去老朋友来结交新朋友。" 4 月 12 日, 阿博特在北京国际俱乐部接受财新记者专访时如是说。

    与美国相比，中国是阿博特口中澳大利亚的"新朋友"。在中国崛起、美国亚太再平衡的大背景下，作为中国重要的贸易伙伴，美国的传统盟友澳大利亚似乎一直在新朋旧友之间、经贸和安全之间寻求平衡。

    "我想中国理解并且尊重澳大利亚与其他国家的关系，" 阿博特告诉财新记者。这也呼应了他此次东北亚行前在财新撰文所言，"交

新朋友并不意味着失去老朋友。"

"在内心深处，人类的共性比分歧更为重要。毫无疑问，携手合作比互相对立会令我们更加强大和成功。"阿博特在为财新的撰文中写道。"如果基于过去的阴影引起的领土争端破坏了这一形势，这将是难以言表的悲剧。"

中国目前是澳大利亚最大的贸易伙伴。2012年至2013年，澳大利亚对中国出口781亿澳元，占总出口的31.6%；进口444亿澳元，占总进口的18.8%；中澳双边贸易额占澳大利亚总贸易额的25.3%。中国对澳大利亚的投资额超过澳大利亚对中国的投资额，其中中国对澳大利亚的外国直接投资额（FDI）2012年达到167亿澳元，是反向的近2倍。

阿博特也看到了中国机会。"澳大利亚目前的繁荣很大程度上得益于中国经济发展以及由此带来的工业化和贸易，"他对财新记者表示。"我想明确的一点是，中国崛起有益于世界，澳大利亚希望中国成功。"

他此行力推中澳自贸协定谈判，因为"贸易意味着就业"。中澳自贸协定谈判始于2005年，目前双方已完成19轮谈判，但因在中国对澳农产品准入、中国国有企业投资澳大利亚审查程序等问题上不能达成一致而迟迟难以推进。阿博特说，他希望此访能向中国澄清澳大利亚投资条款，比如澳方"从未拒绝过来自任何中国主要国有企业的投资"，希望为双边自贸协定谈判扫清障碍。

与相对热络的经贸关系相比，过去数年中澳关系几起几落。去年11月，澳外长毕晓普（Julie Bishop）称中国宣布在东海划设防空识别区的时间和方式"都不适当，对区域稳定无益"，阿博特也称澳"相信航海和航空自由"，"我们是美国和日本的强大盟国"，认为国际争端应该依据国际法和平解决。中国外交部回应说，澳方对中方划设东海防空识别区说三道四是完全错误的，中方不予接受。

**财新 记者** 在搜寻马来西亚航空 MH370 航班的过程中，澳大利亚发挥了领导性的角色，能否谈谈最新进展和你的看法？

**阿博特** 这是人类历史上最艰难的搜救，我们试图解决的是一个时代罕有的谜题。我想向你，以及通过你向中国人民保证，我们会穷尽一切人类所能寻找答案，在这之前绝不放弃。目前我们确信过去几天收到的信号来自失联航班 MH370，我们相信已经把搜索范围显著降低。截至目前，我们可以确定，过去数天所接收到的信号来自 MH370 的黑匣子，并以此为依据已经缩小了搜索范围。不过，搜索依然前路漫漫，在 4500 米的深海，不能低估定位任何与 MH370 有关物体的困难程度，即使是巨大的飞机部件。

搜索需要费用，这方面是如何操作的？你是否感受到了来自澳大利亚国内的压力？

**阿博特** 很明显，这是很昂贵的搜索。到目前为止，包括澳大利亚在内的每一个国家各自承担了相应的开销。不过我们认为，既然这发生在我们所辖的搜索和救援区域，我们就应当做好一切准备来寻找 MH370。坦白地讲，我认为在现阶段来公开讨论如何分摊费用有些不合时宜。

除了探讨 MH370 搜索进展，你此行来华还有哪些重要议题？

**阿博特** 我很欢迎中国国务院总理李克强今年早些时候关于中国愿意加速自贸协定谈判的表态，很希望我们下一轮自贸协定谈判——也是自 2005 年以来的第 20 轮谈判——能够使彼此都满意，达成双赢。

中澳自贸协定谈判过程中,最大的阻碍是什么?

**阿博特**　我想中国方面的一个关切是投资。我此行来中国一直在努力做的一件事情是,向中方解释我们从来没有拒绝过来自任何中国主要国有企业的投资。仅在过去几个月间,我们就批准了中国国家电网在澳大利亚维多利亚省主要电力项目的投资。所以我认为,此次访华目的之一是消除中国对澳大利亚已有的外国投资条款的误解,并且如果澳中之间能够顺利达成自贸协定,我们也很期待向中方提供投资方面的优惠条件,正如我们现在向包括美国在内的自贸伙伴提供的那样。

你提到了其他伙伴,你怎么看区域其他自贸协定谈判?比如跨太平洋战略经济伙伴关系协定"(TPP),中国目前还没有参与到这一谈判中来。

**阿博特**　确实,但是中国一直在与包括澳大利亚在内的其他国家发展紧密的经贸伙伴关系。我认为所有这些双边协定能够使达成多边协定更容易。越多的人谈论自由贸易,将来就越有可能实现真正的多边自由贸易。政府以及民众都应该看到贸易带来的好处,贸易意味着工作。更自由的贸易意味着更多工作,更大繁荣。澳中之间的自贸协定意味着更多安全,比如能源安全,以及对中国来说更多的食品安全,所以这将是双赢的结果。

中国正在经历改革和经济结构调整,这将如何影响澳大利亚?澳大利亚会如何面对这一新情况?

**阿博特**　所有国家都需要持续的进步和现代化,澳大利亚也是如此。我认为李克强总理所领导的现代化和结构调整对中国来说是好事。澳大利亚正在调整碳税、矿产税，欢迎外国投资。所以在我们两国所进行的经济结构调整将有益于贸易、投资以及国家繁荣。

所以你认为废除碳税更多意味着对投资的欢迎，而并非一种妥协？

**阿博特**　碳税是对于气候变化一种被误导的反应。我们应该用聪明的政策而并非愚蠢的政策来应对气候变化。碳税就是一项愚蠢的政策，因为其损害了并且仍然在损害澳大利亚经济，而对于环境也没有益处。

如果你来到中国的大城市，很快就会意识到最大的环境问题不是二氧化碳，而是污染。这也是为什么在环境上的最大挑战不是二氧化碳，而是解决空气质量问题、水质量问题、土壤污染问题。澳大利亚所面临的局势没有中国这么困难，但是我们也存在问题。

除了经济，中国作为地区主要力量也在崛起。澳大利亚怎么看这一点？

**阿博特**　我想明确的一点是，中国崛起有益于世界，澳大利亚希望中国成功。澳大利亚目前的繁荣很大程度上得益于中国经济发展以及由此带来的工业化和贸易。所以一个强大的中国对世界有益，正如强大的美国也对世界有益。我相信本地区所有国家的经济发展对彼此都有好处，因为我们能从彼此的发展中获益。我们生活在一个越来越高度相互依存的世界，我想中国以及本地区的人们都了解这一点。

中国有防空识别区，澳大利亚与美国、日本先后就防空识别区达成协定。你怎么看这些共存的协定？

**阿博特**　我想中国理解并且尊重澳大利亚与其他国家的关系。我此行不断强调的一点是，不能通过失去老朋友来结交新朋友，也不能通过削弱一段友谊来强化另一段友谊。我希望我们所有的关系都能发展得更好，这也是我此次访问取得的成果之一。

　　　　你提到自由贸易，你怎么看再工业化、反全球化以及反移民的浪潮？作为 G20 主办国，澳大利亚的首要日程是什么？

**阿博特**　毫无疑问，面对变革和现代化，很多国家都出现了倒退的苗头。但是如果回溯历史，在欧洲和中国都曾出现过"让我们停下来，我们不想再往前走了"的情况。对领导层来说，挑战在于帮助民众适应世界发展所必经的过程。

　　　　许多中国企业和个人在海外买房、买地、投资商业，这有时会引起当地人的不满。澳大利亚政府对此的态度是什么？

**阿博特**　外国投资者想谈成一笔交易就要给出最好的价格。像澳大利亚这样的国家，我们欢迎外国投资，因为这对于经济发展和持续繁荣有好处，外国买家可能给出更好的价格，这对于卖家来说当然是好事。你提到中国投资有时引起澳大利亚国内的反弹，但是别忘了澳大利亚对中国人或者中国背景的人士非常熟悉。大概 100 万澳大利亚公民在中国出生或者有中国背景。普通话已经成为澳大利亚继英语之后第二大语言。我们很感谢中国，非常欢迎中国人和中国投资。

*财新实习研究员 Will Spence 对此文亦有贡献*

# 中国加强法治越快越好

德国驻华大使：柯慕贤（Michael Clauss）
记者：陈沁

　　柯慕贤生于 1961 年，1988 年进入德国外交部工作。曾在外交部海湾战争危机处理小组工作，后担任德国驻以色列大使馆政治处官员和德国常驻欧盟代表处参赞。2005 年，柯慕贤出任德国外交部欧洲司副司长、德国任 2007 年欧盟轮值主席国事务专员，2010 年任德国外交部欧洲司司长。2013 年 8 月 30 日起，柯慕贤任德国驻华大使。

　　一身深色西服，谈吐间带着谨慎而不失幽默的德式优雅，现年 53 岁的柯慕贤看起来比实际年龄年轻许多。他此次接受财新记者专访的时间点颇为特殊：一方面中国国务院总理李克强刚结束欧洲行，其中重头戏是对德国访问，中德关系被称作处于历史最好时期；另一方面中共十八届四中全会在北京召开，中共中央关于全面推进依法治国若干重大问题的决定被提请审议。

　　中德关系挑战与机遇几何？对十八届四中全会有何期待？中德"特殊关系"特殊在哪里？

**财新记者**　你对中国十八届四中全会有何期待？

**柯慕贤**　最主要的期待是加强法治。这很重要，并不只是法制（rule by law），而是法治。这既是经济的基础，也是建立信任的关键。

中国加强法治可能出于两方面的考虑：一是持续吸引投资，这要求法治和信任，使投资者相信不论地方或者中央领导层面有怎样的变化，投资都是安全的。二是过去十年，一些街头运动变得越来越暴力，这也是由于法治不足，人们觉得通过法院无法解决问题，就寻求其他途径。加强法治有益于政治稳定。我们对中国加强法治有很高期待，越快越好，走得越远越好。

此外，反腐败需要以一种可持续、更加透明的方式进行。

中国经济和德国经济都在放缓，因为中德都曾是全球经济增长的主要拉动国家，很多人对此表示担心，你觉得应该担心吗？

**柯慕贤** 中国经济放缓了一些。德国也放缓，因为欧元区复苏并不是很理想，还有乌克兰危机的影响。我们觉得这并不是大问题，政府也正在考虑采取措施。中国的情况有所不同，不过加速改革或将有助于把经济增速维持在一定水平。

你怎么看中国总理李克强对德国的访问？

**柯慕贤** 这毫无疑问是最成功的一次访问。德国是唯一与中国进行常态化政府磋商的国家，这是两国第三轮政府磋商，也是规模最大的一次。中方共有15位政府官员参加。数以百计的媒体、商界和学界人士参与了与之相关的活动。整体气氛非常好，你能看到、感觉到这种友好气氛。我们达成了20页的合作框架协议，对双方未来几年的合作做了具体规划，涉及农业、外交、高科技、签证、文化等领域。

有人说中德关系是"特殊关系"，因为两国有很多相似之处。你怎么看？

**柯慕贤**　是的，尤其是今年双边高层互访的频率创了新高：中国国家主席习近平 3 月访德，德国总理默克尔 7 月访华，中国总理李克强率团在柏林参加两国政府磋商。中德关系已达到历史最佳水平。

中国驻德国大使史明德最近也曾说过中德关系正处在历史最好，为什么是现在呢？

**柯慕贤**　这不是一日之功，有几方面原因：一是经贸领域，双边贸易额每年都在增长，德国对华投资增速很快，已达到 450 亿欧元，德国企业很看好在华投资前景；二是外交领域，中国日益成为国际事务积极参与者，以乌克兰危机为例，德国的立场是制裁俄罗斯，中国不同意制裁，但是我们还有很多共同点，比如我们都不希望事态加剧。中国也反对分裂主义、侵犯乌克兰主权。

德国希望在哪些领域与中国展开合作？

**柯慕贤**　有很多领域，主要包括经济合作、创新。中国正在试图由投资拉动向创新拉动转型，对高科技有需求，这也是两国合作的主要领域之一。很多德国企业在各自所在领域是科技的领跑者，他们已经做好准备把技术带到中国。
　　合作的另一方面是，德方期待市场准入条件能得到改善、对知识产权的保护能得到加强。中国有广大市场，德国有技术，双方恰好匹配。

你觉得中德关系面临的最大挑战是什么？

**柯慕贤**　在经贸领域，我们觉得中国市场准入还有待改善，一些领域还不允许外国企业投资，尤其是服务业。在汽车制造业，有规定要求德国企业入华必须成立合资企业，对中国企业进入德国以及欧盟就没有这样的强制要求。

在知识产权保护领域，中国的法律已经与欧洲法律标准齐平，但是在法律的执行方面还需加强。这一点很重要，因为如果德国公司带着技术来到中国，他们不希望看到因为自家商业机密被窃而招来竞争对手。

在反垄断法领域，中国需要执行其反垄断法，没有反垄断政策就没有市场经济。我们期待更加透明、明确的政策。

你觉得中国市场准入趋势如何？是在变好，原地踏步，还是在变糟？

**柯慕贤** 三中全会提到市场准入问题，中国政府也多次表态说情况会越来越好。到目前为止，我们并没有看到太大变化，希望能看到切实行动。

德国总理默克尔访华时访问了成都，对中国中西部地区发展表示出很大兴趣。德国希望怎样参与这一地区发展？

**柯慕贤** 我们看到中国经济的增长点正从东部向西部转移。在东部沿海地区有很多德国企业，甚至在上海附近出现了德国企业、德国人聚集的德国城。德国总理默克尔鼓励德国经济界走向西部，已经有包括西门子在内的一些德国大企业落户成都。

德国在创新方面有哪些经验可以和中国分享？

**柯慕贤** 创新需要长期投资，可能五年、十年才能看到成果。经验表明，企业，尤其是私营企业，愿意作出如此长期、大额投资的前提是他们确定投资是安全的。这意味着加强法治（rule of law）很重要。在法治环境里各种情况清晰明了，有助于建立信任，人们无需担心是否换个领导情况就不一样了。这也是我们对于四中全会的主要期待。

其次，创新需要自由市场，需要竞争，竞争激发企业创新。与国有企业相比，私营企业更具活力，生产力更强，利润率更高。

**记者述评**

　　从谈十八届四中全会到谈创新，"法治"是采访中柯慕贤反复提及的一个词，"越快越好"直接地表现出对中国推动法治进程的期待。而他所提到的市场准入、知识产权保护、反垄断法等也都是在华外企长期以来关注的话题。中国领导层曾多次就这几大问题表明积极态度，正如柯慕贤所愿，"希望能看到切实行动。"

发表于财新网 发表时间：2014 年 10 月 24 日 10:18

# 英国加大网络欺凌打击力度

英国司法大臣：福克斯（Lord Edward Faulks）
记者：陈沁

  福克斯，英国司法部负责民事和法律政策的大臣（副部级）。早年毕业于牛津大学。英国上议院议员，英国王室法律顾问，英国特许仲裁员协会成员。2013 年 12 月获任司法部大臣。

  英国近来提升了对网络欺凌的惩罚力度。根据新法案，网络暴力分子一旦被举报抓获，将经由刑事法院审理，最高将面临 2 年徒刑，此前的量刑是 6 个月。

  此外，该项法案还将新增一条内容，即对"复仇式色情"行为的控告。任何在互联网上发布前女友或男友私人、色情照片或视频的人也将会面临最多 2 年的刑期。

  随着社交网络用户爆炸式增长，英国网络暴力问题日益凸显，有人用"网络恐怖主义"来形容英国网络喷子的严重程度。据英国《卫报》报道，在一项针对 11 到 17 岁的青少年进行的调查表明，35％的受访者曾遭遇网络欺凌，是去年的两倍。

  英国本次从法律角度加强监管，或将为全球社会提升对抗网络暴力提供借鉴。如何定义网络欺凌？滥用网络和言论自由之间的界线在哪里？法律应在社交网络上发挥怎样的作用？从法制到法治，最大的困难是什么？中国企业到英国经商应注意什么？

**财新记者** 英国近期加大了对网络欺凌的量刑，能具体介绍下吗？

**福克斯** 我们加大了对那些滥用网络，对他人构成危害者的惩罚力度，目前的最高刑期是 2 年。很多例子表明，这一问题已经愈发严重，人们深受其害。司法部对此做出了回应，使此方面的法律更加严格。

网络欺凌现象在英国有多严重？

**福克斯** 很多是在青少年中出现，我们希望能够向学校、家长、青少年传递明确信息，减少网络欺凌。

如何定义网络欺凌？

**福克斯** 主要指通过网络向他人传递不雅、恶意、威胁、强迫信息，令接受者产生焦虑、压力等情绪。

你提到青少年，主要什么样的青少年会进行网络欺凌？为什么会出现这种行为？

**福克斯** 我并不是单独把青少年挑出来，而是青少年可能会在社交网络上花更多时间，而且往往是先用后想。他们这么做，可能主要是因为他们可以这么做。有网络作为保护屏障，不用和对方面对面接触。

滥用网络和言论自由之间的界线在哪里？

**福克斯** 这对于立法者来说很困难，我们一直在寻找这一界线。在言论自由的大背景下，人们可以说愚蠢的、有攻击性的话，但是一旦越过了某一界线，就变成了滥用言论自由。

　　中国也有网络欺凌现象，有什么经验教训英国可以和中国分享？

**福克斯**　人们希望社交网络保持开放，可以享受沟通的乐趣，但是这样存在风险。相关法律的出台将对人们的行为构成约束，很重要的一点是让公众了解这些法律，了解哪些行为是法律不允许的。

　　法律在社交网络上应发挥怎样的作用？

**福克斯**　我认为法律不应该对社交网络过多干预，除非是必须干预。社交网络并没有什么特别，只是现如今人们交流的方式。只要是越过了种族、仇恨等言论自由的界线，不管是通过口头、书面，还是社交网络，都一样要受到法律制裁。社交网络的问题是，人人都可以很快地、很容易地使用，有时就会缺少了必要的思考，意识不到社交网络的力量。英国的相关立法也在逐渐跟上，逐渐意识到社交网络的广泛性。英国目前没有一部专门关于社交网络的法律，都是按内容分布于不同的法律之中。

　　中共四中全会上强调依法治国。你觉得从法制到法治，最大的困难是什么？

**福克斯**　英国和中国对于法治的定义可能不太一样，中国的法治带有中国特色。中国正在加强司法独立性，减少地方对司法的影响。在英国的概念里，法治意味着所有人都应受到法律监督，包括政府。政府官员和失业者面对法律都是平等的。

四中全会出现了一些令人欣喜的迹象，比如司法的专业性正在提升。

你对于在英国经商的中国公司有哪些法律上的建议？

**福克斯** 我们非常鼓励中国公司来英国经商，我们也鼓励英国公司来华投资。我认为良好的法律系统对双向投资非常重要，尤其是对知识产权的保护。任何外国公司在英国都要遵守当地法律，按时交税。

知识产权保护确实是我们的一个担忧，但是我们也看到了中国在这方面的努力。尤其是对双方合资公司而言，知识产权保护非常重要。

# 中企在爱尔兰面临机遇与挑战

爱尔兰财长：努南（Michael Noonan）

记者：王玲

　　美国经济显示出强劲复苏信号之时，相比之下，欧洲经济显得疲软，尤其伴随德国最近走低的经济数据，但西欧小国爱尔兰是个特例：一度沦为"欧猪五国"之一的爱尔兰现在拥有欧洲，包括经济领头羊德国的羡慕。

　　欧盟委员会11月发布的秋季经济预测显示，爱尔兰2014年度经济增速为4.6%，是德国增速的近4倍，列欧盟第一。除了GDP增速，爱尔兰其他指标亦颇为向荣：政府赤字占GDP比重预计将降至3.7%，十年期国债收益率创新低，标普近日亦提高其债务评级，失业率也被预计将逐渐下降。爱尔兰还开始提前还欧盟和国际货币基金组织（IMF）的贷款。值其经济强劲复苏，爱尔兰总统希金斯（Michael Higgins）率财长等政府要员访华。

　　如何得来令欧洲羡慕的经济增速？传统依靠欧美市场的爱尔兰对中国有何期待？国内税改之下，中企在爱尔兰面临何种机遇和挑战？

## 英美是复苏两大因素

**财新记者** 爱尔兰经济近来复苏强劲，且未来五年预计增速都是至少3%以上，哪些因素促成了爱尔兰经济的复苏？

**努南**　今年爱尔兰经济增速将在 5% 左右，预计明年大概是 4%，接下来十年大概是 3.5% 到 4% 之间，不过我们不会预测那么远，只预测未来五年。

爱尔兰是出口导向型经济，出口目的国显然对我们经济的影响很大：美国经济增长迅速，英国的增长也较强劲。爱尔兰所有出口的商品中，大概 20% 去了美国，另外约 20% 去了英国，所以英美是爱尔兰经济复苏的重要因素，尽管整个欧洲目前的增长并不强劲。

另外，爱尔兰国内经济也在发展，消费有所增加，所有经济部门都在增长，比如农业和农产品，在中国你可以看到爱尔兰的婴儿食品；还有旅游行业；此外新技术行业也有很多投资；建筑和零售业也促进了消费。

除了这三个因素，还有总体的经济环境。我们刚刚经历一轮经济衰退，一般衰退快结束时，一国会有很多闲置的产能，很多受训良好的人未就业，很多办公室空置，很多资金未投资，现在经济增长将这些闲置的资源利用起来了，这一因素也很重要。

除了爱尔兰，似乎外界并没有从欧洲其他受危机影响各国中看到类似强劲的增长，如何看待这种差别？

**努南**　造成这种差别的原因如我上述。对爱尔兰而言，自 1922 年建国以来，我们一直和英国共享劳动力市场，两国劳动力相向流动没有任何障碍，所以，当英国经济增长强劲时，爱尔兰就会表现得超出欧洲平均水平。一些行业，比如零售行业，爱尔兰是英国经济的一部分。不过，我们希望看到欧洲增长，尽管目前爱尔兰 5% 的增速已经很好了。

**马丁**（爱尔兰投资发展局 CEO）　我想就部长的话补充一些。我觉得爱尔兰有利于企业发展的环境，就营商环境而言，我们列福布斯榜全球第一。爱尔兰政府推出众多有利政策，和企业有众多合作，倾听企业的诉求，并不断作出改进。在吸引外国直接投资上，我们很成功，因为爱尔兰人才众多，对科研投资巨大，税制符合外企的心意。对中国企业而言，爱尔兰作为英语国家无疑有其吸引力，地理位置也有利于管理全球业务。

爱尔兰本土很多行业发展很好，除了部长提到的农业和旅游，还有信息技术和医疗设备等。

所以你的意思是，在这些方面，法国、西班牙等正在复苏的欧洲国家不如爱尔兰做得好？

**马丁**　当然，我是说爱尔兰是最全球化的经济体之一。我们一直很开放，在信息技术、制药行业、医疗设备方面非常成功；全球 50% 的金融服务公司在爱尔兰设公司；我们还有很强的工程企业（来自美国和欧洲）；服务行业尤其是互联网行业，我们有很多大品牌，如谷歌、领英、推特以及雅虎等，这方面全球只有硅谷可以和我们媲美。

如部长所言，爱尔兰经济长期受益欧美，或者更直接说是英美，目前美国经济发出强劲复苏的信号，但欧洲经济仍然示弱，未来五年，你觉得爱尔兰经济会如何受这两个因素的影响？

**努南**　欧盟经济复苏在加强，欧洲也发起了一些项目以促进经济增长，爱尔兰会分享这些成果，我们的经济数据会继续走高，有平均 5%、4% 的增长。

同时，经济有其商业周期，如果英美增长疲软，欧洲的增长将支撑爱尔兰发展。经济发展起起伏伏，未来偶然情况下，可能德国、法国、意大利和西班牙等会出现强劲增长，而英美增速放缓，这样的话，欧洲经济将支撑我们发展十年。不过这种情况将非常偶然。

## 期待中国投资

此次访华是否和中方达成了新的协议？

**努南**　中国中投公司已经和爱尔兰共同成立了价值为 1 亿美元的基金，帮助 IT 领域那些想在爱尔兰投资的中国企业和想去中国投资的爱尔兰企业，基金运作良好。这次我们和中方讨论，是否可以在其他领域设立类似的基金，讨论取得了重大的进展，两国可能会成立规模更大的基金，涉及中方机构、爱尔兰政府和私营部门，明年上半年或有成果对外宣布。

爱尔兰期待中国在其复苏和未来发展中扮演何种角色？上世纪爱尔兰推出注重亚洲的发展策略，为期十年，似乎现在又有了新的亚洲战略。

**努南**　中国对世界经济的影响巨大，只要未来几年中国以预计 7% 的速度增长，仍将给全球需求和经济带来重大影响。在我看来，中国经济正步入一个新的阶段，不再依赖出口，国内市场越来越重要，仅今年前三季度，我们就看到爱尔兰对华出口增长 7%，中国对爱出口增长 9%，中国是我们在亚洲最大的市场。

**马丁**　我们的目标是 20% 的投资将来自新兴市场，中国位于这一策略的中心。目前为止，我们吸引中国投资最成功的有两个领域，主要是银行业和电信业，我们有一些大品牌，如中国工商银行、中国国家开发银行、华为和腾讯等，我们希望看到更多中国企业赴爱投资，还希望那些已在爱尔兰的中企大力开展当地业务。因为爱尔兰是一个开放的经济体，中国经济国际化策略和爱尔兰很贴合，美国公司曾经借力爱尔兰国际化，他们首先利用爱尔兰开拓欧洲市场，然后到非洲，再到亚洲。

作为爱尔兰财长，具体而言，未来五年，你最希望看到哪些领域中爱合作得到加强？

**努南** 我们希望看到更多中国企业投资爱尔兰。随着中国经济更加国际化和全球化，未来中国将成为主要的外资来源之一，我们认为其中很大一块将投向欧洲，爱尔兰想从中获得更大的份额。作为欧元区唯一的英语国家，爱尔兰地理位置良好，与伦敦、巴黎等都市距离很近，交通连接方便，优势明显。

当然，我们还希望增加对华出口，除了婴儿食品，我们还向中国出口很多其他食品，中国已经放开向爱尔兰进口牛肉，很多爱尔兰科技产品也正进入中国市场，我们希望扩大药品等对华出口。此外，爱尔兰希望看到更多中国游客，希望明年可以开通中国和爱尔兰的直航。

中国的确对爱投资不多，你认为爱尔兰吸引中国投资的挑战是什么？

**努南** 我不认为有挑战，只是需要进一步发展，这也是我们总统希金斯此次访华的原因。中国国家主席习近平还是副主席的时候，即两年前，他成功访问了爱尔兰，很受欢迎，也去了很多地方，包括农场，还在爱尔兰国家足球场拍了那张著名的踢足球的照片，两国关系继续发展很重要。

中爱关系很重要的一个方面是教育，爱尔兰大学现在有很多中国留学生，一般是研究生。希金斯总统此次访问意在加强中爱关系。

## 税改不会影响外企投资

爱尔兰的新预算涉及税制方面的重要改革，比如将推出"知识发展盒"（knowledge development box）的税收优惠安排，以区别于之前的"双层爱尔兰"（double Irish，该政策由于被苹果等外企利用避税而受诟病）。以中国公司为例，外企将如何受益爱尔兰新的收税政策？

**努南** 一些欧洲国家已经有"专利盒"（一种依据知识产权给予税收优惠的政策），爱尔兰还没有，我们也打算推出这种政策。欧洲也正在讨论通过这一政策的指导方针，实际是昨天（12 月 9 日）在布鲁塞尔讨论的。明年我们将通过立法发展"专利盒"，即我们的"知识发展盒"。

爱尔兰政府还未宣布"知识发展盒"下税率将是多少，如何广义和侠义上定义知识产权，也许未来几个月我们会和商界召开咨询会，等待欧盟方面的决议，之后推出"知识发展盒"，以新增爱尔兰对那些在当地开展研发企业的吸引力。

目前，我们已有的支持政策包括：25% 的研发税收抵免，当然这些研发得在爱尔兰；和私营部门合作大力投资某些行业的研发中心。这些条件不仅仅适用北美的公司，也适用中国公司。

爱尔兰长期保持 12.5% 的企业税。目前，据报道苹果等跨国企业实际支付的税率远低于这个水平。推出"知识发展盒"后，分析认为一些公司支持的税率仍不会有 12.5%。新预算的税改将会给跨国企业和爱尔兰带来何种变化？

**努南**　如你了解，爱尔兰企业公司税率为 12.5%，我们这里讨论是跨国公司，对于从爱尔兰获得的营业收入，它们支付 12.5% 的税率，但我们无权控制他们在其他地方的营业收入，如果他们把这部分收入转移至爱尔兰，我们也不能向他们征税。

　　这是国际上不同税务制度之间不匹配的问题，也只能通过国际方式解决。我们全力参与 OECD 的相关倡议，以解决这些不匹配问题。现在爱尔兰已经保证税收漏洞不会被利用，不过，其他地方还存在一些不匹配问题。

　　　　这样的税制改革，即结束"双层爱尔兰"，推出"知识发展盒"，是否会影响企业对爱尔兰的投资信心？

**努南**　我不这么看。10 月以来，我们看到很多公司宣布在爱尔兰开展新业务。

**马丁**　比如百时美施贵宝公司（Bristol-Myers Squibb）宣布在爱尔兰新投资 9 亿美元。如部长所言，我们已经改变爱尔兰政策以应对企业逃税，现在是其他国家行动的时候，以保证企业不能在其他地方逃税。

　　　　应对企业逃税方面，近期我们看到很多国际或地区性的合作，比如 G20 今年采取了一些行动，如何看待这些合作？

**努南**　爱尔兰全力支持这些合作，G20 已经显示出政策立场，去年 OECD 开始致力于拿出细节方案，我们在 OECD 框架下的一些委员会参与相关工作，对于 OECD 去年 9 月发布的报告，爱尔兰也是全力支持，我们正在等待 2015 年 9 月的最终报告。

爱尔兰致力于一个透明、基于法律的税收体制，这正是爱尔兰目前的税制，但一些其他国家并没有这样的体制，这对我们不利，所以我们大力支持 OECD 和 G20 框架下的合作。

你觉得这样的国际或地区合作对于应对企业避税会有实际的效果？

**努 南** 我觉得对于这个问题已经有严肃的行动。昨天，欧盟 28 国财长在布鲁塞尔同意自动交换银行账户信息。这是一个重大的举动。

# 新移民改革意欲何为

加拿大移民部长：亚历山大（Chris Alexander）
记者：王玲

    作为移民国家，在移民项目改革上，加拿大近来屡出新拳，甚至不惜得罪中国富翁。加拿大运行近30年的投资移民项目被取消后，不少中国富人移民加拿大的梦破碎。2014年，逾千名该项目的申请者起诉加拿大联邦政府。而加拿大的理由意简言赅：旧投资移民项目不符合加拿大最佳利益。

    2015年1月，加拿大推出新的投资移民试点项目IIVC，要求申请者有1000万加元净资产，向加拿大作出200万加元、为期15年有风险的投资（at-risk investment），同时还对投资移民的语言能力、教育水平和投资经历提出要求。

    此外，1月，加拿大政府还推出新的移民系统"快速通道"（Express Entry），意在加速移民过程，提高其灵活性，最终满足加拿大经济发展和劳动力市场的需求。新政下，针对联邦技术移民项目（Federal Skilled Worker Program）、联邦技工项目（Federal Skilled Trades Program）、加拿大经验类移民（Canadian Experience Class）以及省提名的移民，加拿大将在新系统中对潜在移民打分排名，得分高者将获邀申请移民入加，否则连申请资格都没有。为何此时推出此轮移民改革？新的移民改革意欲何为？

## 满足加拿大经济发展需求

**财新记者** 为何加拿大这次 2015 年初推出移民改革？

**亚历山大** 首先，我想申明的是"快速通道"（Express Entry）不是新的移民项目，而是一种新的系统，以更快、更公平、更负责地处理经济移民申请，满足加拿大经济发展的需求。

所有针对经济移民项目的要求并未变，继续在近年改革和改进的基础上施行。要申请通过"快速通道"，需要满足联邦技术移民项目 (Federal Skilled Worker Program) 或联邦技工项目 (Federal Skilled Trades Program) 或加拿大经验类移民项目 (Canadian Experience Class) 的要求，或者通过省提名的项目。

通过"快速通道"，我们期望看到移民申请在 6 个月内被处理。加拿大将只在有处理能力时才邀请候选人递交申请，这样就不会有新的积压风险。这些邀请将授予那些综合评分系统（Comprehensive Rating System）下最高分者，评估基于技能、教育、语言能力和年龄。

针对投资者，近期我们宣布了一项新的项目，以补充针对企业家的创业签证（Start-Up Visa）。如承诺的那样，我们已经替换了旧的 IIP 项目，新项目意在吸引积极的投资者，他们要对加拿大经济增长作出长期的承诺。我们已引入语言、教育、投资经历的要求，保证新的投资者将在加拿大获得承诺。新项目要求投资移民作出一笔 200 万加元、为期 15 年有风险的投资（at-risk investment），这些投资将进入私人管理的风投基金，用来支持加拿大总部在魁北克以外的创新型企业。其中收益（基于基金的表现）将在风投基金的生命周期中定期返回移民投资者。

我们曾承诺再次开放投资移民试点项目，吸引对加拿大经济有贡献的投资者，我们也正在兑现。符合条件的投资者要有 1000 万加元的净资产。移民要促进经济增长和长期繁荣，我们正通过这些新政努力达到这一目标。加拿大一直保持着较高的移民水平，和七国集团中其他国家相比，我们创造的就业岗位更多。加拿大依然对全球所有移民开放。

　　总的来说，通过这次改革，加拿大希望向潜在的中国移民传递什么信息？

**亚历山大**　我们的信息是，加拿大的大门对那些申请经济移民的中国人开着。对于投资者，我们已经创造并将持续提供多种途径。潜在的中国移民应该选择最适合他们的移民途径：作为职业人士、商人、有工作经验的毕业生、创业的企业家或投资者。他们会发现加拿大热情欢迎之。自我上次访华归来，更加相信加拿大有潜力吸引全球人才推动我国经济和文化繁荣。通过快速通道，新的申请将在六个月内处理完，移民加拿大也更吸引人、更具竞争力。

　　去年，很多中国投资移民起诉加拿大政府取消了投资移民项目。推出新的投资移民项目是否可以平复他们的情绪？此案最新进展如何？

**亚历山大**　法院驳回了他们的一项诉求。我无法就正在继续的诉讼置评。不过，总体而言，我强调这个项目并不符合加拿大最佳利益。

　　原项目下，移民投资者带来经济效益很差，比任何经济移民项目都要差，亚历山大表示，税收贡献上，通过旧项目移民加拿大的投资者不如绝大部分经济移民，很多人五年后从税收系统中彻底消失了。此外，投资移民在雇员和投资收入上也低于经济移民。

　　加拿大新推出的投资者移民项目，一年接收 50 人（后改为 60）。

是否意味着加拿大更加欢迎经济移民，而非投资移民？

**亚历山大** 加拿大正在寻求那些从经济和社会角度全面参与加拿大社会的积极移民。我们有多种移民项目可以让投资者来到加拿大。加拿大所有的项目都对潜在移民，包括投资者，开放。例如，如果一个投资者收购了一个加拿大企业，并作为经理在该企业工作一年，他就有资格申请加拿大经验类移民（Canadian Experience Class），这个项目增长迅速。加拿大对商业开放，且欢迎外国投资，我们所有的移民项目均支持这些目标。对于每个引入的新移民项目，在扩展前，我们都要保证其符合加拿大的最佳利益，这很重要，创业签证就是这样的。

## 提高移民客服

新体系下，申请人是否有工作有很大的不同。这给人一种印象，比如，在欧洲留学、没有加拿大工作的中国人一开始就不太受欢迎？

**亚历山大** 绝对不是这样的。我们正在全球寻找最有资质的移民，在加拿大或其他地方的中国学生都受欢迎。尽管有加拿大工作肯定有利，跟快速通道关联的新就业资料库将允许申请者向加拿大雇主推销自己。国际工作经验对很多加拿大雇主而言，很有吸引力。同样，很多欧洲或者亚洲顶级大学的毕业生都掌握一门加拿大官方语言（英语或法语），这对他们在加拿大经济上的成功很重要。

将有无加拿大工作考虑进去是因为就业是移民在加拿大成功融合与否最重要因素。不过，对于绝大部分来加拿大的经济移民，他们将继续基于技能、所需职业上的工作经验、语言能力和年龄而被选择。

如何看待中国移民对加拿大的贡献？

**亚历山大**　中国移民对加拿大的贡献巨大。他们以努力工作、职业或商业上的成功为人所闻，也通过引入中国文化、文学和饮食巩固了所在社区。他们是热心的志愿者，也是公民领袖。

中国近年成为加拿大主要移民来源地并非偶然。目前为止，中国学生是加拿大国际学生比例最大的，去年加拿大超过 25% 的游客签证（其中绝大部分10 年多次入境签证）都是给中国人的。我们希望今天的中国访客、游客、学生、工作的人、企业家和投资者考虑成为明天的加拿大移民。

对于加拿大这次改革，有质疑说政府在其中的作用越来越大，且过程或不透明。如何看待这种质疑？

**亚历山大**　绝对不是这样的。基本的移民项目没有改变，基本的计分制度也没有变。改革后，系统让所有移民通过同一体系，这一体系透明且每个人都可以接触到。希望移民到加拿大的人可以看得见自己的分数，并提高之。我们已经从一个申请需数年的系统走进一个六个月都用不到的系统。新系统将帮助移民更快融入加拿大并取得成功。个人资料可以不断修改，申请者可以在任何时间努力提高他们的分数，这是公开也是完全透明的。

你作为移民部长的目标是什么？

**亚历山大**　作为移民部长，我的一项要任是提高所有加拿大移民项目中的客户服务。我们已经在许多方面做出了重要的进步。我们对国籍项目进行了近40 年来首次综合改革。改变决策模型后，积压的申请大幅减少，我们正把那些需要两到三年的申请时间压缩到一年内。

我们也对住家护理员项目（Live-In Caregiver program）进行了改革，这一项目一度不行。通过改革，项目变得更安全、更快，也提高了加拿大护理员的工作前景。

新"快速通道"系统下，通过使用电子申请和取消所有积压的申请，我们将大幅减少处理时间。这将使得我们的移民更加适应加拿大经济需求，同时将帮助移民在加拿大更快取得更大的成功。所有这些将直接给所有加拿大移民提供更好的服务，除了这些，我当移民部长以来，还推出了一些虽小但重要的改革。

去年中国到加拿大的经济移民和投资移民情况如何？

**亚历山大** 2013 年，中国、印度和菲律宾是加拿大经验类移民项目中前三大移民来源地。过去十五年，中国已成为加拿大主要移民来源地。2013 年，加拿大（向中国）签发了 27 万签证（今年预计逾 30 万），近 2.9 万名学生来到加拿大，数据还在增加。中加人文关系密切，我们有近 150 万华裔加拿大人。

2014 年数字几个月后将公布，趋势已有所显示，今年移民数将有所增加。例如，去年十月，我们已经向中国人签发了 30 万签证，绝大部分是多次入境签证，也就说他们可以多年内多次出入加拿大而无需再申请。

# 鼓励中国学生来新西兰留学

新西兰教育参赞：葛佑兰（Alexandra Grace）
记者：任波、赵晗

    葛佑兰，新西兰驻华大使馆教育参赞、新西兰教育国际推广局（一个旨在推广国际教育的政府机构）大中华区主任。此前，她担任新西兰驻上海总领事馆副总领事，还曾任职于新西兰外交贸易部法律和联合国事务司和位于纽约的新西兰常驻联合国代表团，曾在新西兰惠灵顿维多利亚大学就读国际法及国际关系专业。

    目前，中国已经成为全球第一大留学生输出国。美国、英国、澳大利亚、加拿大位列接收中国留学生数量最多目的地的前四名。面向这些国家，中国留学生数量还在持续增加。与此同时，一些以往受到较少关注的留学目的国家则对中国留学市场表现出相当的热情，新西兰即是其一。

    新西兰年度报告显示，在留学生来源的比例上，中国仍以 25% 位居榜首，其后是印度 13%、韩国 10%。2013 年，赴新西兰留学的中国学生总数超过 2.5 万人，其中赴新西兰接受高等教育的中国留学生人数相较上年同期增长 16%，赴新西兰接受小学教育的新增留学生更是较上年同期增长 64%。从毕业去向来看，47% 的中国留学生选择在新西兰就业，其中又有 23% 选择移民。

**财新记者** 近年来中国学生出国留学的人数越来越多，年龄越来越小，但美国、英国、加拿大等国家还是主要的目的地。总体而言，新西兰的中国学生比例不算高。你怎么评价中国和新西兰在教育方面的双边往来？

**葛佑兰** 中新两国在政治、教育方面的往来非常密切。首先，就政治层面的关系来看，新西兰在几个方面名列第一：它是第一个同中国就中国加入世贸组织达成双边协议的发达国家，第一个正式承认中国完全市场经济地位的国家，第一个与中国启动自由贸易协定谈判的发达国家，也是第一个与中国达成自由贸易协定的发达国家。

在教育层面，中新两国有非常积极和互补的联系，新西兰和中国在教育部层面成立了联合工作组，定期会在两国之间进行教育工作的沟通。新西兰是第一个和中国发展"三兄弟"项目的国家。"三兄弟"项目指的是新西兰一所大学和中国非发达地区的一间大学以及中国知名大学之间的三方合作。

我们鼓励中国学生到新西兰留学，我们也很鼓励新西兰年轻人到中国来。新西兰总理专门设置了一个奖学金鼓励学生来亚洲且主要是中国留学。中国是未来世界发展不可缺少的一部分，有越来越多的年轻人意识到来中国学习的价值。

在职业教育领域，新西兰和中国也有很多合作，比如"职业教育与培训合作示范项目"，这个合作计划对双方都有利，同时这也是对现在中国进行的职业教育改革非常有帮助的一个项目。目前，新西兰几乎所有层次的教育机构里都有中国学生，有更多的学生去读本科以后的课程，这个人数是在增长的。我们希望能够激励中国高素质人才到新西兰留学，去读硕士、博士，对于博士层次的学习，在新西兰是有本土待遇的，他们只需支付和本土学生同等的学费。

新西兰似乎非常愿意吸引中国的留学生。

**葛佑兰** 实际上新西兰的移民政策一向很开放。因为新西兰是一个非常小的国家，而且远离主要的大洲，一共就只有 450 万人口，而国土面积和英国、日本相当。我们始终是需要一定数量的外来人才，才能保持现在每年 3% 的经济增长。当然这也是在 OECD 所有发达国家中一个比较高的增长速度。

> 和其他那些中国留学生人数更多的国家相比，新西兰的教育是否有一些独特之处？

**葛佑兰** 新西兰和新西兰教育有很多优势可能还不为人所熟知。新西兰的八所大学都是国立大学，这八所大学在知名的 QS 世界大学排名中均名列前 500 名，新西兰也是唯一一个所有国立大学都能达到这一标准的国家。新西兰的很多专业都是世界领先的，比如奥塔哥大学的心理学排名前 15 位，梅西大学的农业排名是 19，还有坎特伯雷的土木工程和结构建筑学排名都在美国 MIT 和斯坦福之前。新西兰的 18 所理工学院也全部都是国立的，这些学校擅长的是应用型的课程教学，和行业之间的联系非常紧密。

中学的整体世界排名也很靠前，其中私立中学的排名很高。私立培训机构有很多在专业领域上非常领先。比如，新西兰有一个名叫 Media Design School 的设计学院，他们是全世界很少的几个与索尼 PlayStation 游戏软件平台有合作关系、并且允许学生的设计作品进入这一平台的学校之一。

目前，在高校阶段，中国留学生选择最多的专业仍然是商科。但新西兰还有一些特色且强势的专业值得关注，比如酿酒、设计等。

> 留学新西兰的中国学生人数是多少？中国学生在新西兰的国际学生当中的比例如何？如何评价新西兰对于留学生的接纳能力？

**葛佑兰** 2013 年赴新西兰留学的中国学生总数达 25345 人。其中赴新西兰接受高等教育的中国留学生人数相较上年同期增长 16%，赴新西兰接受小学教育的新增留学生更是较上年同期增长 64%。去年新西兰推出了一年的研究生课程，赴新西兰接受研究生教育的中国留学生人数增长 55%。

中国学生整个占国际学生的比例是 25% 左右。在这些学生里，目前大多数主要还是在本科阶段学习，占比 42%，有 15% 是在中小学学习。其他是在研究生阶段学习的学生。

根据新西兰教育体系的架构，学生对本科学位课程有很多的选择，包括理工学院、私立大学都有本科的课程学习，所以本科接纳学生的能力还远远没有达到饱和。

在高等教育这个层面的机构，肯定是欢迎中国学生去留学，学校也都具备接收能力。例如，奥克兰是新西兰最大、最现代化的一个城市，中国学生很喜欢，在那里是有很多的选择，另外像惠灵顿、基督城，这都是新西兰重要的教育提供地，有很好的高等院校。

当然，我们也考虑到学生比例的问题。例如对于中学阶段的留学，奥克兰可能已在接收外国学生方面遇到瓶颈，但其他地区的学校并未饱和。对于中小学阶段的教育而言，新西兰的社区是非常友善的，可以让孩子集中精力学习，没有那么多外界的干扰。

我们招收国际学生的目的，除了让他们能够到这边来学习外，更多的是希望能够让本地的学生能够向不同文化背景的国际学生借鉴到国际经验和国际视野，创造一个更加国际化的环境。

留学新西兰的费用如何？有哪些诸如奖学金这样的支持政策？

**葛佑兰** 在新西兰接受高中教育的费用大约为每年 10000–20000 新西兰元，接受大学教育的费用约为每年 18000–30000 新西兰元。跟其他以英语为母语的国家比较的话，留学新西兰的学费、生活费都是有竞争力的。

新西兰针对中国学生推出了多项优惠政策。攻读博士学位的国际学生学费与本土学生的学费持平。只需要 4000–5000 新元（相当于人民币 2 万 –3 万元；博士学期内，配偶可以申请与其课程时间一致的无限制性工作许可；其未成年成年子女也享受本土待遇，国际博士生可以申请新西兰国际博士研究奖学金。

据我们了解，新西兰的职业教育很有特色，有自己的一套独特体系。

**葛佑兰** 新西兰的职业学院提供非常高水平的教学，学生也可以拿到相应的高等教育学位。例如，理工学院和职业教育学院的课程是多种多样的，可以提供本科、硕士和博士学位等不同层次的课程，此外也有短期的文凭课程。其特点就是以实际应用为重。而大学的学习更注重的是理论研究方面。当然大学也提供一些非常实用的课程，包括时装设计、动画制作等，所以学生可以有不同的选择。

重要的是，新西兰的学术教育和职业教育之间可以自由转换。不同类型的教育共有一个全国统一的评估体系，从一级到十级，根据这个体系评估学生的学业水平，每完成一个阶段的学习就要发放相应的级别证书。在新西兰，七级是本科，八级是硕士文凭和证书或荣誉学士学位，九级是硕士学位，十级是博士。针对每一个层级，都会在新西兰资格认证局的教育大纲里非常详细列明其学术能力应当达到的相应水平，规定了学校的课程也要符合这个水平层级的标准，评估的方式不仅仅是考试。有了这个体系，一个学生如果想换到其他学校去读同样的课程，可以参考那个评估水平去选择对应的层级和课程。

也就是说，在新西兰，不同层次的学生都可以找到接受高等教育的相应路线，而且不只是从中学起步。一个学生读完高中，完全可以通过不同的路线进入大学或者研究生阶段的学习。比如说，他可以通过一些文凭课程或本科研究生预科等诸如此类的衔接课程最终进入到研究生阶段的学习。这个系统非常灵活，可以在不同层次、不同学校之间提供多种选择。

新西兰的职业教育体系不同于德国。后者是双轨制的，学术和实践是两条线路相互分离，但新西兰这两条线路是结合在一起的。

新西兰与中国在职业教育方面是否有计划开展合作？

**葛佑兰** 去年四月份，新西兰和中国签订了两国战略性教育伙伴关系安排，由此设立了新西兰 – 中国职业教育与培训合作示范项目。

合作示范项目中，新西兰怀卡托理工学院积极参与，它和中国青岛职业技术学院和天津轻工职业技术学院都已经在如何对职业教育进行教授以及教授方法方面进行了交流。

实际上不光是在职业教育领域，两国教育在各个层次都有合作。例如，我们在北京大学设立了新西兰中心，有越来越多的学生愿意学习关于新西兰方面的知识。

在私立院校方面的合作，我刚才也提到，新西兰有些学校专业的课程非常领先，其中有一个 Yoobee 设计学院，他们在电影、3D 设计课程方面和北京电影学院合作，双方互派学生进行培训，中国学生在新西兰培训之后有可能得到去彼得·杰克逊（Peter Jackson）制作电影的威塔工作室实习的机会。

一些欧美名校在中国开办了"洋大学"，新西兰是否也有这个打算？

**葛佑兰** 学校要确保合作的质量。设置新西兰海外院校是一个非常宏大的计划，对我们来说是一个长期的目标，现在我们有些学校已经开始有意向了。目前新西兰有一些理工学院有意在中国和合作伙伴建立新西兰校园。

对于留学生而言，新西兰签证、移民方面政策如何？中国留学生就业前景怎样?

**葛佑兰** 从毕业去向来看, 47% 的中国留学生选择在新西兰就业, 其中又有 23% 选择移民。

新西兰有很多移民就业的利好政策。首先, 国际学生在新西兰毕业之后享有工作的权利。新西兰移民局将给予开放式工作签证, 可以给他一个缓冲的时间, 让他选择在毕业之后是在当地寻找工作或者是继续深造。学生在完成符合学位认可的学习之后, 可以获得一年无限制工作签证, 攒够积分还可以申请技术移民。其次, 从 2014 年 1 月起, 留学生将有更多的合法打工时间, 就读博士以及研究型硕士的学生不再有打工时间限制, 在大学或者一类等级学校就读英语课程的学生, 课程不少于 14 周, 均可在学习期间兼职。此外, 中国学生申请新西兰留学签证无需提供雅思或托福等英语成绩, 通常学生根据自身情况准备相关申请学校和签证的文件, 高质量的签证申请审理周期很短。

从移民的角度来讲, 留学生所学的专业应当属于新西兰人才短缺的行业, 且专业和他们最后找到的工作应当是匹配的。有一些特殊的行业, 比如会计、建筑师等, 还可以把毕业后的工作签证时间提高到两年, 一些特殊情况下签证也可长达三年。从留学到工作到移民这条途径是有政策保证的。一些留学生工作过一段时间就可以申请新西兰永久居留权。

中国学生去新西兰留学遇到的主要文化差异是什么?

**葛佑兰** 有一个留学生告诉我, 最大的文化差异就是, 没想到新西兰这么绿, 到处都是绿荫。

亚非拉篇

# "权力装进制度的笼子里"

新加坡总理：李显龙（Lee Hsien Loong）

记者：胡舒立

被誉为"亚洲四小龙"之一的新加坡，是全球最国际化的国家之一。其廉洁高效的政府和高度开放的贸易广受赞誉。在政府治理、国企改革、金融自由化、社会保障等方面，新加坡都形成了自己的模式，这些模式也对中国改革提供了镜鉴。

新加坡是如何做到国企和中小企业没有区别的？新加坡会否出现第三位"李总理"？它如何处理与中国、日本和美国的关系？又将怎样促进泛太平洋伙伴关系协定（TPP）？

在世界经济论坛（WEF）发布的《2013—2014 年全球竞争力报告》中，新加坡连续多年保持全球竞争力前三甲的位置。在竞争力诸要素中，新加坡被认为吏治清明，政府运行也极具效率。新加坡的政府治理真正实现了将"权力装进制度的笼子里"。它是全世界为数不多经济高速发展的同时，又能有效遏制腐败蔓延的国家。

放眼世界，新加坡无论在经济地位还是国际关系中都面临巨大挑战。新加坡和香港被喻为亚洲比肩而立的"金融双子星"，但近年来，随着中国的迅速崛起，带动香港在资金流动量和金融活跃度中都有赶超之势。

当前全球兴起贸易区域自由化的浪潮。跨太平洋伙伴关系协定（TPP）至今已吸收了新加坡、新西兰、美国、澳大利亚、日本等

12个成员国，经济总量占全球的40%，贸易总量占三分之一。随着该协定的主导国家变化、成员基础扩大以及经济分量加重，中国的态度经历了从不关心到抗拒，再到渐趋开放的过程。本月底，跨太平洋伙伴关系协定（TPP）谈判部长级会议将在新加坡召开，作为四个发起国之一的新加坡，是怎样看待TPP对亚太地区贸易和经济格局的改变？

## 每一个社会里都包括阴和阳

**财新记者** 我多次到访新加坡，曾在七年前采访过你的父亲李光耀。近年来新加坡的发展令人印象深刻。请你谈谈对新加坡经济增长的愿景。

**李显龙** 新加坡收入水平已经达到发达国家标准，甚至已经高于一些发达国家。但是在能力的深度层面、科技层面、企业实力层面上看，我们没有那么多跨国公司，研发、创业等方面还不是那么强。我们希望经济继续增长，不断提升人民物质生活水平，这意味着新加坡的GDP必须增长。同时，在生活的那些无形的层面，如环境、生活质量、人与人之间相处的气氛等，我们也得持续改善。

谈到新加坡的可持续发展，你对此的路线图是什么？

**李显龙** 我们应当加强与世界的联系，尤其是与快速发展的东南亚及其他亚洲地区的联系，这些地区正在蓬勃发展，为我们提供了许多机会。新加坡人能吃苦、有天赋，如果能受到良好的教育，他们能做得很好。但是我认为，他们天赋和能力的发挥不应当仅限于新加坡，而要把眼光投向我们的周边地区。所以，一家开设在新加坡的公司，其市场不仅仅是新加坡，而是整个地区。

在中小企业和"国家冠军队"即国有大型企业之间，你如何平衡？

**李显龙** 我们没有多少"国家冠军队"。我们有些公司经由淡马锡和其他机构直接或者间接由政府所有。但是在极大程度上我们要求其商业化运作。它们既没有从政府获得特权，政府也没有要其担负什么责任。因此，它们是商业化运作。这些公司由独立的董事会制定决策。从这个角度上看，我不认为国企和中小企业有什么区别。

还有一个关于平衡的问题，在保持稳定性和照顾弱势群体之间达成平衡不易。你们会做什么？

**李显龙** 我们要保持平衡，因为每一个社会里都包括阴和阳。"阳"指竞争，是社会前进的动力；"阴"更加温和，有女性化的色彩，比如我们应当互相关爱照顾，整个社会共同发展。所以我们要寻求平衡。如果过分追求竞争，就会削弱社会凝聚力和新加坡人团结一致的精神；如果完全不竞争，人人都是第一名，我想谁都成不了第一名，反而都将是失败者。

中国完成了从大锅饭、铁饭碗的体制向更具竞争力体制的转型。新加坡有的是一套竞争越来越激烈，但又兼顾社会保障、公共住房、医疗、教育等方面的体系。目前许多社会的中等和低收入人群面临越来越大的挑战，我认为我们应当向阴的方面再靠一靠。

## 我们反腐到底，绝不手软

新加坡在反腐败方面表现不俗，有着廉洁高效的公务员队伍。中国也正在大规模反腐，你觉得下一步应当如何走？中国能从新加坡汲取哪些经验教训？

**李显龙** 中国的情况和我们很不一样，中国比新加坡大太多了。我们在新加坡所做的是制定严格的法律，建立透明的体系。对于体系内自由裁量的地方，会有制衡。也会有问责机制：为什么这个地方需要自由裁量的空间？又是如何执行的？任何人被发现有腐败行为或者涉嫌腐败，不管其职位有多高或者多敏感，我们都会展开调查，交予法律处理。

与此同时，我们会保证给公务员合理的薪水，与他们所负职责相称，让他们不会出于为家人的考虑而做出越界的事。既有合理的薪水，又有高标准的要求，严惩违法行为。过去几年我们有过一些大案，很高级别的官员，一些与性有关，一些与金钱有关。这让我们很尴尬，但尴尬就尴尬，我们就得反腐到底，手不能软。

> 有一个廉洁的政府，是中国人的梦想。你提到了公务员的严问责和高收入，你说这两项在一起很重要，哪个更重要一些？

**李显龙** 两者都需要，都很难做到。如果付给公务员高工资，可能引起公众的反弹，因为在公众看来，担任公职应当做出一些牺牲。这在一定程度上有道理，可是如果牺牲太大，体系就很难正常运转。高标准也不容易，因为人们有事业、有生活，判定一个人没有达到标准不是容易的事，还可能要将其剔除出公务员队伍。

> 那这两者应该哪个在先？高工资意味着应有高信誉，但是当公职人员没有信誉的时候，人们就很难接受给他们高工资。

**李显龙** 的确如此，这是一个先有鸡还是先有蛋的问题。但是必须从某个地方、某个行业开始，有些国家是从金融业开始，从海关开始，从移民官员开始，因为他们有可能更容易受到诱惑。没有容易的解决办法。不过中国对此非常认真，既打老虎也打苍蝇。

新加坡总理执政时间都很长，这有哪些利弊？

**李显龙**　我们很幸运，过去 50 年，新加坡有政治稳定和体系的连续性。我们也有变化，引入新鲜血液和新一代，新部长、新总理等等。但我们以平稳的方式进行改变，没有突然地急速启动和刹车，避免波折。吴作栋先生在成为总理之前有超过 10 年的政坛经验，我在成为总理之前有 20 年的经验。我认为我们很幸运，能有那么长的时间去了解新加坡，了解政治人物应当担负起哪些责任，同时也让人们了解你的长处和短处，你所代表的群体，你是怎样的人。当你上台执政的时候，人们不会有意外感和焦虑感，过渡会很平稳。我希望这种方式未来能够继续，不过，未来的总理如果想有 10 到 20 年的监护经验，将是很难得的一种奢侈，我认为我们不太可能一直保证这一点。

你觉得在你的父亲和你之后，会不会有第三位李总理？

**李显龙**　有可能，世界上姓李的人太多了，这应该是华人中最常见的姓氏。不过我不认为会在我们家族中产生。

**新加坡希望成为中国、日本和美国的朋友**

你怎么看新加坡和香港之间的竞争？目前看来似乎新加坡占据领先。

**李显龙**　我并不太担心新加坡和香港的竞争。我们所处的位置不同。香港在经济上非常成功，是中国的门户，拥有广大的中国内地市场。新加坡地处东南亚。中国市场对我们来说也很重要，但是我们还关注东南亚、南亚、印度和世界其他地区。我们与香港之间确实有竞争，彼此盯着对方，但是我并不会特别担心。

那在金融中心竞争这个问题上呢？

李显龙　作为金融中心我们也有所不同。大型中国企业很多在香港上市，规模相对较小的企业有些在新加坡上市，但也只占中国企业的很小一部分。我认为世界足够大，容得下我们共同发展。

新加坡是一个非常成熟的国家，而中国还在迅速发展中。中国在国内和国际上所面临的最大挑战分别是什么？

李显龙　国内的话主要是继续经济结构调整，避免扩大社会矛盾，最大限度地开发增长潜力。中国增长潜力很大，我认为中国可以很轻松地实现以 7% 到 8% 的 GDP 增速，再增长 15 到 20 年。中国有能力，有决心，人民有智慧，渴望发展。但是在针对即得利益的体制改革中，政府需要透明、坦诚，这样才能缓解社会矛盾，减少包括富二代、官二代在内的由于社会快速变化而出现的问题。这些是中国领导人很长时间都将面临的问题。

在国际上，中国变得更加强大，更加活跃地参与国际事务，寻求和维护自身利益。主要挑战之一是如何既维护自身利益，又平稳、和平地融入国际秩序，因为中国不会是世界上最强大的国家。中国可能会在 10 到 20 年内成为全球最大经济体，当然这取决于计算的方式。但同时世界上还有一些非常主要而强大的发达经济体，中国必须与他们合作，双方各有所给予，有所退让。中国与一些小国的关系也是如此，也只有这样才符合平等互惠，实现共赢合作。这是非常难以达到的平衡，因为正走在复兴之路上的中国很自然地会有骄傲感。但同时中国也希望能和平地融入国际社会，希望别国能以赞赏、尊重的眼光看待中国，而不只是说"它很强大，我不得不多注意它。"这是个非常大的挑战。

非常难。外界有批评中国太过强势，中国自己似乎不这么认为。

**李显龙** 对于这个问题各方看法不同。

由于中国的地位和国家实力，要适应这种快速增长的确有挑战。你如何看待美国在亚太的再平衡？是对美国实力的展示，还是美国由于在该区域内实力相对下降而不得不做出的调整？

**李显龙** 我不知道你为什么会说相对下降。

相对下降，就是变弱了。

**李显龙** 随着中国及印度 GDP 的增长，美国占世界 GDP 中的比重将相对降低。但我们与美国的关系会降低吗？我希望不会，因为美国发挥了建设性作用，而且未来仍将如此。

新加坡对中美之间的新型大国关系又有怎样的理解和期望？

**李显龙** 我不知道。这是由中国领导层提出的，他们也已经在加州的桑尼韦尔（Sunnyvale）与奥巴马进行过讨论。从我们的角度来看，我们希望这意味着中美两国将有建设性的关系。会有竞争，会不时产生这样那样的问题。但是不能是一方让着另一方，我们就是朋友，必须有平衡和互谅互让，并对切身利益有相互了解，然后通过共同努力来解决世界各地问题，无论是全球变暖问题、核扩散问题还是中东及伊朗安全问题。中国在所有这些问题上都有发言权。

你如何看日本的未来？日本是惟一仍然生活在1945年阴影的国家。日本将走何种发展道路？它将对区域发展有什么样的影响？

**李显龙** 过去几十年，日本实际上在该地区一直发挥着相当积极的作用。日本在地区经济投资中起了很大作用，新加坡无疑是其投资的受益者。其他东盟国家，甚至中国，都与日本有很大业务往来。日本经济正处于特定的困难时期，人口下降，过去十年，适龄劳动力也一直在下降，这是很难改变的。但日本仍然是发达经济体，仍然具有促进该地区发展的潜力。

你担心中日关系及其可能对本地区产生的负面影响吗？

**李显龙** 我觉得战争是不可能的，因为今天的中国不是20世纪30年代的中国。你们是统一的国家，是强大的国家，是核大国。日本也不是在20世纪30年代的日本，而是全新的一代。在新宿，你能看到有五彩头发的孩子，他们没有谁是要进行万岁冲锋或自杀式袭击的人。所以，我觉得主动开战的行为是不可以想象的，但擦枪走火的情况是可以想象，事故是可以想象的，然后这些事故的后果可能会很麻烦，而且双方都会有损失。

新加坡在区域和国际地缘政治格局的定位是什么？

**李显龙** 我们尽量成为每个人的朋友。我们是新加坡，不是华人社会。我们要成为中国的朋友，也想成为日本的朋友，也希望与美国成为朋友。在这方面，我们做得不错，因为在过去的几十年中我们与这些国家之间的关系一直很稳定，我希望保持这样。

## 贸易不是纯粹的贸易，是"友情"的表达方式

作为跨太平洋伙伴关系协议（TPP）的创始成员，新加坡一直是自由贸易的领头羊。你觉得 TPP 如何改变亚太地区的贸易和经济格局？

**李显龙** 这是非常显著的进步。亚太经合组织（APEC）成员共有 21 个，但这 21 个成员是截然不同的，也存在政治上的难题。我认为很难签署所有 21 个成员的自由贸易协定，所以，TPP 是朝向实现 APEC 自由贸易区这样一个理想的显著进步。

TPP 谈判原计划应该是去年年底完成吧，能在今年完成的前景如何？

**李显龙** 其实原计划是前年底就完成。尽管以前存在目标不准确的问题，我认为大家都非常努力，我们应该有能力在今年完成，因为今年如果我们不完成，美国的政治日程表上就没有足够的时间将其提交给国会。随着时间的推移，将出现更多问题，最后会变成挫折。

中国已表示了对 TPP 的兴趣。但也明确表示不会出现在第一组签约国里。TPP 对中国有何利害？

**李显龙** 这取决于你对想采取的行动是否最好了准备。当中国加入 WTO 时，时任总理朱镕基做了非常慎重的决定。我想应该从同样的经济角度来考虑 TPP，如果能加入 TPP，可能对中国的部分公司或产业带来巨大调整，但整体上来说对中国经济是有益处的。当然，也有政治的和战略的角度，要加入 TPP，其中日本也是一个合作伙伴，美国也是一个合作伙伴，新加坡，越南，部分

拉美国家也是合作伙伴。因此，贸易从来不是纯粹的贸易。贸易也是谁是你的朋友、谁是你的盟友的一种表达方式。我希望中国把这些国家当作朋友，当作能长期合作的朋友。虽然我认为与日本需要很长时间建立这种互信。

你提到了日本。日本参与谈判有何重要意义？

**李显龙**　日本花了很长时间来做决定，加入得比较晚。但他们一直积极参与，我想他们明白其中的利害关系。日本首相安倍晋三也想用 TPP 来推动日本经济的结构调整。

对潜在成员来说，最困难的要素是什么？

**李显龙**　我觉得不同的国家有不同的困难。有些国家是国有企业，有些是知识产权，有些是药品和服务业。贸易领域会有一些敏感的问题，在贸易的大原则上，如果协议能够达成，彼此间几乎所有关税都将降为零，这是非常大的承诺。

这一地区贸易协定重叠性很大，比如 TPP、全面经济合作伙伴关系（RECP），还有东盟内部的自贸协定。以新加坡为例，如何才能协调不同的贸易协定？

**李显龙**　我觉得这很难协调。各个协定相互重叠，你希望这是一种正正得正的情况。但老实说，商人们要知道所有这些规则并遵守所有不同的要求是很麻烦的。更别提还要决定在哪种规则下才能找出最有利自身的条件。但我们不得不忍受这一点，并希望随着时间的推移，能够有更为开放的环境。

但 TPP 是最有用的，不是吗？

**李显龙** TPP 对参与国的经济有很大影响。我们希望这将是正面的影响。

而且可以帮助解决重叠的问题？

**李显龙** 不，它只会再增加一层问题！其他问题不会消失。

好的，非常感谢。请代我向令尊问好。

**李显龙** 我一定会的，谢谢。

记者袁新对此文亦有贡献

# 亚太经济合作可以有多种方式

*新加坡总理：李显龙（Lee Hsien Loong）*
*记者：胡舒立*

　　由东盟十国主导的《区域全面经济伙伴关系》（RCEP）包括中国在内，有 11 个 APEC 成员。其中新加坡、澳大利亚等 6 国具有 TPP 和 RCEP 双重成员身份。TPP 和 RCEP 都是实现亚太区域一体化的路径。中国总理李克强早前曾表示，力争 RCEP 在 2015 年底前结束谈判。

　　除了 TPP，中国与东盟之间的关系也是关乎这一地区经贸发展的另一热点。中国是东盟最大的贸易伙伴，也是东盟第三大投资国。过去一年，中国提出了"一带一路"的国家战略布局，即"丝绸之路经济带"和"21 世纪海上丝绸之路"，意在与东盟国家互联互通。而 10 月底成立的亚洲基础设施投资银行也对互联互通起到推动作用。

　　多年来，中新双边合作不断推进，适应两国不同时期不同需要。苏州工业园和天津生态城是中国和新加坡两国政府间的头两个合作项目，前者已有 20 多年历史，被认为是中新合作的旗舰项目；后者起步较晚，规划容纳 35 万人，10 到 15 年内建成社会和谐、环境友好、资源节约的繁荣城市。

　　在目前中国正如火如荼进行的新一轮国企改革中，淡马锡模式成为了重要参考之一。淡马锡是一家由新加坡财政部直接出资组建的私人投资公司，运营管理新加坡的国有资本，取得了非常骄人的长期资本回报率。中国的国企改革能否走淡马锡道路？

如今，中国劳动力成本不断上升，企业经营面临很大压力。新加坡的经济转型又能提供怎样的经验？

## 推动 TPP 关键是各国国内的政治因素

**财新记者** 今年 2 月春节前后我刚刚采访过李显龙总理，实际上从那时候到现在时间不长。我想请教一下，新加坡 09 年担任主席国主办 APEC 峰会，今年中国是第二次主办 APEC 峰会，你认为今年这个 APEC 峰会有哪些重要的议程和看点？

**李显龙** 中国当东道主当然许多成员经济体的期望会特别提高，我看中国也做了很多准备，最重要的一个议题就是 FTAAP，就是亚太区自由贸易区的构想。我们组织 APEC 是 25 年了，APEC 成立的时候，我们主要的理念就是提倡亚太地区的自由贸易。但是因为亚太地区地方很广，国家跟国家之间的差距相当大，有发达国家也有发展中国家，也有一些相对来说比较落后的国家。要一步到位，成立一个整个亚太的 FTA（自由贸易协定），我看不实际。所以我们就逐步去实现它，逐步降低关税堡垒，逐步促进贸易自由化，促进贸易方便化。同时在亚太区域的框架里，组织了好几项自由贸易协定，例如 ASEAN（东南亚国家联盟），例如 TPP（跨太平洋战略经济伙伴关系协定），我们正在讨论，希望不久就出炉。整个区一个自由贸易协定还是我们的愿景，所以我看现在我们办了 9 年了，应该开始去研究它，考虑那些有关的战略因素，能够的话当然希望实现这个理想。

你刚刚提到 TPP，今年年初的时候，你说今年年底是有希望完成的，但现在进度，年底好像不行，特别是因为日本的因素。

**李显龙** 我看不是不行，是差之毫厘，年底可能做不到，明年年初应该可以做到，我们的确是全力以赴，也已经做了很多工作了，所以其实是剩下有一些少数的课题还没有解决，这些当然是比较困难的课题，但是大家都知道这个是最后 100 米，必须使劲去跑。

> RCEP 也是希望明年完成，TPP 可能也要放在明年，会不会相互形成一些阻碍，有些国家同时参加。

**李显龙** 我看参加两者的国家，它们的商贸部基本上都很结实的，所以谈两项自由贸易协定应该不成问题。我看两个自由贸易协定同时存在是有其必要的，因为两个都是亚区域的 FTA，都没办法涵盖所有的国家。RCEP 涵盖的是太平洋西岸的国家，太平洋西岸有它的地理逻辑，TPP 涵盖的是太平洋两岸的国家，有发达国家，也有发展中国家，有北半球国家，也有南半球国家，它是把亚太地区的每一个角落都联系在一起，当然有些国家没有参与进去，尤其是中国和韩国，有一天它们可能加进去，或者有一天经过不同的途径，可以参与涵盖整个 APEC 自由贸易工作，FTAAP 可能是另外一条途径。

是不是可以肯定 TPP 会早过 RCEP，当谈判还没有完成之前，我们不敢下注。我们当然希望 TPP 明年年初可以顺利完成，大家的目标也是如此。所有的国家已经同意我们应该对这个目标去下决心工作，但是不是所有的问题已经解决了，这个工作能不能够成功，我们还不能百分之百肯定地说可以，但是我们希望能够做得到。如果明年年初做得到的话，应该比 RCEP 来得早，因为 RCEP 还有很多工作要做，RCEP 刚刚开始讨论的内容，TPP 已经讨论四年多、五年了，通常要讨论一个 FTA 也需要四五年的时间，这个是不得已的。第二个问题，不同的 FTA 之间有什么互动的作用，主要的互动作用是，我看到你的比我的好，我希望争取更好的，不然的话我担忧我可能失去市场，可能失去竞争力。所以如果亚太地区经济合作办得更成功的话，我相信欧美地区它们的经济开放也会逐步向前走。其实 APEC 刚开始的时候就有这个作用，我们当时 GATT（关税及贸易总协定），那一轮的自由贸易回合的谈判，到了一个停滞的情况，因为 APEC 成立了，我们推动了这个 GATT 的讨论，后来得到成功。所以这是彼此观摩、彼此学习、彼此竞争，得到一个互动的作用。

我注意到美国总统奥巴马这次到 APEC 有一个亚洲之行，他会不会对 TPP 有比较直接的推动？

**李显龙** 我看推动 TPP 不需要到亚洲来，因为推动 TPP 主要的关键是每一个国家国内的政治因素，能不能够说服国内的经济的不同的部分，接受 TPP 的开放，接受更强烈的外来的竞争。如果你接受竞争的话，你也有机会打开别人的市场，你也有机会从中得到好处，并且每一个国家的消费者当然会得到好处，更廉价的物品，更方便的服务业等等。所以我看 TPP 的关键，主要是每个国家能不能够采取决定去争取它，然后在国内通过立法院审定，或者是改革各国内农业保护的津贴，这些都是相当难做的事情，但我们希望各国家能够做得到。

## 亚投行有它的价值

明年新加坡正好要接任东盟担任与中国关系的协调国，明年又是中新建交 25 周年。

**李显龙** 中国跟东盟关系是很好的，每一年东盟峰会的时候，中国总理都会出席，并且每一次我们会面的时候，中国总理都会有很具体的建议，提升我们的合作。

另外东盟也致力于在明年建成共同体，现在中国倡导的一些计划，例如亚投行，还有海上丝绸之路，和东盟的关系都很大，想请教您对中国和东盟关系的前景怎么看。

**李显龙** 中国提倡亚投行和海上丝绸之路，东盟当然都很支持，包括印尼，印尼原来还没有加入亚投行，可是我知道印尼总统今天到北京来已经表态了，印尼也将加入亚投行。我想亚投行是有它的价值的，因为新兴国家需要庞大的基础设施的投资，中国这方面做得很好，无论是飞机场或者高铁，或者是海港，或者是高速公路，全国都搞了很多，有些地方可能搞得太多了一点，但是总的来说是有价值的，其他新兴国还没有做得这么完整。资金是一个问题，当然投资环境也是另外一个问题，但是资金方面，管理方面和评估的能力方面，亚投行可以有一定的贡献。

现在新加坡被认为是惟一一个在发达国家当中支持亚投行的国家，好像韩国、澳大利亚和其他发达国家都在这个问题上比较消极，甚至反对，我想请你评价一下这件事情。

**李显龙** 我看新加坡支持亚投行不是我们发达不发达的问题，即使我们不是发达国家我们也会支持，因为我们考虑亚投行有它的价值，并且可以做积极贡献的新的区域性机构。其他国家比如澳大利亚跟韩国，它们虽然还没有参与，可是它们并没有拒绝这个构想，所以我想它们还在积极考虑中，我相信假以时日，它们就会做决定了。

**与中国国情相比，新加坡小巫见大巫**

多年来，中新双边合作不断推进，适应两国不同时期不同需要。苏州工业园和天津生态城是中国和新加坡两国政府间的头两个合作项目，前者已有 20 多年历史，被认为是中新合作的旗舰项目；后者起步较晚，规划容纳 35 万人，10 到 15 年内建成社会和谐、环境友好、资源节约的繁荣城市。

**李显龙** 生态城还是在起步的阶段，已经逐步成型了，可还不能说已经到位了。苏州工业城可以说是到位了，因为已经办了 20 年，超越了我们原来的目标，现在我想超过 100 多平方公里吧。天津生态城还没有到这个地步，并且天津要跟渤海湾其他的发展项目竞争，竞争比苏州面对的来的强。所以我看天津生态城，可以成功，但还有很多工作需要做。新的合作项目，我们在考虑在中国中西部开发一个双边的，政府跟政府之间的合作项目，主题是互联互通和现代服务业。地方有三个选择，还没有敲定，一个是重庆，一个是成都，一个是西安。到底哪一个最恰当，哪一个最符合中国政府本身的构想，中国政府开发中西部的宏图，这个我们需要跟中方讨论，了解中方的思想之后，我们可以做一个更明智的选择。

在目前中国正如火如荼进行的新一轮国企改革中，淡马锡模式成为了重要参考之一。淡马锡是一家由新加坡财政部直接出资组建的私人投资公司，运营管理新加坡的国有资本，取得了非常骄人的长期资本回报率。中国的国企改革能否走淡马锡道路？

**李显龙** 你们的国情跟我们不相同，你们的规模比我们大了可能 100 倍，所以我们有一种小巫见大巫的感觉。但是无论如何我们在新加坡想做的，就是想把淡马锡办成一个具有竞争力的、根据市场原则运作的国营企业。换句话说，一个公司，无论是私营的或者国营的，都需要有高的工作效率，都不应该有特殊的有利条件，也不应该有国家加上去的负担。应该有自己的董事会，自己的股东，去决定这些公司的主要人员的选择，他们的营业的模式，他们个别的投资或者营业决定，这个是我们的理想。我们组织淡马锡就是为了这个目标，不然的话，我们这些部门，个别部门拥有不同的公司，原则上说我有股权，你去办公司，但是我是你的老板，你总是要听我的话。长期来说这不是好的办法，所以我们决定把公司放在淡马锡做控股，淡马锡的股东是财政部长，财政部长一个人自我约束可以，要整个部门所有的官僚自我约束，我看很不容易，中国的情况跟我们不相同，中国的国营企业规模很大，有些有几百万的人，在全国各地都有，你们的银行支部是上万的，你们的地铁公司或者铁路公司有大学、有建筑公司、有医院、有城市，是一个包罗万象，实际是一个小小的诸侯国家。所以如果说我现在纯粹根据经济原则、市场规律去处理，那几百万生灵的命运就有问题了，所以这个需要很仔细的去处理。当然理想上越市场化，越有竞争力，那是越好的。但是需要一段时间。90年代中国国企改革已经下了很大的功夫，已经做了很大的调整，并且至少是几千万人失业，要找不同的工作，下岗。现在大家承认需要做另外一轮改革，要怎么样改，我看一步一步来，但是我相信需要开始的，我相信三中全会也已经得到同样的结论。

　　如今，中国劳动力成本不断上升，企业经营面临很大压力。新加坡的经济转型又能提供怎样的经验？

**李显龙**　你是说中国的环境，不是新加坡的情况。可是在新加坡我们会面对同样棘手的问题，因为这个是经济转型必然的结果，我们希望人民提高生产力，希望人们提高收入，提高他们的生活水平。同时希望有廉价劳工，基本上是矛盾的。发达国家他们也有餐饮业，也有服务员，它们有两种解决方法。一个是外劳，过去北欧国家餐饮业的服务员很多是南欧国家来的，因为南欧收入低，所以他们愿意到北欧工作。第二，它们能够提高生产力，可能是靠自动化或者自助餐或者是靠服务员能够一手包办各种各样的事情，问顾客定菜、上菜、把盘子拿开、把账算清，都是一个人独臂担当，这个是很了不起的服务员。我们新加坡还在转型的过程，我们一方面靠外劳，但是靠外劳是有限的，因为我们不能说有一个新加坡人有十个外劳在新加坡工作，那就不得了了，现在我们新加坡情况是两个新加坡人有一个外劳。我们是可以维持这个比例的，但不能够增加这个比例，所以我们唯一的途径就是提高生产力，适应新的环境。比如我们正在提出改变顾客的习惯，就是你吃了喝了玩了，请你把碟子杯子筷子统统自己捡起来丢掉，不要放在桌子上让人家来替你做，是你自我服务。我们现在做得好的是我们正在推动一个新的饮食的作风，我看需要一段时间。我看中国这个过程也会来的，沿海的城市我相信已经面对到了。

刚刚总理谈到中新关系的一些新的迹象，毕竟已经 25 周年，明年又是一个新的日子，可不可以讲讲你有什么样的愿景？

**李显龙** 我们当然希望以后 25 年，明天会更好！

# 会诊中日经济病灶

日本庆应大学经济学教授、小泉政府内阁要员：竹中平藏
（Heizo Takenaka）
记者：胡舒立

算起来，竹中平藏该有59岁了。犹记初访这位前日本内阁要员，还是四年多前的小泉政府时期，那是他最炙手可热的日子。此后，世界发生了巨大的变化，日本改革也经历了巨大的反复。今年3月26日，当我有机会再度与他对话时，一时间可谈的主题有很多。为求与中国更具相关性，我选择了"谈中国的今天与日本的昨天"，希望通过比较来理解日本教训，使中国有所镜鉴。

可以说，在2001年4月之前，我对日本经济学界相当孤陋寡闻，以前也从未听说过竹中平藏。当年4月，他以学者身份进入小泉内阁政府，出任经济财政政策担当大臣，成了热门新闻，我才对此人有所了解。遂知道，这位竹中出身学界，原为无党派人士，1973年从日本一桥大学经济系毕业后，曾在日本开发银行和大藏省从事研究，1989年受聘为哈佛大学客座副教授，上世纪90年代以后一直任庆应大学经济学教授。

竹中当年出任经济财政相不久，又兼任了金融大臣，此后再任日本内阁最重要的总务大臣兼邮政改革大臣。在小泉富于争议的任期内，日本内阁曾三次改组，但竹中一直留任内阁，并获得了日本"银行沙皇""日本改革首席运营官"（COO）的称号。从2001年起，我一

直关注着日本经济改革，一直希望有机会采访这位改革代表人物。终于，在 2005 年底，在日本改革相对顺风顺水的时候，我觅得机会，专赴东京采访竹中。

采访的日子定在一个周末，这位日本总务大臣选择他在东京都港区赤坂的私人办公室见面。赤坂是东京最昂贵的地段之一，不过他的办公室不大，陈设简朴，只摆放了一张长条桌。采访的时间安排得很紧，按照日本内阁的要求，以日文采访带翻译的总时间是一小时，而英文不带翻译则是半小时。我选择了前者。但采访开始后，很快因等不及翻译而改为直接用英语交谈。但他还是给了我一小时的时间。这次采访，连同此前数月对日本改革的一系列采访，后来发表在《财经》杂志（2006 年第二期），题目是"解读日本改革"。

倏忽又是五年。五年中，日本政坛风云雷电，改革曲折蜿蜒。竹中于 2006 年随小泉辞职而离任，重新回到他任教十余年的庆应大学。这些年里，我在北京、在国外，不时有机会与他谋面。接触多了，我越来越把他当成学者，会面时除了寒暄也每常求教。

2010 年春节后，我接到《日本金融》杂志函约，希望安排竹中来华与我做一番"对话"，发表在该刊，也愿意同步发表在《中国改革》杂志。我敬重竹中，欣然同意。3 月 26 日下午，他与《日本金融》杂志编辑、记者专程来到财新传媒。我们在财新传媒视频演播室的一张圆桌前交谈，先选择了用日文加翻译开始，我还是不习惯，很快换成英文，顺畅地谈了一个多小时。

本文交稿前，恰逢中央汇金公司人事变动——60 岁的谢平离开汇金总裁一职。我不禁由竹中联想到谢平，觉得二人虽然职位、地位不同，却都是经济学家，同时又都是坚定的改革践行者，二人的命运亦有某种相似之处。谢平曾自谓，"在波澜壮阔的中国金融改革历史上浓墨重彩地留下重要的位置"，话语豪迈却也透出几许悲壮；而竹中也曾告诉我，"我觉得作为专家和经济学家，能为国家的政策制定做出贡献是很幸福的事情，我希望继续做这样的贡献"，多年后忆起仍令人唏嘘。

按日本人的说法，竹中平藏是"日本改革的马前卒"。由学者而成"马前卒"、再做学者，我想他的见解对在改革中求索的中国人是会有所启迪的。

## 泡沫异同

**财新记者** 很高兴有机会就当前中国经济和上世纪 90 年代早期日本经济做一次对比分析。不少推测认为，中国将会陷入日本在上世纪 90 年代的局面。中日两国的经济状况确实有很大不同，但也有不少相似之处。今天机会难得，希望听听你这位专家的意见。

**竹中平藏** 首先谢谢你提供这个机会。我的看法很简单——不要效仿日本。

当前中国经济的现状是不是与日本走过的路很相似？我们现在面临着房地产泡沫，所以有人担心，中国的现状与上世纪 90 年代早期的日本完全一样。

**竹中平藏** 如果中国政府，尤其是央行，采取激进措施，情形可能会非常相似。中国现在面临泡沫经济的风险，政府必须逐步控制住形势，任何激进措施都是很危险的，也要冒很大的风险。所以我认为这完全取决于政府管理，尤其是货币当局的措施。宏观货币政策在这时尤为重要。

只要中国能避免以下两种情况，就不会重蹈日本当年的覆辙。首先，雷曼兄弟危机爆发之后，中国立即扩大消费以刺激需求。这一措施在当时确实有效，但时间不宜过长，否则最终会引发信贷危机。日本就曾在上世纪 90 年代付出过这种代价；其次，当时日本在非常短的时期内采取了激进的货币政策，结果导致泡沫破裂，经济迅速下滑。中国当前的关键问题也是如何处理好可能的坏账。

> 在你看来，中国应尽早退出积极的财政政策，但如何预防快速紧缩的风险呢？货币政策又将如何与之配套呢？

**竹中平藏**　快速缩减财政支出当然是很危险的。但事实上，政府很容易继续采用巨额财政支出政策，不过这只会恶化财政收支状况。所以我觉得中国需要的不是快速、仓促行事，而是稳健地改变财政收支状况。这对于实施财政政策非常重要。

就货币政策来说，如果政府继续实施货币扩张，就会使泡沫经济发展到沸点。届时央行将不得不同时面对迅速紧缩和人民币快速升值的局面，而这一定会令经济受损。所以这与财政政策一样，货币政策也必须稳健而非仓促地改善，以避免经济体系受到较大冲击。

> 说起中日异同，中国学界也有说法称，与当年日本相比，中国的人口依然很年轻，因此中国激进式城市化的需求依然存在，房地产泡沫一时半会儿破不了。你怎么看？

**竹中平藏**　在这点上，中日两国有很多不同之处。最大的区别就是潜在增长率。中国经济的潜在增长率依然很高，这点非常关键，因为这表明经济势头还很强劲。但上世纪 90 年代的日本经济已经受损，潜在增长率只有 3% 左右。从这点而言，中国很幸运，它依然处在青年期、处在增长阶段。

另一个区别是，在中国，中央政府牢牢掌控着宏观经济，中国领导人显示了宏观经济管理的良好驾驭能力。而日本在那个时期政治领导力不足。

谈到相似点，我担心一个问题：站在政治立场上来看，削减政府支出是很困难的。公众期待政府提供持续性的支持。因此把"扶助型"政策和"根治型"政策区分开是很重要的。"扶助型"政策指不断给消费者提供更多的补助，而"根治型"政策则有所不同，例如：通过增加基础设施投资来稳固增长潜力。日本政府就在"扶助型"政策而非"根治型"政策上花了很多钱。中国政府可以吸取日本的这个教训。

这个教训就是政府应当把"扶助型"和"根治型"政策区分开？请进一步阐释一下。

**竹中平藏** 日本政府斥巨资为失业者发放补助金，这就是"扶助型"政策。"根治型"政策是提高经济增长水平。如果 GDP（国内生产总值）增长，劳动力市场的需求就会相应增加。所以说，"根治型"政策和"扶助型"政策的区别是非常大的。从政治的角度看，政府当然有必要帮助民众，但促进经济增长也同样重要。长远来看，更重要的是促进经济增长，于中国而言，就是保持较强的经济增长能力。

谈到这里，我想问你几个问题。中国经济的增长潜力很大，并且还会持续下去。今年中国的 GDP 将会超过日本。未来十年，中国的 GDP 可能达到日本的 2 倍。这是个惊人的预测，但实现的可能性非常大。不过同时，我也注意到其中的风险。你刚才也提到房地产泡沫问题。如果泡沫继续扩大，政府将不得不采取更激进的紧缩政策。这将对经济造成损伤，还会暴露银行的坏账问题。中国的专家们对此有何看法？目前，劳动力优势为中国经济增长提供了支持，这种状况能持续吗？我们看到工资有提升的迹象。这已经加大了通胀的风险。所以对于中国经济而言，这又是个重大风险吧？

你提的这个问题非常重要。目前人们的焦点集中在以下两点：首先，对泡沫是否会破裂非常关心。目睹了美国和日本走过的路，中国的各级决策者和经济学家非常担心泡沫破裂。这将是个灾难，他们知道中国承受不起这样的灾难；其次，他们还十分清楚应当在什么时候、采取什么手段来有效控制形势。在我看来，中国政府对泡沫非常敏感，参照以往的宏观调控成绩，我认为政府能很好地调控宏观经济。挑战很多，他们也意识到了；政府希望实现"软着陆"，不过这确实很难。

现在不乏对局势的关注和担忧，甚至有些忧心过度了，不过这也是好事。政府对于退出积极政策是非常谨慎的，也正努力实现合理调控。在这点上，我们一贯直言风险：我们可能会身处险境，我们可能会面临上世纪 90 年代日本所遭遇的情况。但人人都知道两国形势不尽相同，我想我们必须充分意识到二者的相似点，如此才能避免重蹈覆辙。

**竹中平藏** 虽然中央政府和民众都意识到了这一情况，也意识到了风险，但问题是，即使他们清楚形势，中央政府真能控制局面吗？我的理解是，中国经济政策的决定权已经多元化，不仅央行有重要影响，地方银行的影响也同样很大。据我所知，这就是中国制定政策的要害——决策是集中式的还是多元化的？

中国的宏观经济调控偏于集中式。中央政府出台了很多措施，例如 2010 年初央行应对危机的举措，包括适当提高三个月期中央银行票据的利率，以及加强对大银行的存款准备金率的要求。央行最近决定对规模较小的商业银行实施差别化的存款准备金率要求，现在又出台措施限制贷款。除数量型工具以外，也采用了价格工具、"窗口指导"，以及各种行政手段。具体措施的利弊都可以讨论。

不过地方经济对于市场化机制的需求还是很大的。所以宏观经济调控在某种意义上来说，是中央与地方政府的博弈，不过我认为这是可控的。

**竹中平藏** 但这只是货币政策。财政政策也是如此吗？

有些经济学家主张退出积极的财政政策，不过也有人认为在退出积极的货币政策的同时，中国应该更多动用财政政策手段，政府还要为人民做很多事情，例如，我们的医疗体系还不健全，教育和社会福利、社会保障的投入还不充分。他们认为与其通过增加财政投入直接刺激经济，不如增加社会福利投入。你对此怎么看？

**竹中平藏** 这是另外一个重要方面——分配政策，或称为收入差距政策。这对宏观经济也会有影响。一般来说，低收入群体的消费倾向较高，如果短期内进行有利于低收入群体的分配或再分配，消费增长会非常快。但长期来看，结果就不同了。过于注重收入再分配会减少工作激励，也会影响到竞争机制。

如果收入分配是通过激进的财政政策和货币扩张来实现的，就会引发过度的流动性。

**竹中平藏** 确实如此。倘如此，长期来看会削弱经济，这不是最好选择。

关于收入分配问题，我还担心，从政府的角度出发，低收入群体的抱怨是可以理解的。但经济形势是好的，这些不满还可控制在一定程度内；而一旦经济形势恶化，问题就会爆发，这在政治上是非常危险的。为避免这种情况，政府就不得不继续实施刺激政策，这表明政府无法退出，结果会很危险。

这跟日本当年的情况很像。日本政府当时没有采取切实的退出措施，主要是因为他们还面临其他诸多问题，一是收入差距，二是改革选举制度。质言之，政府采取理性的财政政策的难度相当之大，恐怕这在中国也会发生。

中国的确目前面临很多问题。一个问题解决了，另一个新的问题又冒出来了，这就是我们面临的困境。

你刚才还提到了年龄和人口问题。一些主流经济学家也曾发出警告。他们认为中国过去 30 年经济飞速发展的原因之一是得益于人口红利，此种情况会持续到 2013 年，但也有人认为中国的人口红利可以持续至少 50 年。争议不小。

**竹中平藏** 人口红利终有结束的一天，中国也不例外，那时候提高生产率就至关重要了。

你认为这一天什么时候到来？

**竹中平藏** 考虑到劳动人口的工作年龄，或许不到十年。

我也注意到"2013 年"的提法。据推算，届时中国的抚养指数会提高。即使这样，劳动人口数量还会持续增长。我在日本经济研究中心担任顾问，该中心三年前也做过一个相关研究。我记得那时他们预计到 2016 年或 2017 年，（中国）劳动人口总数将下滑。所以在未来三到七年的时间里，可能会有非常大的变化。在这种情况下，中国进一步提高生产率就非常重要了。

不过也有好消息，在这方面也有一些非常有意思的计量经济研究。迄今为止，很多人都认为中国经济是由劳动力和资本投入支撑的。但根据一项新的预测，目前中国经济三分之一的增长都源于科技进步。这确实是个好消息，即使劳动人口不再增长，中国经济还是会持续发展。

中国还需要关注国际关系。在某种程度上来说，中国的增长模式与 20 年前的日本颇为相似。出口非常重要，中国的出口占 GDP 比率超过 35%，是日本的两倍还多。因此，美国对人民币汇率颇有微词，国会态度更为强硬。中国如何应对这种国际关系？近期还会坚持这种发展模式吗？

### "广场协议"非人为

在中国，官、学两届对于重新启动汇率机制改革还是有共识的，不少人提出"越快越好"。尽管汇改后人民币会有升值压力，但还是改革更好。这一点是明确的。

目前讨论的焦点是改革如何进行，这也是我想跟你探讨的问题。很多人提起了"广场协议"及其对日本的影响——日本经济陷入了十年的衰退期。你认为我们应该从"广场协议"中吸取什么教训？

**竹中平藏** 从经济学的角度来看，国际汇率市场存在很大的不确定性。政府干预的结果有可能是正面的，也有可能是负面的。有时人民币升值有利，有时贬值有利，众说纷纭。不过说实话，听你说到人民币升值已经是共识，我还是有点诧异。

我说的共识，是指对中国应该启动新一轮汇率改革的共识。政府和业界专家都在讨论积极的、可控的、渐进式改革。总体来说，方向是明确的。

现在，这一讨论涉及到升值问题，不过中心议题是我们要实现更加市场导向的汇率机制，而不是简单地升值并将其再次固定。当然，无论走哪条路，我们都会面临很大风险。

**竹中平藏** 很高兴听到这些。你也参加了今年 1 月下旬的世界经济论坛达沃斯年会，或许也注意到法国总统萨科齐对此发表了很有意思的见解。他建议组织新一轮会议，深入讨论新的国际货币体系。第二天，拉里·萨默斯就说，何种货币成为主要国际货币取决于市场。你瞧，这种讨论其实重复了很多年了。

改革确有必要，但到底是什么样的改革？鉴于市场情况，做出决定是非常困难的。希望之一是 20 国集团峰会。本轮会议将启动更多纲领性的讨论。市场机制要得到强化，区域性和本地化的货币互换还需加强。这种货币互换协议将会减小市场波动。我认为，大家应该先逐步做出这样的努力，然后再着手货币体系的根本性变革。

> 回到日本的"广场协议"，我们可以吸取什么教训呢？人们认为"广场协议"是日本经济走向衰退的主要原因。当然，也有很多中国的经济学家对此持不同意见……

**竹中平藏** 这很有意思。不过事实并非如此。"广场协议"是 1985 年签订的，此后日本经济情况如何呢？出口确是在一定程度上受损，但远不像外界说的那么糟糕。

上世纪 80 年代，日本经济出现泡沫。这意味着增长率提高，股价上涨了。即使在"广场协议"签订之后，经济还是向前发展的。虽然该协议对日本经济一些层面的负面影响是显而易见的，但总体来说，日元快速升值的影响还不是那么糟糕。

> 是的，不过人们经常回顾 1985 年的经历，认为"广场协议"不公平。

**竹中平藏** "广场协议"公平与否，大家还是各持己见。一种观点认为它是市场中的自动调节机制。其时，美国宣布了其市场经济政策的转型，即退出里根主义，停止财政扩张，开始财政紧缩；同时缓解高利率政策。这些意味着美元会贬值。

另一方面，日本和欧洲国家承诺通过一揽子刺激计划来加强内需，这意味着利率会走高，其结果自然是欧洲和日本货币升值，美元贬值。所以"广场协议"不是人为因素造成的，而是宏观经济政策变化的产物。

是受整体局势的影响？

**竹中平藏** 是的。以我的理解，这是日本经济学界的代表观点。

我刚才提到，中国国内对于启动新一轮的外汇汇率改革其实无太大争议。问题是改革如何操作？一些经济学家建议实施一次性改革，但遭到大多数人反对，因为由此产生的负面效应太大。还有人建议实施渐进式、可控的改革，就像 2005 年 7 月到 2008 年 7 月期间的措施一样，每年调整 6% 左右（2006 年，美元对人民币升值 3.35 个百分点，2007 年是 6.8 个百分点，2008 年前七个月是 6.9 个百分点）。人们也在就扩大人民币日浮动范围的问题进行讨论，还有是否采用一篮子货币机制。这是个技术层面的问题，不过俗话说，细节决定成败。

**竹中平藏** 这些问题 30 年来我们一直在探讨，我认为一篮子货币机制是应当优先考虑的解决方案。问题是，怎么实施呢？即使我们认为应当按照一定的方式配置外汇储备，但这仅仅是建议而已。改变外汇储备的投资组合，即使存在实施的可能性，也相当困难。

中国会接受一篮子货币机制吗？中国政府主要投资美元，这也是投资美元比投资其他货币更加安全所致。理论上说，一篮子货币机制是合乎逻辑的，但是实施起来就不那么容易了。

我支持拉里·萨默斯的说法，哪种货币能够担当主要货币应该由市场来决定，至少现在如此。当然，长期来看，这种讨论还应该深入下去。

> 还有一种讨论是：如果中国采取一篮子货币机制，是否应该效仿新加坡的"不公开"做法？

**竹中平藏** 如果中国采取这种机制，将会对更大范围内的经济形势产生影响，因为中国是世界上最大的外汇储备国。日本也会学习中国的经验。日本是全球第二大外汇储备国，如果中日两国联手，将会对经济产生重大影响。我想中国如果能在这个问题上采取主动是很好的。

还有一个方案也是可行的。实事求是地说，改变现行体制是非常困难的，备选方案就是对国际货币流动征税，由此降低货币流通速度。

> 具体应该怎么做？

**竹中平藏** 这应该问詹姆斯·托宾（James Tobin），或许可以实行"托宾税"。1997 年的亚洲金融危机中，马来西亚或其他亚洲国际就实施了这样的方案。当然，这只是可能性之一，没有完美的解决方案。

## 日本经济是"炸天妇罗冰激凌"，中国呢？

> 我注意到一家西方报纸最近评论说，世博会之后，中国的经济泡沫很可能破裂。我认为这可能过于悲观了。

**竹中平藏** 我现在的看法也有变化。之前我担心会有风险。不过回顾中国政府应对 2007 年金融危机的做法，可以看出他们对宏观经济局势的掌控非常好，有效运用了各种资源、财政和货币政策。

至少在短期内，中国政府调控经济的能力和策略还是有目共睹的。所以上海世博会之后，政府应该能够实现对宏观经济的良好管理。至少短期内我没有什么担心了，但风险可能会在长期的管理中显露出来。

我同意。我们面临诸多挑战，没人能保证将来会怎么样，有些问题可能会在今后会显露出来。我想听你谈谈日本经济。

**竹中平藏** 日本经济曾经大幅下滑，不过现在已经开始复苏，出口占 GDP 的 17%，而中国这个比例是 37%。受中国经济快速增长的影响，近期日本出口也在扩大。有时候我把日本经济比做"炸天妇罗冰激凌"。中心部分很冷，但其外表受中国火热经济发展的炙烤，已经很热很热了。

你怎么看金融危机后的中日经济关系？

**竹中平藏** 中日两国经济相互关联，危机之后联系更加紧密。我刚才提到，今年中国的 GDP 会超过日本，十年后会是日本的 2 倍，这将对日本经济产生深刻影响。没有中国，日本经济也无法存活，人们已经认识到这点。当然，困难也确实存在，比如语言障碍和文化隔阂。无论如何，很多日本人已经意识到了中国经济的重要性，所以上海世博会可能是个契机，就像奥运会一样，吸引许多日本人造访中国。

总结日本走过的弯路，我认为有两个问题对于中日两国都非常重要：一是政治领导。这是不可或缺的，幸运的是，在中国，共产党的领导力非常强；二是教育，教育是提高劳动生产率的根本所在。可喜的是，中国的教育质量已有很大提高，例如北大、清华、复旦和南京大学。经济竞争的基础是教育竞争。

中国关注日本走过的道路，包括提升教育和环境保护方面的经验。

**竹中平藏**　提到环境，日本有一些有利因素。下面一组数据很有意思：每 1 美元的 GDP 都会伴随着一定量的碳排放，对吧？日本每一美元 GDP 对应的碳排放量是美国、欧盟的二分之一，是中国的九分之一，这一点很重要。如果日本与中国合作，中日两国可能对全球经济发展以及其他全球性问题的解决做出更大的贡献，因此我期待着两国能有更深入的合作。

# 期待亚投行建成有国际地位机构

新加坡驻华大使：罗家良（Stanley Loh）

记者：王玲

    2014 年是中国第二次举办亚太经合组织（APEC）会议，关注亚太地区的融合成为亮点。领导人峰会周前，中国等国宣布成立亚投行（亚洲基础设施投资银行，AIIB），似乎已经暗示了今年 APEC 将有何种成果。作为 21 个亚投行首批意向创始成员国之一，同时也是东盟 2015 年对中国关系的协调国，新加坡在地区融合上扮演着重要角色。值得注意的是，中新关系中的一个亮点是，新加坡培训过数以万计中国官员。

    新加坡总理李显龙（Lee Hsien Loong）访华参与 APEC 之际，新加坡驻华大使罗家良接受了财新记者的专访，就 APEC、亚投行、中新关系、中国改革阐述了他的看法。

## 打造有国际地位的亚投行

**财新记者** 新加坡对今年 APEC 会议成果的期待是什么？

**罗家良** 新加坡大力支持中国主持 APEC 会议。我们希望看到更多关于亚太自贸区（FTAAP）的进展，这让亚太地区进一步的经济融合走上正轨。目前存在或正在谈判中的一体化安排有东盟中国自贸协定、跨太平洋伙伴关系协议

（TPP）以及区域全面经济伙伴关系（RCEP）。我们应该从这些安排中吸取经验，走向最终的亚太自贸区。

我们还期待 APEC 有关互联互通的蓝图，它将整合我们目前所有促进彼此互联互通上的政策和倡议，让我们明确互联互通实现前的不足，以走向新的倡议，推进互联互通。

除了贸易，我们还期待一些非贸易领域的倡议，比如北京反腐宣言和健康亚太 2020 倡议。

互联互通是 2014 年 APEC 会议的重点之一，本区的国家如中国和新加坡如何能促进互联互通？

**罗家良**　东盟目前有《东盟互联互通总体计划》（MPAC），在推动这一计划的发展上，中国一直和东盟国家密切合作。MPAC 规划的战略是：通过加强基础设施建设、提高机构效率、赋予人民更多权益来连接东盟各国。这将提高东盟的竞争力和弹性，通过强化的贸易、投资以及旅游惠及我们的国民。

我们认为中国倡议的 21 世纪海上丝绸之路和 MPAC 互补。鉴于这是一个 21 世纪的倡议，我们觉得，21 世纪海上丝绸之路不应该只包含传统的元素，如陆地和海上的互联互通，还可以囊括现代互联互通的元素，如民航、金融服务和信息通讯技术。

新加坡支持所有致力于加强东盟和本区互联互通的努力。上个月，新加坡和其他东盟成员国一起签署了成立亚洲基础设施投资银行（AIIB，简称亚投行）的备忘录。我们期待和中国以及其他国家密切合作，把亚投行建立成一个开放包容、有国际地位、管理良好、决策稳健的机构。

## 中新关系中的大项目合作

近些年来，中国和新加坡合作的特征如何？未来，双边合作的新领域有哪些？

**罗家良** 新加坡和中国的合作很好且多边，始终应时代的变化而变化，以满足我们不断变化的需求。两国外交关系建立于 1990 年，尽管至今只有 24 年的历史，新加坡去年已成为中国最大外资来源国，而中国现在也是新加坡最大的贸易伙伴。这显示出我们的经济合作在一个比较短的时期内实现了迅速的发展。

自 1978 年邓小平访问新加坡，中国开始派遣众多官员前往新加坡，以更好地了解我们的经验。我们很高兴接待这些代表团，因为我们视中国为友，也希望中国成功。到了上世纪 90 年代，时新加坡总理李光耀（Lee Kuan Yew）觉得，在一些大项目上开展两国合作是新加坡更有效地与中方分享经验的方式。当时中国对现代工业园以及吸引跨国公司很感兴趣，双方就开始开发苏州工业园，给中国其他地区打造一个工业园的模范。今天，苏州工业园正被复制到中国很多其他地方，包括江苏、安徽和新疆的城市。中国很多其他省的官员也去参观苏州工业园并学习它的经验。所以，苏州工业园实现了这一目标。

2007 年，中国开始关注可持续发展，我们提议两国可以通过天津生态城开启第二个大项目合作。现在，天津生态城的建设已经取得了重大进展，去年也庆祝了五周年。

此外，在中国后来的发展中，新加坡企业建设了很多适合中国需求的项目，比如：中新广州知识城，它注重经济升级；中新吉林食品区，它关注食品安全；还有新加坡四川高科技创新园，它支持中国西部大开发战略。

在中国副总理张高丽的建议下（他也是中国和新加坡双边合作联合委员会

的联合主席），如今两国政府开始在中国西部探索第三个政府间合作项目，主题是"现代互联互通和现代服务"。我们希望这一项目可以对中国西部大开发战略作出贡献，成为新丝绸经济带和 21 世纪海上丝绸之路的交点。

双边合作中另一个新的亮点是金融服务，尤其是人民币的国际化。新加坡现在是大中华地区之外最大的人民币境外离岸中心，不论人民币存款还是清算业务。此外，在我们和中国同志以及官员分享经验时，社会治理也是我们培训的新领域。

## 中国改革和新加坡经验

如何看待刚刚过去的中国十八届四中全会？

**罗家良** 四中全会围绕法治成功召开，这是中国的一个积极发展。新加坡的发展经验显示，法治给良好的政府治理、现代且有效的经济、公平且平等的社会提供重要基石。不过，每个国家的历史、社会和政府情况不同，所以，每个国家必须自己决定哪种系统最适合。

中国正在经历多种改革，包括公务员改革，如涨薪。这一方面，新加坡可以分享的经验有哪些？

**罗家良** 关于社会治理和公共服务，新加坡和中国有很多分享经验的平台。

去年，新加坡副总理张志贤（Teo Chee Hean）和中国中组部部长赵乐际共同主持了第四届新加坡—中国领导力论坛，论坛以"干部队伍德的建设"为主题。今年，张志贤副总理和中共中央政治局委员、中央政法委书记、中央综治委主任孟建柱主持了第二届新中社会治理高层论坛。

中新在人力资源领域也有着多年合作，近 5 万名中国干部和政府官员在新加坡接受过培训，涉及领域广泛：经济发展、社会治理、可持续发展、法治以及社交媒体。

　　我们充分意识到中国和新加坡在大小、历史和政治制度上的差异。正因为如此，在新加坡奏效的政策和制度可能未必适合中国。不过，如果中国觉得新加坡的发展经验对本身发展是个很好的参考，我们乐于同中国朋友分享。

# 最看好中以在农业技术领域的合作

以色列驻华大使：马腾（Matan Vilnai）
记者：陈沁

  马腾，1944 年出生于耶路撒冷，早年毕业于以色列国防军指挥参谋学院，特拉维夫大学历史专业，以色列国防学院。哈佛大学国际事务中心学者，约翰霍普金斯大学国际问题研究学院军事与大规模组织管理专业学者。服役期间曾任国防军副总参谋长，以色列南方军区司令员（负责加沙地区军事部署），总参人事部部长，曾参加多个特种部队军事行动和边界行动。1999 年起历任科学、文化和体育部长，国防部副部长，国土安全部部长。2012 年 8 月起任以色列驻华大使。

  对于在海外寻找投资机会的中国企业来说，以色列 IT 企业的受欢迎程度近来不断升温，多家中国互联网公司到以色列寻求收购、合作机会，甚至有外媒称中国以色列之间正在悄悄构建 IT 同盟关系。

  11 月，百度代表团访问以色列，会见了多家以色列创业公司。12 月初，百度宣布对开发远程控制摄像头的以色列创业公司 Pixellot 入股 300 万美元。另据《华尔街日报》报道，阿里巴巴对以色列电子商务创业公司的投资已处于最后阶段，最终将把那家公司打造成为阿里巴巴的一个研发中心；中国平安旗下风险投资部门平安创新投资基金已投资 8 家以色列创业公司。

  如何看待中以在 IT 领域合作？哪些领域前景最好？以色列有哪些创新经验可供中国借鉴？如何应对创新随之而来的风险？

**财新记者** 最近媒体很关注以色列和中国在 IT 领域的合作，有说法称中国和以色列已经在 IT 领域结成同盟，你对此有何评价？

**马　腾** 中国和以色列在 IT 领域的确有合作，越来越多的中国公司对以色列创业公司、IT 技术感兴趣，我们对此表示欢迎。中国和以色列在各方面寻求合作，以色列是小国，科技含量高，中国是大国，对技术有需求。通过合作，双方都能获益。对以色列来说，中国和美国都是超级大国，都有数亿人，以色列只有 810 万人。最重要的是了解彼此的问题，共同合作，解决问题。

越来越多的中国投资者开始对以色列的创业公司感兴趣，能介绍下具体情况吗？你最看好哪些领域？

**马　腾** 确实如此。我知道很多中国公司对以色列创业者有很大兴趣，这一现象在几年以前就出现了。以色列和中国都能从中获益。

我个人最看好农业技术领域。这对中国来说很重要，以色列有多个项目，许多在中国各地，比如福建、山东、黑龙江等。此外，还有医疗、信息技术等领域。

在创新领域上，以色列有哪些经验可供中国借鉴？

**马　腾** 中国政府一直在强调创新的重要性，这很有必要，我们两国应该多派学生互相学习。我在大使任内，问过许多以色列官员和学者，创新的秘诀是什么？而我来中国之前从未想过创新的问题，我想这是因为创新已经在以色列的血液里了。

对创新来说，我认为有两点很重要：一是教育系统。犹太人数千年以来都鼓励学生提问，孩子们回家后父母都会问他们今天有没有向老师提问题。提问很重要，要鼓励向老师、领导、老板提问，并且追问。二是不要害怕失败。没有人喜欢失败，但是失败了还是要尝试，这种观念也应当成为教育的一部分。我们欢迎越来越多的中国学生来以色列学习。

创新都会有风险，以色列政府对于创新者提供哪些支持以对抗风险？

**马　腾**　我是科技部长出身，我们的系统为年轻人创新提供支持，以色列全国有许多创新中心、创新孵化器。如果创新者失败了，政府提供资金、预算支持，鼓励他们继续尝试。重要的是让创新者们感到即使失败也可以重来。每一个现代社会都应当鼓励创新。资金支持只是一方面，还应当有一整套的规则、限制、目标等，给予创新系统性支持。在以色列创新中心，几个年轻人结成一组，由一位经理人管理。

你对以色列和中国相互投资现状有何评价？

**马　腾**　首先要记住的是，以色列和中国建立外交关系仅有23年。双方建交之初，贸易总额约为5000万美元到1亿美元之间，这一数字目前约为110亿美元。每年双方都互派数十个互访代表团。在以色列国内已经达成共识，中国对以色列很重要，以色列对中国也很重要。过去几年，以色列经济部长每年都会到中国访问，以色列驻华使馆的经贸部门也是以驻外使馆中最强配置。这是我任驻华大使的第三年，能感觉到每年双边经贸往来都在加深。

# 以色列式创新

以色列经济部首席科学家：哈桑（Avi Hasson）
记者：王力为

　　在中国经济结构调整、找寻新增长点的过程中，创新是关键角色。中央经济工作会议提出推动全面创新，更多靠产业化的创新来培育和形成新的增长点。此后仅一个月的时间，国务院常务会议即宣布，设立总规模 400 亿元的国家新兴产业创业投资引导基金，重点支持处于"蹒跚"起步阶段的创新型企业。

　　愿望固然良好，但长久以来中国政府的创新政策颇受争议，实际效果也难言满意。政府在创新中应该扮演何种角色，如何发挥创投引导基金中政府资金的杠杆作用，以色列的经验或可借鉴。

　　1992 年，以色列政府出资 1 亿美元设立 Yozma 风险投资基金，由国有独资的风险投资公司管理，引入国际知名的风险投资公司，采用有限合伙的形式设立多个子基金。以色列政府承诺不干预基金运作，并与投资方共担风险。

　　通过有效的引导，最初设立的 10 只风险投资基金全部获益。以色列政府也在 1998 年通过拍卖和转让股份的方式撤出全部国有资本。在政府资金的带动下，目前以色列人均风投资本额居全球首位，总额则高于多个欧洲国家之和。

　　财新记者近日采访了哈桑，试图窥得其中秘笈，以供中国借鉴。哈桑领导的首席科学家办公室（OCS）是以色列政府负责创新政策的首要部门。2011 年出任该职前，哈桑曾是以色列多家电信企业的高管，并任以色列顶级风险投资公司 Gemini 以色列基金（Israel Fund）普通合伙人（GP）长达十年。

## 政府的角色

**财新记者** 以色列的科技创新领域一直吸引着世界各国的投资者，香港首富李嘉诚就投资过不少以色列公司。能否介绍一下以色列的创新现状？

**哈 桑** 过去数月中，有近十家以色列公司在纳斯达克上市，很多故事在发生。李嘉诚在投资之外，还试图把以色列著名的理工类大学 Technion 带到中国大陆开办分校。我想说，高科技并不只是以色列的爱好，而是经济主体。目前以色列50% 的出口都与高科技有关，它对整个经济体的增长、就业都很重要。

以色列的创新生态系统是逐步从政府主导转向市场导向的，政府如何完成这一理念和实践转变？

**哈 桑** 以色列创新生态系统成功的一大秘诀是，瞄准公共与私人部门的合作。我所在的 OCS，是促进科技研发的主要部门，创立于 40 年前，当时以色列只有25 年历史，以橙子等农业产品著称，而不是因高科技闻名。即便如此，政府还是决定发展知识经济。尽管 OCS 在营造良好的创新环境和基础设施、启动创新活动上发挥了重要作用，但是，从一开始以色列就明确，私人部门才是推进创新活动的主力。

目前，以色列民用研发支出占国内生产总值（GDP）的比重为 4.5%，全球最高。政府在投资项目中的股份比例是经济合作与发展组织（OECD）国家中最低的，这意味着大多数投资是由私人部门完成的，这样的创新资本结构是独一无二的。

> 你曾在夏季达沃斯上提到，在创新活动上，政府不能取代私人部门，
> 那政府如何抵制在创新方面的"事必躬亲"和"父爱主义"诱惑？

**哈　桑**　我当时也说过，在给其他政府建议时，需要非常谨慎。中国由于文化、经济规模等原因，面临的挑战和机遇与以色列截然不同。

单从以色列的视角，我们一直认为，政府不应该代替企业来预测下一个增长点，决定应该着力发展哪些产业，政府的角色在于完善基础设施，发展人力资本，优化研发、税法和监管环境。政府另一角色是分担风险。OCS 的任务是分担私人部门的风险，使其乐于从事更具创新性和前瞻性的研发活动。我承认，挑选"胜者"、成为控制者对政府有很大的诱惑，但以色列的经历证明更好的方式是让市场做它分内之事。

## 可复制的元素

> 以色列的 Yozma 体系极为成功，其核心要素包括政府支持的风险投资基金与私人部门风投企业合作，同时吸引外国风险投资（VC）和私募股权投资（PE）参与。这一模式已经被爱尔兰成功借鉴，是否可以复制到中国？

**哈　桑**　在我看来，Yozma 是历史上最成功的政府投资项目，其中一些元素确实可以被复制。首先是海外"聪明资本"（smart money）的参与，即外国 VC、PE 的专业知识，这是当时以色列所缺少的；二是政府分担风险；三是政府的退出机制，这让私人部门投资者买下政府的股份、将项目私有化变得可操作。

事实上，私人部门投资者也都这么做了。这意味着这些项目对以色列纳税人来说成本是零，所有政府的投入都得到偿付，还撬动了每年数十亿美元的以色列风险投资产业。虽然 Yozma 可能不能"复制粘贴"到其他国家，但这些元素是其他国家可以借鉴的。

以色列政府是否从其参与投资的项目中获得经济上的回报？

**哈　桑**　政府只是拿回了自己的投入，项目盈利通过加杠杆，即吸引私人部门资金参与实现，主要由私人部门获得。从 Yozma 创立起，以色列政府就不是风投市场的玩家，只是通过资本投入擦出火花，由私人部门跟进、点燃，之后的事就不再需要政府了，政府只是确保有吸引力的环境，让私人部门发挥能动性。

以色列的政策是要发挥各自的比较优势，我不认为政府在选择、培育、甚至建设创新企业上有比较优势，它的优势在于完善基础设施和分担风险上，所以我们聚焦自己擅长的，让私人部门发挥他们的强项，来形成高效的协作。

你曾经是以色列政府支持的第一家风投企业 Gemini 以色列基金的GP。在全球范围内，政府支持的投资基金绩效通常都不好。你们如何让 Gemini 变成一个极具竞争力的基金？

**哈　桑**　Gemini 以色列基金是 Yozma 的一部分，一开始是以色列政府支持的，五年之后，就完全变成私人性质的基金了。

Gemini 目前处于第六个或第七个投资周期（cycle），它只在第一个投资周期中，获得了政府的支持。从第二个周期开始，就完全独立于政府运作了。即使是在政府介入的第一个投资周期中，政府也只是有限合伙人，所以 Gemini 在任何时候都没有政府的基因。

风险投资在以色列的创新中很重要。欧洲大陆或是中国这种由银行主导的融资体系是否利于创新？

**哈　桑**　风险投资的重要性不会降低，因为为高风险活动融资的需求从没有消失。银行永远无法满足它们的需要，因为投资这些企业需要专业知识，同时还存在过高的风险。

事实上，以色列的银行正越来越多地涉足高科技行业的融资，这是一件好事，但是并不会替代风险投资。

## 合作最重要

你曾经在私人部门工作过，这对你在 OCS 的工作有何帮助？

**哈　桑**　我曾经是 OCS 的服务对象，知道企业希望从政府获得何种服务，也了解政府哪些地方做得不错，哪些地方做得不够好，这对我现在的工作无疑是有用的。

我认为，政府和私人部门不一定非要有人员流动，但要有有效的对话。以色列在政府、业界紧密对话上十分高效。我最好的创意就来自与业界的交流。

当然，对以色列来说，国家规模及其文化也是有利因素，以色列人比较开放、容易接近。

畅销书《创业的国度》（Start-up Nation）中提到，以色列是全球惟一一个看起来像硅谷的地方。以色列的创业文化是如何产生的？

**哈　桑**　我从很多大公司负责人口中也听到过这种说法。以色列的创新文化是弥漫在空气中的，这不是我作为首席科学家需要操心的，而是文化和教育的结果，也是以色列所面临独特挑战的结果。

《创业的国度》传递的很重要、也很准确的观点是，以色列这个国家本身就是 start-up，像一个创业企业：人口少、自然资源匮乏、国土面积小、地缘政治环境复杂，但最终还是建国了。这个过程培育出极富创业精神的国民文化。在以色列，创业家是"摇滚明星"，而在不少国家，创业者有时被认为是"无业游民"的标签。

> 在当前的中国，越来越多的年轻创业者正变成"摇滚明星"，但是总体上，创业文化还不普遍，中国是否应该鼓励更多地方的年轻人去创业？

**哈 桑** 我当然支持这样的努力，但动机应该是完全基于经济的，是基于新企业对于经济体可能产生的巨大经济影响。

事实上，在美国、中国这样的大国中，很难大范围推广创业活动，美国的创业也只是主要集中在硅谷，也只有几块区域成为创业中心。

> 你怎么看中国人的创业文化？有人认为中国创新能力不强，但创业精神远远强于日本、韩国甚至欧洲。

**哈 桑** 中国的创新不需要和硅谷或是以色列一样。中国有很多有利因素，比如教育、文化，做出一番事业的意愿和欲望。我最重要的建议就是合作，这也是创新世界最重要的一个词。要发展不同国家间、公共和私人部门间、产业和研究机构间、不同公司间的合作，合作越多，建立起成功的创新生态体系的几率就越大。

# 复制中国特区经验

哥斯达黎加外贸部长：莫拉（Alexander Mora Delgado）
记者：王玲

　　作为中美唯一和中国建交的国家，被誉为"中美洲瑞士"的哥斯达黎加正迎来对华关系发展的高速期。2007年6月两国建交，2015年1月便同中国建立起战略伙伴关系，相比之下，拉美另一个较发达的国家智利用了42年才和中国建立起这层关系。

　　2014年，哥斯达黎加任拉共体——除美国和加拿大之外拉美33国的组织——轮值主席期间，中国和拉共体建立起中拉论坛。2015年1月，中拉论坛首届部长级会议在京召开，会后系列关于未来合作政策出台，比之以往中国对拉美政策，此番合作文件显得更具体务实，中拉关系被认为进入新阶段。与此同时，哥斯达黎加总统索利斯（Luis Guillermo Solis Rivera）率外贸部长莫拉等一众要员访华，参加首届部长级会议（或开幕式），见证了中哥关系进入战略伙伴关系时代。

　　作为哥斯达黎加来华次数最多的部长，莫拉对中国二十年间的变化深有其感，身负吸引中资、推动双边贸易重任的他表示，希望学习中国的特区经验，吸引中企赴哥，以哥为跳板助中企国际化。哥斯达黎加特区如何吸引中企？中哥关系下一步如何？又怎么看待中美未来在拉美地区的互动？

## 确定中哥关系更高标准

**财新记者** 这是你作为部长第二次来华？

**莫 拉** 对，加入政府前我在私营领域。自 1998 年起，我几乎每年来华一次，这次可能是第 17 次，我目睹了过去 20 年中国巨大的变化。第一次来北京时，印象中高楼很少，汽车品牌也很少，没有很多高速公路，街上的灯也不像现在这么多。

我任部长以来，已经和高虎城部长见过五次，建立起互相尊重、密切合作的关系。哥斯达黎加是中美洲唯一和中国建交国家，也是拉美为数不多和中国有自贸协定的国家，我们和中国关系比较特殊，也希望推动这层关系更上一层楼。中国国家主席习近平和我们总统索利斯提出的四点支柱，我们将利用好这些政治框架。未来希望两国不仅继续加强政府层面关系，也加强贸易和投资关系。

我相信中国和拉美的关系正处于一个新阶段的开始，尤其中国和哥斯达黎加的关系也处在一个新的阶段。

你提到贸易和投资，是否两国这方面的现状距离你的目标还有不小的距离？

**莫 拉** 是的，现在才是开始。贸易方面，自中国和哥斯达黎加签署自贸协定，两国贸易增加了 8 倍，这个增幅不错，但数额仍然很小。哥斯达黎加没有任何采掘工业，石油、矿石、天然气我们都不开采，如果你留意中国和拉美的贸易，从拉美流入中国的产品大部分是矿石、油气和大宗商品，哥斯达黎加却不是这样，我们正朝着高科技、环保科技、清洁能源、服务等发展，希望在中哥关系中确定更高的标准。

比如创新方面。我们同中国签署了一项雄心勃勃的关于建立经济特区的备忘录。过去三十年，中国在这方面特别成功，我们希望在中国的建议下复制这一模式，中国将在相关专业技能方面给予我们支持。其次，要落实这一经济特区需要具体的措施和资源。再者，我们希望这一特区成为中国赴哥投资的安全着落，为中国企业创造一种不陌生的投资环境，推动中国对哥投资。

我们深知中国企业不会仅仅因为哥斯达黎加的小规模市场而心动，不过，请记住我们和全球近 60 个国家有着自贸协定，包括加拿大、美国、墨西哥、中美洲和加勒比海所有的国家、很多南美国家和欧盟国家、挪威、冰岛、瑞士、新加坡等，这意味着进入这些国家市场方面，我们有优惠政策。哥斯达黎加代表着一个通往更大市场的平台。

你觉得中国公司意识到了你描述的优势么？

莫　拉　没有，这还需要时间，不过第一步已经开启。我希望未来每个季度来中国一次，我们将大力推荐哥斯达黎加，这周我们开启了哥斯达黎加品牌的中国宣传，意在推动商品、旅游进入中国。一些中国企业告诉我们，中美和加勒比 20 多国中，他们仅在哥斯达黎加设立商业办公室，这里有支持他们扩张的条件。我们也告诉中国公司，哥斯达黎加是个法治国家，宪法规定下，中国公司拥有国民待遇，法律面前，外国公司和本地公司待遇平等。

**学习天津样板**

经济特区常有一些特殊的政策，是否哥斯达黎加将给予中国企业特殊政策？

**莫　拉**　我们希望这是一个让中国企业觉得营商环境良好的特区，但我们不歧视，如果其他外国公司或本地公司要进这个特区，他们有相同的权力。

这个特区并不是仅仅给中国企业的，而是面向所有外国公司？

**莫　拉**　对，我们很清楚，中国公司得是价值链生产过程中一部分，不能被隔离。中国企业一个重要的思维转变是，如果要国际化，就得和国外公司更多互动，比如成立合资公司、发起各种有创意的合作协议等。这正是哥斯达黎加可发挥作用之处。我们在西半球有一定的影响，通过自贸区我们向世界出口5000 多种产品。

5000 多产品中，目前向中国出口的有多少？

**莫　拉**　可能几百吧。两国的自贸协定只有三年之久，签署之后，我们向中国出口的很多产品还受中方进口协议的影响，这次访问也开展一些了磋商，比如签署了一项关于虾的协议。很多情况下，一些经销商从哥斯达黎加进口产品，在中国包装，以新的品牌销售，但实际这个产品来自哥斯达黎加。我们希望推动不同的商业模式。

这是否造成了两国贸易统计数据不一致？以 2013 年为例，两国双边贸易统计数据相差很多。

**莫　拉**　是，这是我们数据不一致的原因之一。有一些哥斯达黎加产品的经销商不在中国大陆，很多情况下在香港。我们把香港的数据分了出来，如果我们的产品先去了香港，再流入大陆，就不会出现在我们的数据里。

这个特区将特殊在何处?

**莫　拉**　哥斯达黎加有着结构良好的自由贸易体系,现在已经有八个大的自
贸区,这些地区向公司提供很多激励,大多数是财政激励。今天,即使没有特
区,任何中国企业也可以来哥斯达黎加、申请这些激励,如果符合要求,就可
以申请得到。

特区和自贸区有很多不同,我们去了天津考察,你们有自由港,像我们的
自贸区,也有经济特区,两种模式可以共存。我们将在中国政府支持下,根据
哥斯达黎加国情,建立经济特区,到今年十月出台可行性研究。中国商务部将
是一个主要的参与者,中国国家开发银行负责可行性研究。

这个特区的一个要素是本地企业和社区的参与,将出台培育企业家精神和
创新的政策,选择重点行业,邀请重要企业加盟,推出激励政策。传统的自贸
区里,每个公司单独存在,共享一些服务但它们并没有真正联接在一起,我们
期待的特区是一个完全融合的模式,区里的公司可能处于价值链上下游。对中
国企业而言,实验新的走出去方式很重要,他们目前面临的一个挑战是如何国
际化,我们认为哥斯达黎加可以帮助它们国际化。

我们位于中美洲,距离美国 2000 公里,从哥斯达黎加飞纽约,比旧金山
到纽约还快;我们还位于美国中部的时区,如果中国公司寻求服务北美市场的
近岸之地,哥斯达黎加是理想的地方,我们和南北美在地理和文化上都很接近,
我们是本区最安全的国家,多年前就废除了军队,将节省的钱投资教育、基建。
目前,我们的公共教育是拉美最好的,作为民主国家,体制稳定,法治记录好,
对那些严肃考虑美洲战略的中国公司而言,哥斯达黎加是一个好选择。通过总
统访华,我们希望发挥出我们的优势。

如果哥斯达黎加学习中国的经济特区显示较为成功,你觉得会引
来拉美其他国家争抢效仿吗? 到那时,哥斯达黎优势将何在?

莫　拉　我们的优势一直很强。以教育为例子，我们对公共教育的投资是GDP 的 8%，而拉美平均水平约是 2%，这很不同。公共教育投资最终流向人力资源。我前面提到了一些行业，中国对哥投资不会流去采掘行业，而是知识行业。

你是说，如果其他国家设立经济特区，可能是跟石油、天然气行业有关？

莫　拉　也许和原材料更相关。我们劳动力素质在本区是最高的，我们能有超越他们的雄心，发展更加复杂的行业。所以，我的答案是肯定的，其他国家会试图复制这一模式，这也很好，中国经济特区应该被全球很多国家复制。不过，由于其他国家与我们的差距，我们仍然较特别。同时我们鼓励这些国家减少这一差距。如果你家房子很好，但地处一个很糟糕的小区，你的好房子将失去价值。我们希望周边国家未来减少贫困，更加安全，提高教育水平，整个拉美地区的发展将更好，不仅在经济方面，社会方面也是。

## 平等看待对华和对美的关系

中国似乎更加注重 CELAC，而不是其他拉美地区组织，比如太平洋联盟，哥斯达黎加刚成为太平洋联盟（PA）新的成员国。CELAC 的合作之外，PA 寻求何种对华合作？

莫　拉　我们还没有和成员国讨论这个问题，PA 是个比较新的组织，仍在建设过程中，希望 PA 成为支持各国发展的一个平台，联盟也有提高拉美与亚洲、欧洲合作的机制，我们期待促进哥斯达黎加和中国以及拉美和中国的关系。

CELAC 更侧重政治方面，PA 更侧重经济，两者有很多互补性，PA 成员都是CELAC成员，PA未来在同拉美其他国家的互动及融合上可能会有其挑战。外界看，可能觉得拉美地区化组织太多，南方共同市场（MERCUSOR），加勒比国家联盟等，很多不同论坛。

　　对，而且这些论坛都互补吗？

**莫　拉**　总体而言，这些论坛都是特定的论坛，基于不同的情况和目标，体现出拉美的多样性。中国人将拉美看为一致的单一集团，事实并非如此，各国有其不同的利益。这也在变，全球化背景下，拉美国家正努力找寻自己在世界舞台的恰当位置，所以他们需要做不同尝试，以找准自身定位。很多情况下，这些论坛正有这种作用。

　　哥斯达黎加也在认真考虑加入经合组织（OECD），它目前有34个成员国，包括全球最发达的国家，我们希望今年下半年开启加入进程。美洲已经有美国、加拿大、墨西哥、智利加入了OECD，哥伦比亚是候选国，哥斯达黎加将成为美洲第六个申请加入OECD的国家。我们和OECD目标不同，但加入很重要。

　　吸引中国投资赴拉美上，如何看待哥斯达黎加和智利之间的竞争？两国在自贸协定网络上的优势很相似。

**莫　拉**　对。不过，如果看智利经济和出口构成，会发现三分之二出口是铜，出口集中在采掘行业，而哥斯达黎加不是。很多公司选择智利作为南美战略的首选，选择我们作为中美和加勒比海战略的首选，然后他们可能在美国等建立北美运营机构。我们觉得我们和智利挺互补，社会、经济方面也有很多相似之处。相对其他国家而言，我们两国所向一致，视彼此为重要合作伙伴和盟友。

　　中国同拉美的关系不断加强，如何看待中美未来在拉美地区的互动？

**莫　拉**　中美都是世界大国，当然拉美和美国的关系很密切，美国在拉美有很多利益，以哥斯达黎加来看，美国是我们第一大贸易和投资伙伴、第一大游客来源国家。但在全球化的今天，多元化的关系有其发展空间，我们需要应对中美两国各自对我们发展的价值，需要和两国都建立良好的关系。就我负责的贸易和投资方面看，当然中美存在不小的竞争，但有很多互补，我们看到更多的合作。未来，我们面临很多问题，需要合作解决。我们认为，全球秩序随着发展会找到其平衡。

　　哥斯达黎加是一个中立的国家，没有军队，和两国关系均良好，我们平等看待与中国和与美国的关系。


　　　　在你吸引中国投资中，遇到的最大挑战是什么？是中国对拉美的不
　　　　了解？还是中国企业拉美战略的缺乏？抑或签证等其他问题？


**莫　拉**　如果要我从前两个假设中做出选择，我觉得第一个更准确。中国企业很有雄心，管理体系不同，它们正在学习如何走向海外，这对中国公司管理层而言是个比较新的阶段。哥斯达黎加国企很多，中国国企很多，可能这是需要调整的地方，管理国企和私企不同，我们得增进相互了解。

　　当然还有文化和惯例上的差异，但慢慢，企业层面上很多商业行为和预期会趋同。我对中哥未来关系十分乐观，未来会继续有重大进展。

# 中智合作为拉美提供经验

智利农业部部长：富尔切（Carlos Furche）
记者：王玲

　　富尔切毕业于智利南方大学，农学工程师，社会科学拉美美洲委员会的社会学硕士，国际学者和顾问，专注发展政治贸易和农业。

　　近年来，中国和拉美国家的合作中，不常被注意的农业扮演着重要角色。2013 年首届中国—拉丁美洲和加勒比农业部长论坛在京召开。2014 年 7 月，国家主席习近平出席中国—拉美和加勒比国家领导人会晤时，倡议六大领域合作，农业同能源、基建等均在其列，同时中方宣布将正式实施 5000 万美元的中拉农业合作专项资金。

　　拉美众多国家中，位列 OECD 国家的智利亦同中国有着越来越多的农业合作，且视为中拉合作的典范。官方数据显示，2014 年一季度，智利对华出口近 50 亿美元，与上年同比增长 22%，其中水果出口增长 30%，三文鱼增长 52%，瓶装葡萄酒增长 32%。此外，两国已互设农业示范农场，在农业技术方面的合作持续推进。

　　对于中智农业合作，两国官方感到满意，中智示范农场尤其被视为中拉农业合作的成功典范。2014 年 9 月，到访中国的智利农业部长再同中国签署系列合作协议，涉及坚果和鳄梨等。从红酒到水果等，智利何以成功出口中国众多农产品？农业在中智关系乃至更广泛的中拉关系中扮演何种角色？跨太平洋伙伴关系协定（TPP）农业谈判进展如何？

## 中智农业合作堪称典范

**财新记者** 近年来，智利出口到中国的农产品越来越多了，智利是如何成功做到的？

**富尔切** 我认为有两个因素，首先中智两国关系很好，其次是智利农产品的高质量，这也是智利在国际市场上最重要的优势，智利最近成为法国、西班牙、意大利之后全球第四大葡萄酒出口国，酒的种类也很多。智利同其他国家签署的自由贸易协定让我们能够进入很多重要的市场，关税得以减少，这些因素合力使得智利能够出口越来越多的酒。

如何评价智利和中国目前为止的农业合作？

**富尔切** 我的评价很高。首先，言及贸易，中国目前是智利食品出口的第三大市场，我觉得可能五到十年内，中国可能成为智利第一个食品出口市场。我们同中国官方关系很好，尤其和质检部门，譬如最近我们同中国质检总局副局长苏大伟会见，他说智利有更多元的农产品可进入中国市场，我们现在出口中国一些重要水果、家禽、猪肉、乳制品等，可能未来会有牛羊肉出口中国。

自由贸易协定作为一个整体的协定，在逐步打开中国的食品市场，这一市场不同于其他市场，我们得和不同部门，如负责监管、卫生的部门打交道，这是中智自贸协定生效 8 年来我们经常的工作。中国和智利签署了关于提升农业合作水平的五年规划的合作文件，这次我们还和质检总局就卫生和植物检疫签署了未来两年行动计划，给未来技术合作规划好了蓝图，这很重要。

除了同智利的农业合作，中国同整个拉美的农业合作均有所增强，如何看待农业在中智和中拉关系中的角色？

**富尔切** 中国和智利在农业方面的合作可谓典范：既在政治层面有良好的合作，也在技术部门和专家之间有良好的合作，同时私营部门的合作也很好。举例来说，随我来华的是一个庞大的私营企业代表团，这显示出合作的意愿。

在发展同中国的关系中，很多拉美国家视智利的工作为经验来源，我不是说智利就是一个可模仿的模范，但中智合作模式可以提供理解，或避免智利犯的错。中国和智利的农业合作确实有利可图。

那么中国如何从这一有利可图的合作中获益？

**富尔切** 我觉得，中国最大的收益是拥有智利这样的国家提供高质量的产品，中国消费者将是最大的受益者。

中国和智利的农业合作需要深化，双边贸易迅速增加，现在我们需要探索其他合作的方式，主要在创新、农业科研、相关服务等方面。从生产者到消费者这之间的链条很长，这一生产链中的每一步都有经商机会，改善其中各个环节是未来中智合作要做的。

随着中国进口越来越多的智利农产品，农业合作似乎正在成为两国合作中的亮点？

**富尔切** 我确定未来很多其他的智利产品将出口到中国。中智农业合作不仅仅是贸易，关乎经济合作、关于战略合作，智利做好深化这一关系的准备了。

你对中智农业合作的未来愿景是什么？

**富尔切** 我的愿景就是扩大贸易规模，并使其多元化。秘鲁已经向中国的上游出口商打开了市场，这是一个双向过程。但中智农业合作的进入下一步在科研、技术创新、服务、投资。

## TPP 不开放农业市场难

农业是 TPP 谈判中的重要部分，最新谈判进展如何？

**富尔切** 这周在越南正在开展最新一轮的谈判，我还没时间了解谈判结果。在 TPP 这样的谈判中，农业会成为一个复杂的问题并不让人惊讶。对智利来说，还有更复杂的问题，比如美国在知识产权、金融监管、环境等方面的标准。日本很保护自己的农业，但不大幅开放农业市场，就不可能达成好的协议。这不是针对日本，加拿大也是。

智利在 TPP 谈判中情况很特殊，智利是目前 12 个谈判国中唯一一个同其他 11 国都签署了自由贸易协定的国家，所以，对智利而言，签署 TPP 后的贸易优势可能很小。

你是说农业不是智利在 TPP 谈判中的首要考虑事项吗？跟你提到的其他问题相比？

**富尔切** 农业当然是我们的优选事项。日本、加拿大市场都我们对很重要。

TPP 本来说去年底达成，现在说今年底达成，你觉得可能性如何？

**富尔切** 我不知道，TPP 谈判尤其复杂。我不太确定，但今年要完成，在我看来，或许很难，真的很难。

如果 TPP 关于农业部分条款被打折，智利会签署协议吗？新西兰公开表示如果不能全面开放农业市场，应该将日本从谈判中剔除出去。

**富尔切**　我知道新西兰的立场，我也跟新西兰的贸易部长谈过。和智利一样，农业也是新西兰非常重要的产业，任何贸易协定中，农业都不是例外。所以，新西兰官方如此表态，我一点都不感到惊讶。很显然，新西兰的主要利益就在农业。

如果美日就农业达成一个较为妥协的协议，以此推动 TPP 前进，智利会作何反应？

**富尔切**　我知道美国农业私营部门的立场，他们表示支持 TPP 唯一的利益在于日本农业市场的开放。我觉得，如果不开放农业市场，美国很难和日本达成协议。一旦日本向美国打开农业市场，其他 TPP 国家当然会想分享这一市场。

中国是智利最大的贸易伙伴，日本是智利最大的投资来源国，中智农业合作和日智农业合作显示出何种不同？

**富尔切**　像我说的，中国是美国、欧盟之后智利第三大农产品出口市场，智利出口的四分之一去了中国，中智合作和日智合作很不同，中国是全球经济增长的主要引擎，拉美国家中，智利同中国的经贸关系更深，智利对华出口是巴西之后拉美第二（巴西的经济体量是智利的八九倍）。未来，对拉美而言，和中国的这种互动更重要，和日本的互动或会趋弱，因为日本经济增长缓慢。日本同智利关系很久，对智投资主要在矿业和能源。我们希望中国会成为智利经济的投资者，投资矿业、能源、服务、林业、农业等，基建方面也有很多机会。

# 我们的改革并非出于短期政治利益

墨西哥驻华大使：温立安（Julian Ventura）

记者：王玲

温立安 1990 年加入墨西哥外交部门服务，2006 年被墨西哥总统任命为职业大使，此前曾任墨西哥外交部负责北美事务的副部长，亦曾主管亚太事务。

中国全面深化改革之际，拉美重要经济体墨西哥也大刀阔斧进行着改革。

自 2012 年底宣誓就职，两年不到的时间里，墨西哥年轻、帅气的总统恩里克·培尼亚·涅托（Enrique Peña Nieto）陆续推出 11 项重大改革，涉及教育、能源、电信、财政等多个领域，平均每两个月发起一项改革。至 8 月 20 日，培尼亚撰文，称 11 项改革议程全部完成。这一墨西哥改革速度，令外界印象深刻。

其中，能源改革被视为墨西哥此番改革的基石，因肩负使命众多而被视为改革之母。又以墨西哥能源国企 Pemex，即国家石油公司的改革最为期待。改革前，由于国企 Pemex 的存在，墨石油行业的封闭会被拿来与朝鲜并提——勘探、生产、加工、运输、和仓储全由 Pemex 一手掌管；改革方案意在破除 Pemex 的垄断，为墨西哥能源行业注入更多市场的元素。

通过改革，墨西哥政府欲将 Pemex 打造成世界顶级油企；更为重要的是，作为一项综合改革，墨西哥希望用能源改革为经济添柴加

火，吸引外资，到 2018 年和 2025 年，新增就业岗位分别达 50 万份
和 250 万份；经济增速分别额外增加 1% 和 2% 左右。一些观察人士
眼里，对于经济已触底的墨西哥来说——2013 年经济增速仅为 1% 左
右，并不难实现提增的目标。

　　诚有效实行，似乎改革将给墨西哥带来大好前景。但墨西哥总统
的支持率却在改革如火如荼之时有所下降，改革第一年的经济增速亦
堪忧，如何看待改革中的这些现象？墨西哥又如何能短期内发起多项
改革？未来改革成功靠什么？

**财新记者** 如何看待墨西哥能源改革的速度？

**温立安** 影响广泛的改革从来不易，也不会很快。中国及其他新兴国家的经
验即是很好的证明。在墨西哥的关键领域，如教育、财政政策、电信、劳务等，
培尼亚总统向墨西哥国会提出了 11 项雄心勃勃的改革。经墨西哥主要政党国
会代表的的充分讨论，这些改革悉数通过。能源改革是墨西哥改革议程中关键
的元素。

　　墨西哥能源改革不到一年就实现了，其中涉及修改墨西哥宪法。宪法是我
们的最高法，对法案的辩论及如何通过的具体程序作出了规定，是对墨西哥历
史经验的总结。凝聚必要政治共识以取得进展是改革过程中的关键环节，也是
颇具挑战的部分。毫无疑问，墨西哥作为全球第十四大经济体，改革的一个原
因是让墨西哥能源行业成为经济发展的引擎而非障碍，这一障碍让消费者和企
业承受了过高的能源价格，但石油产量却在持续下降。

　　改变石油产量下降之势仅仅是能源改革众多被强调的具体因素之一。据估
算，过去八年，墨西哥原油产量平均每天减少 100 万桶/天（一年约 4890 万吨）。
其他因素还有获得必要的投资和技术，以开发我们巨量的深水和非传统资源，
包括页岩气（墨西哥国家石油公司 PEMEX 的主要优势在于浅海油田的开发，

而墨西哥的页岩气储量被认为是全球第六）。新的立法给私人和外国投资创造了新的形式，同时明确保持了墨西哥对自然资源的主权。

墨西哥能源改革当下及未来最大的挑战？

**温立安**　当然，改革路上有过挑战，如需要在政治上达成必要的共识，同时也需要解决行业转型中众多技术和法律问题，而此前墨西哥能源这一复杂的行业完全对外资封闭。

我认为墨西哥通过此次改革展示了其作为一个全球经济领导者所必备的战略眼光。下一步的目标，是迅速有效地执行新的法律框架，墨西哥政府已经迅速行动，为下一步工作制定清晰的时间表。

墨西哥能源改革被视为墨西哥该项改革的基石，如何保证改革成功？

**温立安**　得通过对改革措施有效率地贯彻落实。始终得铭记于心的是，墨西哥能源改革是一项综合的体制改革，其重要特征包括树立新的法律框架、给国有石油和电力企业建起新的公司治理结构、修改税制以减轻 Pemex 财政负担、立法让油气收入投入到改善公共服务、降低油价和电价中去。

除了能源改革以外，墨西哥现任政府也在教育、电信等方面进行改革，而这其中部分改革前任总统也曾推进过，现任政府是如何在这么短的时间内进行众多改革的？

**温立安**　政府、政党、公民社会以及其他相关方都逐渐认识到：经历多年增长缓慢后，墨西哥亟需大幅提高经济增速及国家竞争力、让人民受益。这一共识提供了改革必要的动力以及持续的政治意愿。

尽管墨西哥推出众多改革，但经济增速 2013 年降至 1%，创近年新低。如何看待改革及其成效？

**温立安**　改革成果的积极效应将在中期和长期得以显现。国会通过的法案意在给墨西哥提供成功应对 21 世纪挑战的工具，改革正当其时。今年墨西哥经济增速预计在 2.7% 至 3% 左右，明年预期经济增速还将更快。最近通过的整套改革方案及全球经济的复苏都可能加强墨西哥改革的积极效果。仅考虑墨西哥能源改革的效果，预计到 2018 年，经济增速可额外增加 1%，到 2025 年额外增 2%。

随着墨西哥改革的推进，改革派总统培尼亚的支持率却在下降。如何看待这一现象？

**温立安**　墨西哥开展的改革并非出于短期的政治利益，而是长期的愿景，以给墨西哥经济提供增长、并能够在全球经济中竞争的必要工具，从而加强墨西哥经济和社会发展，通过向人们提供更多更好的就业岗位、更好的教育和医疗机会、更低的能源价格，提高人们的福利。这些改革不是单方面的举措，其积极影响将慢慢被感受到。

如你所说，中国和墨西哥都在进行结构性改革，而中国的国企改革就被认为推进得过于缓慢，如何比较看待中墨的改革？

**温立安**　中国和墨西哥改革都出于同样的目标：保证经济改革的成果惠及不论是居住在乡村还是城市里的人民群众。两者都力求改善目前的规章制度，以平衡市场和国家的角色。墨西哥的国企正在通过改革转变为"生产性国企"，即为保证其良好的财务状况及改善企业管理提供条件，而中国早已根据自身国情着手其改革了。

# 重建埃及

埃及 50 人修宪委员会主席：穆萨（Amr Moussa）
特派记者：倪伟峰

现年 77 岁的穆萨是埃及最资深的职业外交官之一。在穆巴拉克时代，穆萨曾担任埃及驻外大使多年，随后担任阿拉伯联盟秘书长一职。无论是在旧政权，还是在新政府，穆萨都是一名活跃人士。

2011 年，他与穆尔西同时参加总统选举，最终名列第五。虽外界传言其和前总统穆尔西不和，但穆萨对财新记者说，他曾多次向穆尔西提议如何重振经济，包括邀请中国在内的发达经济体和新兴经济体到埃及寻找投资机会。只可惜，民选的穆尔西只是昙花一现。在穆尔西政府 2013 年 7 月被军方罢黜后，穆萨重新回归埃及主流政治圈，被临时政府任命为 50 人修宪委员会主席。2014 年 1 月，这部宪法以 98% 的支持率通过公投。穆萨认为，这部新宪法和穆尔西时代的宪法有本质的区别。"过去的两部宪法之所以失败，是因为它们均拒绝了埃及人应得与需要的尊严与自由。这两部宪法都受到了人民的抵触。"他在今年 1 月 8 日的《纽约时报》上写道。

不过，虽然埃及宪法中说国家保障公民权益，倡导法治与公平社会，但眼前发生在埃及的大规模政府抓捕异议分子行动以及军方主导的政治话语生态，却让许多观察家担忧，埃及又将重回军政独裁。

2 月初，财新记者在其位于开罗的办公室专访了穆萨。这也是埃及军方在公开推选塞西（Abdel-Fattah El-Sisi）参选下一届总统后，

埃及高级官员首次接受国际媒体访问。采访中，穆萨谈及他为何支持
塞西，下一届政府面临的最大挑战，如何重振经济，穆斯林兄弟会，
以及中国投资将如何改变埃及经济现状。

## 穆尔西以后

**财新记者** 目前，埃及社会分化严重，有人支持临时政府，有人怀念穆尔西统治，并认为军方的干预是一场政变。这种分化该如何弥合？

**穆 萨** 通过宪法。我们都将在宪法限定的范围内工作。埃及的所有团体，包括穆斯林兄弟会，都有机会参与埃及的政治进程，并使用宪法赋予他们的自由与权利。这部新宪法，反映出 2011 年 1 月 25 日与 2013 年 6 月 30 日的革命精神。我们有理由感到乐观。

你是埃及少数的职业外交官之一，并曾参选 2011 年的总统选举，与穆尔西抗衡。这次，你却在选举前公开支持塞西参选。塞西并没有国家治理经验，你为何认为他更有资格领导国家？

**穆 萨** 首先，埃及民众对塞西的支持、信心和信任是我支持他的主要原因。面对埃及和穆斯林兄弟会目前所处的困境，我跟埃及民众一样，考虑到塞西的行动和政策，所以决定支持他。塞西像普通埃及人那样问这样一个问题：我们是否还能承受又一年糟糕的国家治理？塞西的回答和大多数普通埃及人一样，不能。同时，我们不能给那些置埃及于不顾的人任何机会。所以，大家普遍认为，塞西是现状下最合适的国家领导人人选。

你说到"人民的支持"，但我们看到的是，反对塞西的异议分子被

捕，外国记者被抓，甚至受审。这些是否和"人民的支持"矛盾？

**穆　萨**　你刚才的说法是在认定塞西造成了目前的暴力冲突。临时总统曼苏尔几天前曾表示，这个问题需要用不同的方式来解决。他要求对这一事件负有责任的人，尽快释放遭到无故拘押的人，并加快展开必要的调查以避免类似事件再次发生。所以，曼苏尔事实上已宣布了必要的措施，来解决你刚才提到的问题。而我的答案也会是如此。

目前，埃及社会是一个转型时期，充满着对峙与暴力，因此，政府需要采取一些必要手段予以对应，但这会，也应当很快结束，埃及将重新回归一个正常社会。

在你主导起草的这部新宪法中，军方仍然是一个主要的力量（比如平民可以在军事法庭受审）。在这一前提下，埃及如何建立一个真正的民主体制？

**穆　萨**　新宪法跟此事无关。军方是埃及的主要机构之一，一些人认为，军方获得了优于其他机构的权利，但宪法并未赋予军方任何特权。武装部队最高委员会宣布同意塞西辞去国防部长职务，并允许他与其他候选人一起竞选总统，总统任期最多八年。我们接受这一过渡期的安排，因为埃及现在正处在特殊的时期。

军队受到攻击，恐怖行动也直接针对军队官员、士兵和军队设施等等。考虑到目前埃及的安全局势，这是我们认可的一个临时过渡安排。

我们支持塞西，其实是支持他作为武装部队总司令、前元帅的身份。现在他能以独立的公民身份参选总统。塞西并不是惟一一个竞选总统的军官，在很多国家，都有军官在退休后竞选总统的例子，比如美国的艾森豪威尔、法国的戴高乐。只要你辞去军方职务，受到民众的喜爱，你也有很好的表现，那么，我们就会支持你竞选。

　　新宪法规定，一届总统任期为四年，并在文官制度下领导，我们认为这是没有问题的，因为我们希望埃及向民主的轨道上发展。

　　　　有分析认为，脱下戎装的塞西与前总统穆巴拉克并无太大差别。穆巴拉克上台前，他也是有民意支持，但最终统治了国家 30 年。

**穆　萨**　这只是一小部分人的想法。埃及大多数民众相信，在目前的局面下，以及在我们前不久通过的宪法框架下，埃及的局势会回到正轨。前总统穆巴拉克是在不同情况、不同时代、不同宪法之下，以不同的方式在治理埃及。而塞西是在埃及革命发生后登上舞台，此革命拒绝任何政权的镇压。

　　在缺乏宪法保障的情况下，埃及革命接连推翻了穆巴拉克和穆尔西两任总统。所以现在显然是一个新时代，埃及民众期待新的治理。我相信塞西会在宪法框架下，根据当前局势行事，这是穆巴拉克时代不具备的条件。

## 重建埃及

　　　　塞西在下一任政府中的首要任务是什么？

**穆　萨**　重建埃及。通过制定一个发展路线图，内容涉及政治、安全、经济、社会发展等因素。在我看来，经济和安全是下一届政府面临的最大问题，对此我们需要做出迅速反应。

　　　　在经济问题上，目前埃及经济大幅依赖海湾国家的资金支持，同时财政赤字也很高。埃及如何改变这种现状，并且自给自足？

**穆  萨**  埃及自给自足的关键问题是要有良好的国家治理。埃及的问题一直源于糟糕的治理，不考虑国家的首要任务是什么。我相信，下一届政府会改变这一现状，明确首要任务：经济上，我们缺钱；安全上，我们需要一个稳定的社会。因此，在下一届政府就职后，我们将看到一个良好的方案和行动，来解决这些问题。

在穆尔西政府期间，我曾建议他召开一个国际性的会议讨论埃及的经济问题。我曾建议邀请世界银行、国际货币基金组织（IMF）、八国集团、欧盟、海湾国家以及中国等。这是帮助埃及重振经济的方法之一。同时，我们也将继续开放旅游业，招商引资。在下一届政府当选后，他们需要重建埃及的经济，复苏旅游业，吸引包括中国在内的外商投资，包括苏伊士运河这样的大项目。我们希望在未来的投资者中，不仅有西方的投资者，更有来自亚洲，尤其是中国的投资者。

重建国家，不仅是经济问题，还有社会、教育问题等。我们任重道远。

你提到了 IMF。埃及曾向 IMF 寻求 48 亿美元的贷款协助，但最终因改革问题无疾而终。新政府是否还将继续与 IMF 的讨论？

**穆  萨**  这取决于下一届政府的计划。但我们不能抵制 IMF，而是正确地看待 IMF。同时，这也将成为埃及如何与国际经济体系打交道的要点。

前总统穆尔西 2012 年访问了中国，中埃两国也签署了几个大单。新政府将继续履行这些合同？三年前革命中蒙受损失的企业，是否会获得赔偿？

**穆  萨**  当然。只要是埃及政府签署的，无论是谁领导的政府，都会照样履行。至于赔偿，要等下一届政府讨论，看哪些应当赔偿。下一届政府，应当讨论所有问题。

在我采访你之前，我和一个在埃及的中资企业负责人交谈过。在"阿拉伯之春"以后，公司的大部分员工都撤走了，然后一年内换了多个交通部长，现在生意惨淡。这种情况何时能够改变？

**穆　萨**　我希望在未来的五个月可以。我们很快将举行总统选举，然后是议会和地方选举，开始重建国家的制度。一旦埃及稳定下来了以后，中国投资者就会重新走上正轨，其他的投资者也会重新回来。

从来没有一样东西叫作"阿拉伯之春"，但阿拉伯国家的变化会继续。很快，埃及就将有1亿人口，在整个区域内算是很大的数量了。这也就意味着，中国投资者将会有一个更大的市场来投资。

在军方罢黜穆尔西的半年间，恐怖主义行动正在埃及上升。临时政府为何没能有效阻止这些行为？

**穆　萨**　埃及安全局势的动荡，主要因为我们现在的政府不能有效运转，这是穆斯林兄弟会治下的遗留问题。但这也给一些人提供了采取恐怖行动的可能，让他们有机可乘。

同时，西奈半岛的安全局势也因此恶化，恐怖分子可以不受约束地在这一区域活动。这导致了目前的局势，也在预料之中。

总之，一个稳定的政府会改变现状。不过，光靠塞西一个人是不够的，未来五个月，埃及必须建立一个稳定的政府。

未来，穆斯林兄弟会将在埃及扮演何种角色？

穆　萨　这取决于他们自身。宪法并没有限制他们，或者任何埃及公民。

　　　　临时政府将其称为非法恐怖组织，他们如何参与呢？

穆　萨　将其列为恐怖组织是一个政治宣言，针对他们的恐怖主义行为或是在许多城市实行的暴力行为。这对任何人都是不可接受的，这些行为旨在扰乱社会安全。但其他人，都可通过这部宪法的保障，来获得自由与民主。

　　　　若穆斯林兄弟会愿意，他们可在议会与其他选举中推出候选人，但要明白，实施暴力是不可接受的。要想参与到埃及的转型中，他们需遵守宪法与路线图。大门一直向他们敞开。

　　　　新政府上台后，埃及在区域中的角色又将如何定位？

穆　萨　当我们的国家重回正轨，宪法被充分实施后，埃及将重新回到其在阿拉伯世界的角色。我相信，整个区域与阿拉伯世界都需要埃及的回归。尤其在目前阿拉伯世界和中东变革的过程中，这是需要发生的。

　　　　埃及革命发生以来，美国的角色备受指责。新政府上台后，埃及将怎样与美国打交道？

穆　萨　我一直相信，我们需要与美国有最好的关系。过去几年，我们的关系遭遇了一些困难。但正确的做法是，两国要更加努力，让关系回到正确的轨道上，这也将确保两国人民的尊严与相互利益的最大化。

*记者龙周园对此文亦有贡献*

国际组织篇

▶▶▶

# 优雅前行

国际货币基金组织（IMF）

总裁：克里斯蒂娜·拉加德（Christine Lagarde）

记者：胡舒立

自 1945 年设立，国际货币基金组织（IMF）在过去近 70 年中，屡屡扮演国际经济、金融危机"救火队员"的角色。3 月下旬，IMF 总裁拉加德（Christine Lagarde）到访中国三天，会见了中国国务院总理李克强、央行行长周小川等多位高层领导人，并在中国发展高层论坛期间三次发表演讲。她对于中国改革及中国全球角色的期待不言而喻。

作为 IMF 历史上首位女总裁，她怎样看待中国经济改革的挑战？她如何管理世界最有权势的金融俱乐部？这位"律政俏佳人"为何能够屡次转型成功，并兼顾工作与家庭？

自 2011 年上任以来，拉加德统领着欧洲"三驾马车"之一，救危机深重的欧洲各国于水火。三年来，爱尔兰、葡萄牙、西班牙等国逐个"毕业"。下一站是乌克兰。3 月 27 日，IMF 公布了一项规模为 140 亿美元至 180 亿美元的对乌援助协议。

**财新记者** 中国的经济增长在头两个月里放缓显著，一些市场人士对未来抱有相当悲观的态度。你怎么看待这一情况？

**拉加德** 中国的增长只是放缓了一点点，从 7.7% 到 7.5%。我们不认为这是一个很大的问题。鉴于中国经济增长的趋势，增长速度随着时间推移缓慢下降是很正常的。更核心的问题是增长的质量、好的货币政策调整、对信贷增长的控制，以及贯彻三中全会列出的改革项目，这些都将有利于中国经济中长期的稳定。

早在 2010-2011 年，IMF 就曾对中国的影子银行体系和地方政府融资平台问题提出过警告。你认为事态是否在向一个好的方向发展？

**拉加德** 影子银行的扩张几乎总是伴随着（金融）监管和监督的逐步加强，这不仅仅是中国出现的状况，在美国也是如此。影子银行无疑可以是有益的，但它必须被有效监管和监督，因为它确实会显著增加货币量。

如何平衡打破刚性兑付的需要和保证金融稳定？

**拉加德** 市场规则意味着投资者可能会获利，也可能会遭受损失。已经出现的企业债违约，以及将来还会发生的债务违约，事实上正是市场机制在起作用的表现。

金融活动不仅有积极的作用，也会带来不好的方面。人们必须合理测算和评估它们开展的金融活动的风险。人们不应该还未理解潜在的风险就去购买债券或是利用互联网金融。违约已经出现的事实——无论对于那些承担损失的人来说多么痛苦，在我们看来都是一个健康的发展。

互联网金融和 P2P 融资在中国正蓬勃发展。关于金融创新，中国有什么需要注意？

**拉加德** 金融创新可以是好的，但也会带来风险。我认为金融创新带来的风险需要被重视，需要被解释，人们应该谨慎对待它。互联网金融就是一例，人们需要谨慎对待这一快速繁衍的实践。树大终不遮天。

中国人民银行正在推动汇率和利率的市场化，人们争论的焦点是推进的速度、时机和人民币国际化的顺序，你对这些努力怎么看？

**拉加德** 能从周小川行长口中听到利率市场化将在一到两年内发生，是个好消息，在我们看来这对中国是很有帮助的。此外，人民币国际化的推进也是一个很好的计划；如果能让人民币被包括在 IMF 特别提款权的一篮子货币里，那就更好了。

IMF 与中国之间并不总能达成一致，你怎样描述两者之间的关系？未来需要怎样进一步改善合作关系？

**拉加德** 要知道，朋友之间并不总会认同对方的看法，这很正常。也正是因为我们是朋友，是合作伙伴，我们才能够有频繁的对话，不时出现分歧、争论；但我们一直能够通过良好的沟通解决这些问题，我希望这能持续下去。

你如何看待乌克兰局势的发展？ IMF 将提供怎样的帮助，来确保必要的改革将会发生？

**拉加德** 乌克兰当局已经寻求 IMF 的支持及援助。我们已经进行了足够的事实调查，可以进入谈判阶段，来帮助乌克兰人民，帮助乌克兰改善经济，帮助其修复其财政状况。我们非常希望能在较短时间内协商得出乌克兰所需要的帮助，需要采取的政策措施，以及需要多少资金才能改善乌克兰目前的状况。

但我们确信，潜在的援助项目会针对性地应对乌克兰的汇率挑战，会对其财政政策以及该国必须走上的财政路径做出规定，也一定会研究确定该国重返增长轨道所需的结构性改革。

这将会是一个非常艰巨的挑战。

**拉加德**　这确实是一个极富挑战性的局面，乌克兰已经尝试了很多年。但现在，乌克兰人无疑有了一个在政治上、经济上都有深远意义的政治平台（注：指新成立的临时政府）。对于他们来说，这或许意味着一个更好的明天。

2010 年通过的 IMF 份额改革受到了美国国会的阻挠，你如何实现你对 IMF 改革的承诺，尤其是对新兴经济体的承诺？

**拉加德**　这是一项非常重要的改革，是由许多国家，尤其是所有 20 国集团的成员国共同敲定的。它的完成日期原本是 2012 年，但直到目前还未被完成。这是因为我们的一个重要成员国仍在思量，而不是在着手完成工作。我很担忧我们最终能否完成这项改革，这关乎 IMF 的信誉，因此是所有成员国的责任。这也关乎我们能否兑现对所有成员国作出的承诺，尤其是对新兴经济体的承诺。新兴经济体在 IMF 中的份额和声音必须提高，这是一项必须完成的关键性改革。

但我能做的也只有那么多，我能解释，我能宣讲，我能汇报，我可以恳求，我可以诱导，我可以表示不满；但最终，还是取决于那个国家的立法者，根据那个国家的利益做出决定，因为本国利益才是那里的利害攸关所在。

现在还有成功的机会，还是已经没有多大机会了？

**拉加德**　未来几周还有一个时间窗口。我希望能成功。但如果失败了，我们就需要审视其他的选项，看哪个对于 IMF 来说最好。

你在伦敦发表的关于"新的多边主义"的演讲令人印象深刻。

**拉加德**　各个国家的政府不仅应该关注自己的国内市场，还应该关注海外市场发生的事。因为现在，任何本国的政策和动向都有可能在海外产生影响，进而反过来影响国内市场。这就是我倡导"新的多边主义"的原因。在这样一个框架下，国家之间互相倾听意见，鉴别和衡量某国的国内政策（在海外）可能产生的影响。在这中间，IMF 可以扮演一个很重要的角色：评估我们称之为"溢出效应"的影响，然后给出不仅基于一国的情况，而且兼顾世界上其他地方的建议。

拉加德的人生由很多个"第一"组成：国际著名律师事务所贝克·麦坚时第一位女主席；法国第一任女性及任期最长的财长；国际货币基金组织（IMF）第一位女总裁。一头标志性的银色短发，一套简洁干练的香奈儿套装，再配以自信的微笑，这个在国际舞台游刃有余的法国女人，为世界女性领导力添上了一笔浓墨重彩。

你在国际货币基金组织、法国财政部、贝克·麦坚时律师事务所都是首位女性"一把手"，你的秘密武器是什么？

**拉加德**　我不认为这需要武器。但确实在一开始需要付出大量的努力，需要很大的韧性、健康的身体，以及来自家庭、朋友和团队的大力支持，因为这很不容易。

你有两个孩子，对吗？他们多大了？

**拉加德**　一个 27 岁，一个 25 岁，所以他们是富有活力的青年人——除了在他们碰到问题的时候；那时，他们会回到我的身边，就像小宝宝一样。

你怎样平衡你的家庭和工作？

**拉加德**　兼顾工作和生活十分困难，你需要去应付，去想办法，去尝试为每一天、每周、每个月做出规划，这无疑很困难。你也会感到愧疚，因为你觉得在某些事情上本可以做得更好，但是没有时间。

不过回过头来看，最重要的还是认清主次，明确首先需要处理的是什么，然后做好规划，愿意让别人代劳一些事，接受你不可能同时将所有事情都做到完美的现实。

如果你有一个女儿，你希望她成为一个什么样的人？

**拉加德**　她自己——不管那会是怎样的，但我一定会让她接受最好的教育，那样她就可以自食其力，而不需要依附任何人。

我了解到，你在融入法国政府工作的过程中并不一帆风顺。那时你是怎样改变周围的事物的？

**拉加德**　我刚加入法国政府的时候，觉得自己稍有点被排斥。当时我被法国总统希拉克选中担任财政部长，但我并不来自于（法国）政府官员主要出自的政治家社群。

在此情况下，我带来的是私人部门的行为准则、思维方式和处事方法，进而得以改变一些事情。人们觉得我和他们不一样，但我坚信多样性的价值，并保证多样性的存在：新的规则和旧的规则一样，都可以行得通。

你曾被某些法国人称为"山姆大叔"，你对此作何感想？

**拉加德** 事实上，我刚加入法国政府时，经常被称为"那个美国人"。他们认为我来自另外一个地方，做事的方式截然不同。但这是个好事，因为多样性会丰富一个人，丰富你所在的环境，带来新的做事方式、新的争取各方支持的办法、新的组织运作方式。所以我将这视为一份财富，而不是压在肩上的负担。

你怎样看待法国和美国商业和政治环境的异同？

**拉加德** 我记得奥斯卡·王尔德（Oscar Wilde)曾说过，美国以青春活力为其传统。我认为这体现在美国锐意创新，愿意接受失败，并时刻为自己注入新的活力上。但另一方面，美国与欧洲国家，尤其是法国这个我最了解的国家相比，几乎没有多少历史。由这些你能看到，两国是多么的不同。

你是如何决定回到华盛顿工作的？什么原因促使你加入 IMF？

**拉加德** 我职业生涯中的所有转变都是由当时的情况所决定的——遇上一些人，被鼓励去做某些事。在我还是一名执业律师时，贝克·麦坚时律师事务所的管理层碰上了艰难期，我受邀担任事务所执行委员会成员，并在之后担任事务所的总裁。之后，我被希拉克总统征召，担任法国的贸易部长。而在我担任法国财政部长期间，事态的发展导致一些人鼓励我竞选 IMF 总裁。我职业生涯中的每一个转折都是由时境所决定的，受身边人的影响；我从没有过多的思虑，从不提前做规划。因此，这也是一个颇为有趣的旅程。

你觉得你和你的上任们有什么不同?

**拉加德** 我是女性,他们是男性,这是一个很大的不同。

除了这个之外?

**拉加德** 除了这个?我想作为一个女性,我带来了某些新东西,可以归结为:乐于倾听然后再下结论,希望与他人达成共识,希望团体的成员能享受在一起工作,并能最终享受与我共事。我想或许也是以人为本,而不是仅关注数字——但这或许也与我的学术背景有关。

在这份工作之后,你的打算是什么?

**拉加德** 我想先做好这份工作,之后再看其他的。

记者李增新、王力为、袁新对此文亦有贡献

# 2030 年的中国

*世界银行行长：金墉（Jim Yong Kim）*
*记者：胡舒立、李增新、戈扬*

## 城镇化是中国重要战略

**财新记者** 你如何评价世界银行与中国在过去三十年的合作？

**金　墉** 我认为世行与中国的合作堪称多边机构与特定国家合作的典范。双方的合作已经逾三十载，且合作的深度不断加强，合作的成果也很惊人。我们刚还在讨论水处理和交通方面合作的纪录——过去几年我们投资逾90亿美元，结果真的很让人印象深刻。前段时间，我在四川考察道路和卫生所，那里的成果也让人印象深刻。

过去世行一直致力于帮助中国在多个领域进行机构建设和改革。展望未来，世行下一步在中国的工作重心是什么？

**金　墉** 我们世行的这次中国之行，又加深了彼此之间的关系。双方签署了谅解备忘录，准备建立一个传播知识的中心（世界银行—中国发展实践知识中心）。我们要着手的第一个主题就是城镇化，这不是简单的城市规划。城镇化当然包括传统的问题，比如首先要考虑的交通。同时，我们还会着手教育、医疗保健、社会保障等方面，这些都是未来建设大都市——包括中国政府致力打造的绿色城市需要解决的。

我们知道你此行前天会见了中国国务院副总理，会谈的时候也提到城镇化。我了解世行非常关注城镇化问题，那么你对中国新一届政府有什么期待吗？

**金　墉**　同李克强的会面令人鼓舞。他非常清楚《2030 年的中国》这份报告，鼓励我们撰写下一份旗舰报告。下一份报告就会聚焦城镇化问题。李克强对我们说的很清楚，他希望立刻开始。这份报告不仅会给中国提供新的视角，我们还希望通过搜集、分析和理解中国经验，给世界各国提供有益的战略性文件。世行与中国的关系正日益深化，城镇化这个问题上，中国下一任总理自身就很关注，他呼吁我们采取一些更大胆、有抱负的行动。

你能谈谈这份报告吗？我们对世行与中国研究机构的共同努力表示认同，但是这份报告在中国引发了争论，你怎么看这些争议？

**金　墉**　如果看报告中的六大战略方向，你会发现它们都很重要。其中让人感受最深是，这次是世行与国务院发展研究中心为主的中国机构开展的一次全面合作。我认为，中国也愿意从批判的角度审视自己，然后说，"我们已经取得了很多进步，但这还不够。"

在改革领域，中国还有更多的要做。这份报告详细阐述了对未来绿色经济的决心，也含给予更多人机会的决心。总的来看，这次的合作真的很重要，它不是又一个粉饰门面的文件，而是实打实的报告，非常中肯，有自我批评，这些都令人振奋。

你刚才提到《2030 的中国》这份报告中的六大战略方向，世行会如何帮助中国"交付"报告的成果？你认为最大的挑战来自哪里？

**金　墉**　在这份报告中所提出的一些问题，每个国家都或多或少地存在着。深化结构改革不仅是中国的问题，甚至不仅是发展中国家的问题，欧洲和美国目前也存在结构改革问题。要实现雄心壮志的目标，就意味着世界各国都需要对这些问题做出应对。

我觉得，因为中国把这些目都标明确地指出来了，在看到巨大成就的同时，不忘反思还要做什么。拿四川来说，我们都记得那场地震的破坏，看到受灾区过去四年的进展，给我一种感觉——中国能完成自己设定的目标。

我们常说不同转轨国家有不同的改革路径，中国把它叫做渐进式改革。但有时候给人一种感觉，就是改革进行得太慢了，以至于既得利益积聚、膨胀，给将来的改革制造了巨大的障碍。这个问题怎么解决？

**金　墉**　在同李克强及其他政府高层的会面中，我感受到了推进改革的坚定信念和决心。现在全世界都在关注欧洲的进展，也都看到了美国 2008 年所经历的。我认为，大部分国家都明白，继续结构改革是现在的大势所趋。每个国家都要自省。从这次与中国高层的会谈中，我深刻感受到一种继续加速改革步伐的坚定决心。

世行新的《国别伙伴战略》将未来世行在中国的工作重点划在三个领域：绿色增长、包容性发展及中国与世界的互利关系，为什么这样选择？

**金　墉**　这三个都是优先项。举个例子，我们讨论的主题之一就是中国与世界其他国家的关系。目前，我们正着眼于可共同研究的方法，也正努力寻找合适的机制，但我们想与中国合作，比如，合作非洲的发展项目。这是我们讨论的主题之一，因为中国正在非洲大量投资。世行在非洲积累了大量经验，也有很多成果。为了促进非洲的发展，如果我们把中国与世行的专业技能和资源结合起来，这将比双方分别单独行动发挥更大的作用。所以，这是我们正在努力的领域之一。

当然，气候变化和环境污染的情况不容乐观。我们知道，中国发电的70%来自煤炭。关于二氧化碳排放量，我不得不说，听到中国正在努力使可再生能源达到其能源产量的15%，这一态度无疑是对减少碳足迹的明确决心。这些目标的确很令人鼓舞，如果中国能够实现，将对全球的可持续发展带来重大影响。

能否谈谈中国背景下的包容性增长？

**金　墉**　让我印象深刻的事情是，每次会谈，中国政府的高级别官员都会清楚地对我说："你知道，中国仍然是一个发展中国家，经济增长的利益并没有惠及到每个人，这是我们未来主要的任务。"毫不夸张地说，我遇见的每个中国政府官员都会指出这一点。所以我认为第一步是承认问题的存在——中国经济增长成果没有惠及到每个人，这就需要承诺使更多人分享经济繁荣的果实。

我们谈到的一些问题，比如最贫穷的人是否能借到钱，在中国确实是个问题。我们还非常具体地论及双方如何共同努力，给最贫穷的人增加获得资金的机会。我得再次强调，最让我鼓舞的是：在指出他们认为需要改进的领域上，中国官员非常直接、十分坦诚地告诉我还有哪些工作要做。所以，我们正同他们一道，寻找解决这些问题的具体方法。我们如何保证每个中国人有机会融资？又如何保证更多的人分享中国经济增长的成果？

## 越早倾向于市场竞争越好

世行将如何在全球范围内分享中国在减贫领域的经验呢？

**金　墉**　我们已经在这么做了，在非洲开展的灌溉项目就是从我们中国项目中取的经，而且我认为，很多中国的经验都与其他国家相关：这就是我们所说的"解决方案银行"，所说的转向"交付科学"。我们希望同中国人民和中国政府做的是，真实记录中国经历的成功与失败，并对他们进行分类、组织、分析和理解，从中寻找基本原则，与其他国家分享。

让我非常鼓舞的是，中国政府一直在告诉我，这不仅仅是中国在与其他国家分享经验，中国也希望了解他国的经验。这次来中国，很高兴的是，我知道如果把其他国家的经验带给中国，中国就会对它们采取一些措施，会考虑这些经验，做出尝试或不采用。作为发展我们称为"交付科学"的中心，中国在这方面资源丰富。中国学术界和政界与世行合作，共同建立"交付科学"的承诺，着实令人印象深刻。

谈到世行与中国一道在非洲分享中国的经验，也可能存在一些困难。我们的记者在肯尼亚进行了几个月的考察和报道，深感日益增长的抵触情绪，因为一些中国企业的行为令人失望。对于改进中国企业在非洲的行为，改善中国的形象，更好地帮助非洲发展，你有何建议？

**金　墉**　我对肯尼亚这方面的情况并不太熟，但我大部分的工作经历都致力于发展问题。我得告诉你这并不简单，相反这很复杂。我是一名医生，也是一名人类学家，人类学的训练在许多方面都给我很大的帮助。谈到发展，有一点很关键：有意帮助别国发展的国家、组织以及机构，必须真正花时间，努力理解当地的情况，理解援助、贷款如何能适用于当地特定的条件。这是每个国家都要考虑的问题。

涉及到他国的发展问题，中国在这方面相对陌生。世行已准备好与中国合作，分享我们在诸多国家的有效经验。我重申一下，好消息是中国正在主动接触我们，希望与世行合作，以使中国对他国的援助尽可能发挥积极效果。

就任以来，你提出把世行从"知识银行"转变为"解决方案银行"。

**金　墉**　是的。

这一目标怎样实现，中国能起什么样的作用？

**金　墉**　我所说的世行从"知识银行"转变为"解决方案银行"是说存在这样一种误解，人们误以为世行要做的就是生产数据或进行研究，继而生产知识。然后世行把报告交给各国，那么各国就知道怎么去做。但我们知道的是，数据的生产和信息的提供只是开始，关键在于帮助各国理解特定数据集、研究的内涵，然后让这些知识在特定国家的国情之下发挥作用。好消息是世行有很多这方面的人才，他们大部分的职业生涯都在做这些工作。他们不仅生产知识或从事研究，还把已有的知识带去各国，帮助各国产生实践成果。

在中国，我同样也发现，有很多人一直专注于执行、实施和传播，也有很多人业已积累了很多重要的实地经验。这关乎我们希望如何合作：要产生我们期望带给人民的结果，不仅在于知识的生产，还在于保证他们能在特定的国情之下产生好的效果。

那么"解决方案银行"应当包含，把外部的援助转变为内生的增长和发展动力吧？

**金　墉**　正是如此。世行从很多国家听到的是，"我们已经看过你们所有的研究，但是下周我们该做什么呢？就下周要采取的促进增长和减少贫困的措施，这些研究对我们有何意义？"这是问题的关键所在。世行提供了研究报告，但并没有真正有所强调，在奖励和激励这些国家取得成功的方面，世行做的也不够好。这是世行目前内部在改进的，也是应各国要求在做的。

我在南非的时候，南非方面要求我们帮助他们将政策转化为有益于人民的实际成果，所以我们也参与了南非知识中心的工作。在与世行合作这种"解决方案银行"的构想中，中国提出的想法非常具体，也是这方面最具合作、最具前瞻性的国家。

其实这种理念并不复杂，它可以追溯到教育的伟大传统。美国著名教育家杜威（John Dewey）教导我们，做事情最好的方法就是实践，做的时候要有个导师在一旁指导。所以，世行打算不再一味开讲座，给人们发研究报告，而是真正与他们一起工作，并通过这种方式在"做中学"。我们其实已经做了很多。我只是尽力把经验和理解带给全世界，让人们了解这就是我们正在做并渴望有更多进展的。

*中国的一些产业发展迅速，可能受到了所谓的"产业政策"的影响，而《2030 年的中国》对这种产业政策的做法，在总体上并不否定。但这些模式是否也适合其他的发展中国家？*

**金　墉**　历史上，我们看到很多国家从强有力的产业政策转向更加注重市场导向的增长。这当中我最了解的是韩国。对于韩国经济增长有很多种解读，但是我认为最主要的一种解读是韩国确实有过产业政策，但存在的时间相对较短，很快就转变为更加偏向市场的体系。另外，即便是在韩国实施产业政策的时期，它也鼓励国内企业竞争，大的商业集团不得不相互角逐。实际上，韩国企业内部的激烈竞争，使他们在全球市场上竞争做好了准备。

　　每个故事都是复杂的，我不认为任何发展中经济体会简单地说："产业政策很重要，市场机制不重要。"每个国家的发展都伴随着产业政策和市场机制的不同组合搭配。当然，我们的观点是越早倾向于市场竞争越好，因为这有益于促进产业发展，增强竞争力。

　　　　你的背景跟过去的世行行长相比很特别，你将如何在世行利用自身独特的经验？

**金　埔**　实际上区别还不止于此。首先，我是第一个领导世行的发展问题专家；我还是第一个致力于研究发展问题，并走进全球最重要的发展机构的行长。我一直在这个领域工作，且我有把知识转化为成果的经验，这些都对我有很大帮助。这也帮助我理解世行的专家，可能更重要的是，它帮助员工理解我。他们知道我的背景。

　　　　你同时还是一名医疗工作者，将如何发挥这方面的优势？

**金　埔**　我一生从成年开始，就一直致力于全球健康领域。我第一次来中国时的身份是世界卫生组织（WHO）艾滋病防治部门主管。这是我工作的一部分，但在我全部的职业生涯中，我所在的组织并不仅仅从事健康领域的工作。我们的工作涉及健康、教育、社会保障项目，甚至是住房。所以，除了作为一名全球健康领域的从业者，我还是一名发展问题的实践者。

　　我致力于研究发展问题，这才是主要部分。同时，人类学的背景也很重要。世行共有188个成员国，了解每个国家的特定社会、政治、经济状况非常重要，这也是我们在人类学中要做的。

　　此外，另一个我认为很重要的背景是我接受过科学的训练。我是第一个受过科学训练的世行行长。当前的很多大问题，比如气候变化、卫生保健，甚至科学教育的方法都需要对科学的理解。我希望我的科学背景能帮助我处理十分复杂的问题，比如气候变化。

最后，世行将来改革的方向会是怎样的？

**金　墉**　我们从客户和世行内部听到的是，世行需要减少工作中的官僚程序，因此我们需要精简手续流程，少关注董事会对项目的审批，多注重取得实际成果。这些是我们要进行的改革。同时，我们还得修正世行内部的激励机制，给予最擅长传播知识——不论这些知识产自世行内部还是外部，给将这些知识传播到各国，并给各国带来实际成效的员工以最多的奖励和赞许。这就是我们想进行的改革。我们希望世行为人所知的是：如果一国需要帮助，以实现其最高的经济增长以及民生目标，那就来找世行吧！

王玲、Annie Mark 对本文亦有贡献

# 愿与亚投行合作

亚洲开发银行行长：中尾武彦（Takehiko Nakao）
记者：陈沁

　　与典型日本官员相比，现年58岁的亚洲开发银行（下称亚行）行长中尾武彦更像一位经济学教授，细致、务实、学术。

　　10月22日下午，在北京金融街威斯汀酒店套房内，面对满屋随行人员和桌上成摞的资料，中尾武彦对财新记者的提问即兴而谈，谈至兴起滔滔不绝。

　　中尾武彦此次访华的时间点颇为特殊，恰逢亚洲基础设施投资银行（下称亚投行）筹备风生水起。一方面亚行在本地区运营已有50年，其主要业务之一就是为基础设施提供资金支持，而亚洲基础设施领域仍存在巨大资金需求；另一方面亚行行长一职长期由日本人担任，亚投行则由中国牵头，凡此种种，使亚行与亚投行如何共处备受关注。

　　中国财政部部长楼继伟10月22日在亚太经合组织（APEC）财长会上表示，亚投行和亚行互为补充，他曾与中尾武彦多次面谈，亚行"非常欢迎中方推动亚洲基础设施投资银行建设，认为我们是互补的，而且愿意和我们联合进行项目融资，今后我们会有很好的合作"。

　　中尾武彦则说，亚投行一旦正式成立，亚行已准备好，考虑在共同的优先发展领域与亚投行进行适当的合作。"至关重要的是，在其项目和规划中，亚投行在采购和环境与社会保障标准方面采用国际最佳做法"。作为中国宏观经济长期观察者，中尾武彦对中国经济发

展非常关注，他此行在与楼继伟的会面中，讨论了亚行如何帮助中国
实施"十三五"规划；他还参加了由国家发改委与亚行共同主办的
"十三五"规划合作研究高层研讨会。

在与财新记者专访中，中尾对中国经济表现出信心。他认为中国
经济确实正向国内需求拉动转型，应推动产业升级；政府更加谨慎，
不会重复大规模刺激计划。尽管面临房地产和地方债问题等挑战，"如
果政府能够持续推出好的政策，中国经济不会出现大的震荡"。

**财新记者** 你怎么看亚洲基础设施投资银行？

**中尾武彦** 第一，确实存在对于基础设施融资的巨大需求。第二，过去 50
年亚行在本地区扮演重要角色，有人说亚投行的目的是基础设施，亚行的目的
是减贫，这并不完全正确。因为亚行最大的对外贷款是贷给电力、交通等项目。
减贫是亚行的终极目标，但是我们实现减贫的主要手段正是基础设施建设。自
上世纪 70 年代起，亚行已经从农业开始对基础设施建设给予资金援助。我们
也正在提升借贷能力，提高效率，为包括中国在内的 45 个发展中成员国服务。
第三，所有银行都应当符合国际环境和社会保障标准。第四，亚投行成立后，
亚行已经准备好与其开展合适的合作，比如共同融资。

怎么看中国经济现状？全球都在关注中国经济增速放缓，你觉得中
国政府会推出大规模刺激计划吗？

**中尾武彦** 中国今年 GDP 增速将在 7.5% 左右，这也是政府设定的目标。
尽管比金融危机期间 10% 左右的增速要低，但是中国正朝着更和谐的经济转
型，更加重视环境、社会、资源等问题，就业数据也向好。7.5% 的增速还是
非常高，虽然目前还不清楚"十三五"规划会对 GDP 增速设定怎样的目标，

但整体而言，我希望中国经济增速保持稳健。

中国增长模式正在向国内需求拉动转型。在危机前，中国经常账户盈余占 GDP 比重是 10%，现在是 2%，这意味着近期增长主要依靠国内需求拉动。2009 年所有 G7 国家出现负增长，中国 GDP 增速为 9.2%。依靠国内需求拉动，中国可以战胜一些困难。

当然，中国不能重复大规模刺激计划，不过当时那种 G7 国家全部负增长的局面也是十分罕见的。现在中国政府也更加谨慎，更关注结构改革，我认为这种做法非常正确。外部失衡得到改善，消费很重要，经常账户盈余占 GDP 比重已经调整；内部失衡主要包括过多强调投资，这部分是因为此前的刺激计划。如何提振依靠消费拉动的增长是一个挑战。消费关乎民生问题，投资则关系到未来生产力增长，但是如果过分强调投资，可能会出现过度投资的问题。

如果中国政府能够持续推出好的政策，中国经济不会出现大的震荡。

未来五年中国经济面临的最大挑战是什么？

**中尾武彦** 内部挑战包括房地产危机、地方债、增速低于预期等，外部挑战包括中东局势、疾病、俄罗斯受制裁等地缘政治问题。在房地产危机方面，中国经济增速稳定，通胀率保持在 2% 左右，在这种情况下，房地产问题是可控的。

目前地方政府债务占到 GDP 的 30% 左右，这其实是金融危机的遗产，地方政府在金融危机后加大投入。但是这一问题也是可控的。三中全会提到了地方政府和中央政府的责任分配，包括让地方政府承担更大责任。我们和中国财长谈了如何使地方政府收入更加平等，如何加强地方政府对债务的管控等。即便地方政府融资平台更加透明，也还是需要加强对债务的管控。我们还讨论怎样设计对地方债的监管。如果政策正确，房地产和地方债都不会产生严重问题。

很多经济学家都表达了对中国地方债问题的担忧，似乎曾在发达经济体出现的信贷扩张问题现在正在新兴市场蔓延，你怎么看？

**中尾武彦**　有这种担忧，也可以有些调整。的确出现一些地方融资平台破产，但也是正常的市场现象。尤其中国经济增长势头良好，并不像日本当年出现信贷危机时已处于一个增长周期的尾声，所以一面需要对信贷问题加以重视，必要时给予干预；另一面也要看到中国的信贷问题与发达经济体并不相同。

在中国经济中，如何看待政府和市场的关系？

**中尾武彦**　虽然三中全会指出市场需要在经济中扮演关键角色，但是政府还是非常重要。所谓"市场是万能"的说法是一种误解。市场是经济的引擎。如果想市场发挥好作用，需要反垄断、鼓励竞争的政策，良好的金融监管，还需要教育、警察、社会保障等公共产品（public goods），这些都是需要政府通过税收实现。

你关注人民币国际化问题多年，近期人民币国际化动作频频，你怎么看待现状以及未来走向？

**中尾武彦**　我关注这一话题七年了，自我在日本财务省任职时就开始关注人民币国际化。我认为世界第二大经济体有更加国际化的货币是件很自然的事情。在全球范围，如果能用人民币进行进出口贸易或者投资融资自然很好。这可以理解，也应该发生。人民币国际化从贸易开始，到经常账户，再到资本账户。

但是想要人民币真正国际化，中国需使国内资本市场更加自由、扩大、加深金融市场，实现汇率自由化。这尚未实现，人民币国际化将是漫长的过程。

你怎么看新兴经济体尤其是中国面临中等收入陷阱？

**中尾武彦** 亚行首席经济学家魏尚进最近说过，陷阱不仅是中等收入经济体有，任何经济体都有可能出现。低收入国家可能无法摆脱低收入，中等收入国家能否实现更高的收入是很大的挑战。

对中国而言，很重要的一点是推动产业升级，应该更以知识、创新为基础。目前中国经济发展受益于发达经济体已有的技术以及外国直接投资，随着城镇化推进，刘易斯拐点出现，工人数量增长不如以前，工资增速也放缓，如果中国不进行创新，很难保持增长。

你觉得亚太地区一体化下一步该怎么走？

**中尾武彦** 很重要的是加强贸易一体化，包括服务业，确立一些争端解决机制。同时，道路的互联互通以及地区工程也很重要，包括打通从中国到中亚、南亚的道路。地区金融一体化，出现地区债券市场。地区一体化不仅是降低关税和贸易壁垒，还要有好的政策，包括管理、市场准入、法律体系等。

你担任亚行行长已经有一年半的时间，亚行改革推进如何？

**中尾武彦** 亚行的45个发展中经济体成员中约有30个都是中等收入国家，他们都可以通过发行本国货币债券来融资。为什么还要来找亚行呢？因为他们不仅想获得资金支持，还希望得到知识支持，并寄望于亚行对于其他出资方的影响力。我希望加强亚行的借贷能力，提升效率，尤其关注地区主要经济体，比如加大了在中国的人员投入。我还希望能够加深亚行在相关领域的专业性，比如交通、电力、水等。

此外，我希望亚行能更多为客户服务，客户不必到亚行在马尼拉的总部，在地区分部就可以解决问题。

# "一带一路"看硬件也看软件

亚洲开发银行副行长：史蒂芬·格罗夫（Stephen Groff）
记者：王力为

中国牵头的亚洲基础设施投资银行（亚投行）宣布设立后颇为风生水起，截至 3 月 31 日已有 52 个国家加入，也将日本主导的另一家开发性机构亚洲开发银行（亚行）推上了风口浪尖。

去年 11 月，国内外媒体纷纷引述某英国媒体的报道称，亚行行长中尾武彦发表言论称不欢迎设立与亚行职能重叠的亚投行。早在 10 月下旬，中尾武彦在接受财新记者专访时即表示，亚行已经准备好与其开展合适的合作。

在博鳌亚洲论坛 2015 年年会期间，巴基斯坦前总理阿齐兹（Shaukat Aziz）表示，尽管美国政府对亚投行的态度有所保留，但是亚行和世界银行一直对亚投行表示支持，对这一点，"我们应该对这两个机构给予赞赏"。

亚洲开发银行副行长史蒂芬·格罗夫代表亚行出席了博鳌亚洲论坛 2015 年年会，参与了"亚洲互联新模式"等三个分论坛的讨论，并接受财新记者独家专访，讲述亚行的信念、实践与经验，也谈了对中国一带一路战略及亚投行设立的基本看法。

史蒂芬·格罗夫为亚行负责业务二部的副行长（业务二部），于 2011 年 10 月就任，全面管理亚行东亚局、东南亚局和太平洋局的业务。在此之前，担任经济合作与发展组织（OECE）副局长。他拥有哈佛大学公共管理硕士学位和耶鲁大学环境生物学学士学位。

**财新记者** 作为亚行的副行长,你怎么看中国的"一带一路"倡议?

**格罗夫** 作为一个多边开发机构,亚行的终极目标是减贫,但是主要的手段也是通过完善基础设施,亚行80%的贷款聚焦于基础设施。这是因为我们相信,基础设施的完善能帮助减少贫困。

区域内更好的连接对于亚洲的进一步发展异常重要。亚行已经通过各种方式在努力,比如发起中亚区域经济合作计划(CAREC)和大湄公河次区域合作计划,中国是这两个计划的成员国。两者都设立了基础设施建设规划,其中的很多项目是与"一带一路"要做的事高度一致的。

因此,只要目标和采取的手段有一致性,我们很愿意与中国方面合作,参与"一带一路"。

以你们的经验,在中国推进"一带一路"的过程中,有什么需要特别注意的地方?

**格罗夫** 尤其重要的一点是,好的推进不只牵涉基础设施的建设,也需要对政策面、法律层面的障碍加以应对,包括相对更为自由的人员流通。仅仅建好基础设施,未必能真正解决问题。

换句话说,不只要看硬件,也应该看软件。

中尾武彦行长在上周中国发展高层论坛期间与楼继伟部长进行了双边会谈。会谈的成果如何?

**格罗夫** 中尾武彦行长上周与李克强总理和楼继伟部长都进行了会谈,都很

成功。他们讨论了很广泛的话题，包括中国与亚行的长期合作伙伴关系、亚洲
发展基金，以及减贫基金。

两场会谈也都谈到了亚投行。亚行的立场是，在亚投行正式启动运营后，
如果保障措施等符合国际上通行的一些好的标准，我们很乐于与亚投行合作，
或是进行协作。

亚行历来与各类多边机构都有合作，亚行一般要求其合作伙伴有怎
样的实践，秉持什么样的标准？

**格罗夫**　这包括社会保障方面的实践，比如移民保障，即已存在的房子因为
修建道路或水利需要搬移，必须有合理安排。发展不能建立在一部分人的生活
境况因此变差的基础上。

这也包括环境方面的考虑，比如修建大坝会有显著的环境甚至经济影响，
这一影响有时甚至会波及几个国家。

我们认为需要最小化这些做法的负面影响。如果发展工作让很多人的处境
变差，这就不能被称为好的发展实践。

事实上，这些并不是我们昨天刚制订的保障准则，也不意味着我们知道"最
佳"的发展实践。我们之所以希望坚持这些标准，是因为这是我们在几十年的
实践中，逐步总结积累的经验，认为这对实现我们的目标有益。

中尾武彦行长在发展高层论坛期间提到，亚行在要求接受援助国改
革的同时，也要改革自身。你怎么看亚行自身的改革挑战？

**格罗夫**　任何主要的国际组织都经历了或大或小的改革挑战。很多情况下，
需要进行改革并不是因为之前的政策或是做法不当，而是因为时代和境况改
变了。

亚行寻求改革，很大程度上是因为我们意识到，需要改革来满足我们客户变化的需要。20 年之前，亚洲还是以低收入国家为主，今天已经是以中等收入国家为主。这些亚洲国家的需求、自身能力和期待与 20 年前已截然不同。

亚行目前在做的，是在内部经过一个阶段的改革，希望不仅满足地区内各国今天的需要，而且能够满足他们未来 10 年内的需要。

我认为任何机构都可以从这一现实中汲取的经验教训是，改革不是一个有既定开头和结尾的过程，改革是一个常态，是一个应该持续进行的事，来保证对不断出现的新问题加以应对，从而保持有效、高效。

能否谈一谈亚行具体在作哪些改革？

**格罗夫** 我们在做的一系列改革，包括机构、组织、管理层面的改革，目标是更高效地利用我们手中的资源。这也包括让亚行在各成员国的代表处、办事处体系变得更为高效。

一个亚行有较多经验的领域是公共部门—私营部门合作（PPP，也称政府和社会资本合作）。我了解到，一些南亚国家不同部门共同管理 PPP 事业曾导致 PPP 推进不力。中国可以从中学习什么？

**格罗夫** PPP 很重要的是考虑到公私两方各自的动机。需要承认、重视私人部门要从中获得收益的需要。PPP 在一些国家推进得较成功，但在另一些国家则不太成功。

现在，在包括菲律宾、印尼和印度在内的一些国家，已经建立起一个统一的、跨政府部门的 PPP 中心，来做项目的规划、选择。当然，最终的项目推进不需要由 PPP 中心完成。这一做法让这些国家的 PPP 得以较好地推进。当然，这一做法是否适合中国这样一个大国，还需要进一步考量。

# 中美的未来不是注定的

前澳大利亚总理：陆克文（Kevin Rudd）
记者：胡舒立、王玲
特派华盛顿记者：张远岸

　　4 月下旬一个温暖的午后，澳大利亚前总理陆克文来到财新北京办公室，接受"舒立时间"的专访。他身着灰色西装，裤脚下露出的大红色袜子连同他的红领带很抢眼。他边走边用中文和大家寒暄，微笑着同身边人握手。

　　2014 年 2 月，退出政坛的陆克文被哈佛大学肯尼迪学院聘为资深研究员，在该学院的贝尔福科学与国际事务研究中心（Belfer Center for Science and International Affairs）主持一项对中美新型战略关系可能性及影响的研究。2014 年 10 月，总部位于纽约的亚洲协会宣布委任陆克文为亚洲协会政策研究所（Asia Society Policy Institute）首任所长。

　　采访当天，陆克文刚刚发布了他的最新研究报告《习近平治下的中美关系：以建设性的现实主义，来实现中美共同使命》。他在报告中指出，试想若中国的国内生产总值在未来十年超越美国，这将是自乔治三世登基以来，第一个非西方国家、非英语国家和非自由民主国家成为世界第一大经济体。"这将深刻影响全球地缘经济重心之转移，还有随之而来的政治力量的变迁。"

　　近年来中国经济势力增强，在国际舞台上日益活跃，各方对中美关系何去何从的看法莫衷一是。美国乔治·华盛顿大学教授沈大伟

（David Shambaugh）近期提出"中国崩溃论"。哈佛大学肯尼迪政府学院教授约瑟夫·奈（Joseph Nye）在新书《美国世纪终结了吗？》中指出，若美国能够保持其开放性，中国不会终结美国世纪。

美国前财长保尔森（Henry Paulson）对财新记者解释其写新书《如何与中国打交道》的目的是为了增强美国对中国的了解，"我看到中国崛起对美国有好处的共识开始坍塌。"

陆克文则反驳沈大伟的"中国崩溃论"，认为综合考量，中国经济发展应可持续。同时，他指出习近平是一位美国可与之共谋未来的强势领导人。中国在亚洲的政治、经济和外交影响力会持续显著增强，同时中国也会成为改革以规则为基础的全球秩序的积极参与者。

**财新记者** 你在报告中称，今天中美就双边关系做出共同的战略表述不仅必要也是可能的，可否详述？

**陆克文** 共同表述很重要。美国和中国的政治体系都很庞大，中美关系中相关方很多，各方各级得明白所致力的总体框架是什么。这种框架得容纳两国之间的根本分歧，同时还得包括大量合作。

如果我用几句话总结，过去中国在和世界打交道时，核心理念是邓小平提出的"韬光养晦""绝不当头"，这理念用了35年，但现在并非如此，我们看到中国的全球政策更自信、更积极，奋发有为。因此，是时候探讨中美关系新表述了，不仅仅是听上去格调高的用词，关键是这个概念在中美语境下和中英文里都得有意义，然后才能给整体的中美关系提供一些指导。这就是我选择用"以建设性的现实主义，来实现中美共同使命"的原因。

中美有很多目标，一些是相同的，一些是冲突的。在你提到的战略性表述方面，中美如何选择共同的目标？

**陆克文** 你提到中美一些目标是冲突的，没错，但要记住，我们面对的是有阴阳传统的中国文化，因此中国能办成那些看上去有冲突的事件。报告封面上，中美国旗同在一幅阴阳鱼太极图中，这个设计是我坚持的。

中美在一些问题上有根本性分歧，比如对台军售。这很清楚，每个人都知道对方的立场。这个问题短期能得到解决？不行。这是现实。但同时，在中美关系的建设性方面，有一系列问题等着中美携手合作，不管是双边、还是地区性还是国际性的。如果能通过一次又一次的合作，积累足够的政治资本和外交资本，未来就可能用一些资本来解决棘手的问题。一步步建立战略互信，未来再解决那些根本分歧。

另外，尽管中美有差异，但两国都偏好秩序而非混乱。当今国际秩序受到多方挑战，有网络问题、"伊斯兰国"、全球传染病等。对于未来全球秩序，中美可能有不同的方案，但我觉得两国都想要基于规则的秩序，因为对秩序的威胁正越来越大，也成为两国共同的挑战。所以，我指的共同目标是给未来建立可持续、有效的秩序。

你提到的中美共同的挑战都是全球性的问题，而利益冲突都围绕地区性问题，你是在建议冻结这些冲突的利益、致力于建设性议程吗？

**陆克文** 我提到中美关系的现实主义方面时，至少有六七个方面预计在短期内是看不到进展的。我不认为冻结是正确的词，我的意思是中美应该建立管理每一个冲突的协议，不让任何单个冲突问题破坏整个中美关系，这对所有人都没好处。

同时，建设性方面，中美正通过双边投资协定取得双边上的进展。地区问题上，也可以协作，比如，我强烈建议发展共同的地区组织，包含所有人，不排除任何人，这是一个地区性的挑战，我觉得中美以及其他地区内的国家可以协商。

对于中美关系未来，你谈到合作也谈到对抗，每种情形的可能性大概如何？

**陆克文** 我们的未来不是注定的，而是选择的结果。领导人会做出选择，可以选择对抗，也可以选择合作，还可以选择悲观坐视。我的观点是，因为中国有强势领导人习近平，同时美国总统在外交和安全等政策上权力也很大。坦白说，他们两位有能力影响两国新的战略框架。我不是说现有的合作不够，瀛台峰会在气候变化上取得了不错的进展，两人定期工作层面的会晤，从 2013 年 6 月安纳伯格庄园开始，9 月将在华盛顿继续开展。

我说的不是未来一个月或者半年的事，也不是各种看得见的问题，长期中，中国保持崛起，美国继续强大，如何让客厅里的这两头大象和平共处？

在打造共同地区机构方面，我一直推荐利用现有的东亚峰会，虽然它现在还比较弱小。不过，东亚峰会已经办了十年了，有 18 个国家参加，在政治、安全、环境和经济方面的议程很开放，有一个友好合作协议。我在报告中指出，这实际上就给未来设定了一个更大的愿景，让东亚峰会变成亚太共同体。我认为这有一定的道理，我希望亚太越来越有作为整体合作的习惯和解决问题的文化。不要什么事情都通过双边来解决，以免让问题变得尖锐。

美国总统奥巴马 18 个月后就会卸任，他在国内已经显得"跛足"，你建议重新定义中美战略关系，这是一个大战略，意味着需要一位很强的美国总统，我们得等 18 个月吗？

**陆克文** 如果你回顾美国总统的历史，很多大胆的外交政策常常都是在总统任期最后两年出台的。我知道奥巴马总统常被称为"跛脚鸭"，但过去我也看到过跛脚的鸭子飞得很好。所以我不会低估习近平主席和奥巴马总统能做的。

战略性管理中美关系将影响 21 世纪的每个人。两国领导人是否接受这些措辞或概念取决于他们。我只是作为一个国际公民做一点贡献，这也是我现在惟一的身份。

有美国智库报告认为亚投行（AIIB）是对美国的挑战。你同意吗？

**陆克文** 亚投行从第一天我就表示支持，原因很简单，放眼亚洲，目前的基建空缺很大，亚行计算出 2010 年到 2020 年本区需要的基建投资价值 8 万亿美元。现在看世行、亚行、亚投行、丝路基金可利用的资金，连 5000 亿美元都没有。所以我的态度很务实，就是越多越好，越多元越好。如果中国希望做这些投资，欢迎。中国面临的挑战是如何使这个超过 50 个成员的多边机构获得成功。祝好运！

"一带一路"也是一样，它旨在改善全亚洲的互联互通，如果亚洲，尤其南亚、中亚、东南亚更好地崛起，这将让全球经济受益。

如何运作好"一带一路"？

**陆克文** "一带一路"倡议的一个挑战在于如何解释它。我看到中国通行的翻译是"一带一路"，这对中国人很有意义，因为熟悉丝绸之路的历史，但外国人就不太好理解。我给美国人解释这个概念的时候，就把它称作一个"泛大陆基建议程"（pan-continental infrastructure agenda）。从上海到西安，经中亚，到东南亚，抵南亚，直至西亚以及之外。

我用"泛大陆"概念的原因在于当和美国人和加拿大人讨论时，他们有 19 世纪泛大陆铁路的概念，这让广袤的地区得到经济开发。如果有一个拙见给我的中国朋友，就是用"泛大陆基建议程"或"泛大陆互联互通"的概念，因为互联互通涉及公路、铁路、港口、电信、数字通讯，这些是在建工程的基础。

运营好"一带一路"的关键在于融资。这些项目里需要的公共和私人投资何在？"一带一路"可能是人类历史上提出的最大的基建倡议。细节在于钱。问题不在于中国是否有钱投资，而是在于每个项目的一揽子金融条件，包括公共和私人投资、条件、资本回报率等。"一带一路"可以变得对中国、亚洲有益，进而对全球有益，但前途不平坦，会有人担心该倡议的地缘政治影响，对每个项目如何融资存有疑问，透明度如何，这些都是中国可能遇到的实际问题。

回到中美关系上，在守成大国和崛起大国相处上，有什么成功的先例吗？

**陆克文** 没有，我倒是会想到很多不成功的例子，即修昔底德陷阱（Thucydides Trap）。伯罗奔尼撒战争起因于斯巴达感到受雅典崛起的威胁。过去一年，我在哈佛大学的同事阿里森（Graham Allison）正做着一个很大的项目，研究过去 500 年的修昔底德陷阱，他发现了 16 个这类案例，其中 12 例，崛起大国与守成大国之间以战争告终。

你问我报告中倡议的情景有没有先例，我真找不到。不过，历史上消极的先例刺激了我，这可以追溯至基本的人性，如果用最坏的眼光看待彼此，预言会自我实现。

不过，如果我不仅仅用"阴"，还要用"阳"的一面，改变战略思维。我的报告并非基于天真的理想主义。我也不相信，我们发了报告后，中美就会走到一起合作，下一个就会宣称彼此战略互信，这不可能发生，也不现实。我所做的，是致力于通过一个战略的概念平衡现实主义和建设性二者。

我也把这份报告给基辛格看了，40 多年来，他一直是中美关系受信任的联络人，中美之间需要更多这样的人。

卸任总理之后，你去了哈佛，刚告诉我们还加入了 NGO，现在你如何定位自己的角色？

**陆克文**　我还是那个老陆，没有什么变化。我觉得自己本质上是一个国际公民。我到中国来，不觉得是出国，而是觉得像在家一样。

在美国纽约，我的感觉也一样。我就是国际公民。我感兴趣的是如何对全球现实问题的解决做出小小的贡献，这是我天生就感兴趣也很有动力做的事。全球面临的威胁包括气候变化、恐怖主义等，比彼此间的分歧要多、要大、也更具威胁。我觉得国际公民的时代到了。

# 21 世纪亚洲的挑战是保持和平

澳大利亚前总理：陆克文（Kevin Rudd）
记者：张远岸

　　陆克文 1957 年 9 月 21 日出生于澳大利亚东部昆士兰州。1981 年毕业于澳大利亚国立大学，获文学士学位，同年加入工党。1998 年，陆克文当选澳联邦众议员，并任反对党工党的外交事务发言人。2006 年 12 月，当选为工党领袖。2007 年 11 月 24 日，陆克文当选为澳联邦政府第 26 任总理，2010 年 6 月 23 日辞去职务。2010 年 9 月，陆克文出任外交部长，2012 年 2 月辞去职务。

　　陆克文是中国人最熟悉的澳大利亚政治家之一，他一口流利的普通话总让中国人感到亲近。

　　4 月 19 日，陆克文在北京出席了德意志银行智库阿尔弗雷德·海尔豪森协会（Alfred Herrhausen Society）与中科院共同举办的"构建利益共同体：中国在相互依存的时代"会议。演讲时，他不时穿插一些中文词汇，迎来阵阵掌声。

　　陆克文在演讲中指出，21 世纪亚洲的挑战是避免战争，保持和平，尤其是在中美之间保持和平。他表示，中美关系对未来战略的稳定性至关重要，尤其是在更广泛的亚洲这半球的稳定性。"这样的战略稳定性对于未来亚洲的经济增长非常关键"。

　　2008 年时，陆克文提出了"中等强国外交"，澳大利亚更加积极地参与寻求对全球热点议题的解决，加强与亚太地区和联合国的合作伙伴关系。这一策略被视作是在中美两个大国之间寻求一条中间道路。这对如今的澳大利亚是否仍然适用？中美关系又对澳大利亚有何影响？

中国一季度 GDP 同比增长 7.7%，比去年四季度回落 0.2 个百分点，经济回升仅持续了一个季度。中国今年的经济走势如何？已进入第 9 年的中澳自由贸易区协定（FTA）谈判进展如何？

**财新记者** 距你提出"中等强国外交"策略已有 5 年时间。你怎么评估这个战略？这个战略现在对澳大利亚是否仍然适用？

**陆克文** 我认为还适用。原因是国际体系中的中等强国在维持以规则为基础的体系上有深刻利益。大国通常靠自己，而中等强国和小国家则依靠体系。和小国家不同，中等强国有能力对体系做出自己的贡献。因此，我认为中等强国在世界秩序中有独特的地位。

关于我们迄今取得的成果，我们在很多方面应用了中等强国的外交政策。我们积极将二十国集团（G20）提高到峰会层面，并将几个中等强国包括到这个体系中来，尽管一些大国想要减少参与者数量。

如果你看看国际议程，比如核裁军。澳大利亚有两个计划。首先是提出建立核不扩散与核裁军国际委员会（ICNND），为 2010 年《不扩散核武器条约》审议大会做准备，这是目前世界上在（核）武器控制方面最好的路线图。

其次，通过联合国使对核裁军有兴趣的中等强国跨区域联合起来。这是由澳大利亚主导的。我们在这个领域很活跃，比如我们努力禁止核材料交易，继续倡议全面禁止核试验。再说其他领域，比如国际人道主义干涉。我们在对利比亚的全球外交上非常活跃，努力推动联合国安理会决议，实现人道主义干涉，避免卡扎菲（Muammar Muhammad Abu Minyar al–Gaddafi）在班加西大肆杀戮。我们在这个问题上很活跃。

同样，如果你看我们发起的其他倡议，比如亚太共同体，这是一个长期概念。我们积极促使美国加入东亚峰会，使所有参与者能够围坐一桌，开始讨论建立一个长期共同体的可能性。所以迄今我们的成果记录良好。由于国际秩序的结构性原因，我认为中等强国将继续在其中发挥作用。

> 中国一季度 GDP 降至 7.7%，澳大利亚经济与中国经济有很高的关联度。你如何预测中国今年的经济以及其对澳大利亚的影响？

**陆克文** 去年中国的年增长率就是 7.7%，它一开始时缓慢，但最终会更强劲。今年也是开始缓慢，同时中间还有中国新年，在这期间生产较少。中国假期越来越长，我对一季度增速7.7%并不感到吃惊。我认为中国增速将恢复至8%左右，这是一个现实的预测。

中国面临的真正挑战并不是增速的绝对水平，而是开始实施"十二五计划"中提出的增长模式转型。这对中国、澳大利亚、亚太地区乃至全世界都至关重要。同时，改变增长模式，向外国竞争开放国内服务业市场，这可以给中国带来巨大的利益。这有利于价格、效率以及老百姓获得的服务质量。老实说，这也有利于就业。

> 现在区域全面经济伙伴关系（RCEP）和跨太平洋伙伴关系协议（TPP）均在谈判阶段，澳大利亚两者都参与了。你认为这两者是否互相竞争？

**陆克文** 不，我认为他们是互补的。他们的目的是什么？是亚太地区的自由贸易。TPP 是一个很好的概念，不应该被视为遏制，很多中国人这么认为。我认为这是很好的全球化力量。从中国的角度来看，你们需要什么？需要全球更多的开放市场。欧洲人让你们失望了。你们需要多元化你们的全球市场。因此，减少亚太地区残余的保护主义对中国经济来说是件好事。在过去几年中，净出口没有对中国经济增长做出很大贡献。所以，自由贸易是中国的朋友，而 TPP 是达成（自由贸易）的好方法。所有这些概念都指向同一个方向。

你怎么看中澳自由贸易协定（FTA）谈判的进展？

**陆克文**　谈判好比是从汉代开始，现在正在经历唐代和宋代，我们还没有到清代。

你预计什么时候能够结束谈判？

**陆克文**　实话实说，我认为双方需要达成协议。澳大利亚经济对中国不构成威胁，中国经济对澳大利亚也不构成威胁。FTA 对你们有用，对我们也有用。让我们行动起来吧。

现在存在哪些问题？

**陆克文**　还是那些老问题。中国担心本国的农产品行业。如果明天澳大利亚将其全部农产品出口到中国，都不够广东一个省的人吃。我们农业的规模没有那么大。澳大利亚大部分农产品用于国内消费，约 40% 出口。说实话，随着中国中产阶级崛起，中国需要那 40% 的农产品来使价格保持在低水平。

你怎么看澳大利亚对婴幼儿奶粉的限购？

**陆克文**　我们得让我们的牛保持开心。中澳之间有很大的协同性，不仅仅是我们的奶制品，而是整个食品领域。在中国国内存在食品管理标准问题，大家都知道，中国人知道，我们也知道。因此，有很好的机会利用来自澳大利亚的大规模农产品进口，来影响中国国内的食品标准。

中澳刚刚启动了人民币直兑澳元，你怎么看待人民币国际化的进程？

**陆克文** 我认为进展很好，人民币在外汇市场中逐渐升值是有用的，中国政府表示会逐步实现人民币国际化，而不是一蹴而就。这是明智的，我认为人民币国际化正在正确的方向上发展。人民币需要进一步国际化，方式要聪明。其次，关于货币直接兑换，对双方来说好处是减少了成本。我们不必总是经过美元兑换了。我们对此感到高兴。

你在演讲中谈到了很多中美关系，这将如何影响澳大利亚？

**陆克文** 这很重要，会影响每个人。在今天的讲座中，很多欧洲人谈论了欧洲，很多拉美人谈论了拉美，很多俄罗斯人谈论了俄罗斯。我试图谈论世界。不管你喜不喜欢，美国是第一大经济体，中国是第二大经济体。美国是第一大军事强国，迟早中国将成为第二大军事强国。这是现实。很多人希望这不是现实，但这就是现实。如果中美关系发展顺利，世界是个美好的地方。如果中美关系出了问题，世界将成为一个糟糕的地方。我是个很简单的人，我在农场上长大。所以中美关系会影响每个人。我是个乐观主义者，我认为我们能够把它做好。这就是为什么我对"新型大国关系"这个概念做出了肯定的回应，我认为这是一种重新构造、重新设置、重新调整我们对待彼此所用思维的方式。

关于亚洲的挑战——避免战争、保持和平，尤其是中美间保持和平，澳大利亚作为美国在亚太的重要盟友之一，不是一个局外者。

澳大利亚政府在5月3日发布的2013年国防白皮书中，重申了澳大利亚与美国同盟关系的长期重要性。5月6日澳大利亚"悉尼号"（HMAS Sydney）防控驱逐舰的指挥官抵达日本，开始在紧张的日本和韩国海域，加入美国"乔治．华盛顿号"（USS George Washington）核动力航空母舰攻击群，为期三个月。该指挥官得到授权，在"悉尼号"受到攻击时，有反击的权利；在本身未受到攻击时，加入战斗须获得上级批准。这被外界解读为澳大利亚释放与美国同盟关系牢不可破的信号。

近年来，有关是否应将外交和安全政策重心从美国转向中国，在澳大利亚国内引发了一些争论。但至少从今年看，中澳关系基调颇为积极友好。

先是澳大利亚总理吉拉德4月5日至10日访华，两国决定将中澳关系提升为相互信任、互利共赢的战略伙伴关系。在此期间，还签定了允许澳元和人民币进行直接兑换的协议。

之后不久，澳大利亚政府在2013年国防白皮书中，明确表示"政府不把中国视为对手。相反，其政策旨在鼓励中国和平崛起，并确保区域战略竞争不会导致冲突"。而在陆克文执政时期的2009年国防白皮书认为中国是潜在战略威胁。

对于此次基调的缓和，中国外交部发言人华春莹5月3日表示，这体现了澳方对发展中澳关系的重视和积极态度，并希望澳方"继续积极看待中国的发展和战略意图"。

此后值得关注的是，基调转变是否能够成为契机，促进中澳双边关系在各方面的落实，以及在9月澳大利亚大选后，新基调是否会继续延续。

# 打破政府担保思维
# 是国企改革关键

国际货币基金组织（IMF）
亚洲及太平洋部主任：巴奈特（Steven Barnett）
记者：王玲

    巴奈特 1997 年加入 IMF，曾任 IMF 亚洲及太平洋部助理主任、常驻中国代表、常驻泰国代表。

    国际货币基金组织（IMF）2014 年度针对各国的体检报告——第四条款磋商（Article IV）又出炉了。7 月 30 日，IMF 发布与中国的磋商报告，其中不难看出它对三中全会后中国改革计划的肯定与乐观，尽管预言中期经济增速会降，IMF 认为 2014 年中国经济还是有望实现 7.5% 左右的目标。

    报告发布第二天的电话会议中，IMF 表示，尽管影子银行、地方政府债务等脆弱因素在增加，但近期内，中国经济的风险均可控。改革措施或带来近期增速的放缓（要防止过快放缓），但这对中国乃至全球都是好事。

    为何 IMF 对中国经济这般乐观？如何看待各项改革措施的落实？尤为关注的国企改革难在何处？又如何看待被视为"中国版 QE"的抵押补充贷款（PSL）？

**财新
记者**　今年和去年对中国第四条款磋商中的不同之处？今年强调哪些方面？

**巴奈特**　最大不同在于中国政府十八届三中全会之后推出了全面的改革方案。如果你看我们以前的建议，都是关于如何采取全面的改革措施，而这就是中国去年 11 月三中全会公布的内容，包括金融改革、外部改革、财政改革、国企改革、开放服务等。

　　我们强调的信息也差不多，关键在落实。目前为止，一套很好的改革方案已经在手，接下来的挑战在于如何实施。

　　IMF 似乎对中国新一届领导人推出的改革蓝图很乐观，你也持这一基调？

**巴奈特**　你可以那么说，我们当然对中国的改革蓝图很乐观，因为其中几乎包含了所有需要的改革措施。如果得以实行，就会实现目标。如何看待这一目标呢？用我们的话来说，就是实现更加平衡、包容、可持续、环境友好型的增长。

　　中国的改革蓝图谈及给市场更多决定性作用，去除经济中的扭曲因素，这些都是所需的改革措施，所以我们对此很乐观。

　　第一个挑战是提出改革措施，之后的挑战就是如何落实。

　　你具体哪些方面改革措施的落实呢？财政措施？利率？

**巴奈特**　有三个大的方面。首先是金融部门，可能这也是目前我们看到的改革进展最快的部门，贷款利率已经自由化了，接下来半年，希望可以看到存款利率自由化的重大进展，以及加强监管过程中存款保险制度的进展。监管上，五六月份我们看到了一些较大进展，监管者出台系列措施，涉及银行间交易，有些复杂。我认为底线就是限制非银行融资的能力，这些是很好的措施。此外，人民币交易波动区间扩大也是汇改的一大进展。

财政部门，我们观察到结构改革方面的进展，比如税改，将营改增扩大到服务业，地方政府债务的控制和管理方面也有一些进展，比如，允许十个试点省份的地方政府自行发行债券，我们用"关上后门，打开正门"来形容这一改革举措。目前为止，中国地方政府都通过后门融资，它们打造出很多预算外的融资平台，地方政府对这些融资的担保有时候明确，有时候是暗示性的，改革措施意在让所有融资从正门出入，允许地方政府在一定条件下直接从市场融资，同时附上良好的管理，如规定融资规模、向中央政府报告，这样整个过程就得到了更好的管控。

和中国财政部的交流中我们得知，他们有落实这些改革的计划，对此我们感到乐观，这些都是再平衡的措施。地方政府需要基建，不能说不要建了，也不是不让地方融资，而是要更好地考虑基建融资，以一种预算内并与宏观经济环境协调的方式融资。我们希望持续看到财政改革方面的进展。

第三个方面是国企改革，它和金融领域改革也有些关联。简单说，就是提供公平的竞争环境。其中，给国企和私企提供公平环境的关键在于融资机会。只要银行或投资者认为政府给国企的贷款提供担保，它们给国企贷款时就不太会考虑项目的好坏，而是考虑贷款可能有政府机构支持，这种信贷资源的分配是欠效率的。我们希望投资者或者银行看中项目本身是否可能成功。打破这一体系很难，不过需要进展。这也是金融改革的重要方面。

另一个例子就是理财产品。投资者购买的理财产品可能背后就是企业债券，同理，他们评估理财产品除了看项目本身成功可能，还看政府是否有担保。我们希望投资者评估项目本身。

国企改革的另一重要方面是开放服务业，引入更多竞争。回顾2000年初，中国的生产率大增，GDP也快速增长，这很大程度得益于90年代后期的国企改革，开放了制造业，引入竞争，同时中国加入了世贸组织（WTO），所以获得了大量国外市场份额，那时制造业有很多机会，私企都很具有竞争力，它们创造大量就业岗位，实际绝大部分就业岗位来自私企。简单来说，就是要在中国服务业复制当年制造业的开放，这将带来生产率的大幅增加，经济增长将更可持续。

> 7月的第六轮的中美战略与经济对话中，中国央行行长周小川提到一些国家央行已有相似的政策工具出台，中国的新工具需要抵押品。如何看待中国新的货币政策工具？

**巴奈特** 应该说的是抵押补充贷款（PSL）。讨论这个问题时，我们要退一步看。对宏观经济稳定和金融稳定而言，得看总体信贷增长，可以分步看，但是脑中得有整体情况的概念。大的背景是，全球金融危机以来，中国经济大量依赖投资、信贷融资。这种增长模式不可持续，它导致政府债务与GDP比、投资与GDP大增，这一趋势不可能一直持续。我们的报告认为需要转变经济增长模式，减少对投资和信贷的依赖。

以上是这一领域大体的情况，在此之内，可以采取很多措施，包括刚刚宣布的那些。PSL是向中国国家开发银行提供融资的工具，以支持棚户改造、重要基建项目等，如果同时债务持续下降，可能我们既可以看到信贷资源更好的分配，也可以看到债务的减少，这是一件好事；如果同时债务大幅扩张，那我们就不太担心这项措施，而是总体的债务规模。

> 中国央行的这一非传统货币政策工具将如何影响全球经济？

**巴奈特** 这一政策的溢出效应会产生在中国和其他国家之间，主要通过中国的实体经济发挥作用，这是一个好的溢出效应。

我们报告里的一个信息是：中国对全球经济最好的贡献是（由现在的模式）

转型为更可持续的模式、落实好改革措施。即使这很可能意味着中国经济增速近期的放缓，也意味着全球增速近期的放缓，但长期来看对大家都是一件好事，因为随着（改革带来的）中国居民收入增加，也就意味着全球需求的增加，全球其他国家将从中受益，所以这是一次很值的权衡，这也是 IMF 会一直强调的。

# 欢迎新伙伴参与非洲建设

国际货币基金组织（IMF）
非洲部主任：萨耶赫（Antoinette Sayeh）
记者：王力为

    萨耶赫曾于 2006 年 1 月至 2008 年 6 月担任利比里亚财政部长。此前为世界银行（WB）工作 11 年，职务包括世行贝宁、尼日尔、多哥等国主任，及世行巴基斯坦、阿富汗经济学家。加入世行前，她在利比里亚财政和计划部门任职。

    十月初，国际货币基金组织（IMF）发布了其一年两度的撒哈拉以南非洲地区（下称"非洲"）《区域经济展望》（REO）。在分析非洲的经济形势之外，该报告亦对脆弱国家（fragile state）和基础设施建设这两个当前热门的话题做了专题分析。

    随着中国融入世界日渐深入，中国与非洲之间的经贸活动也与日俱增，根据该报告，中国为非洲国家提供的基础设施融资在 2007 年到 2012 年间增长了近 3 倍。

    对于中国在非洲大陆上的活动，人们一方面有着诸多担忧——从最初的攫取资源、优惠本国企业的支票本政策（cheque book policy），到近来对于中国企业所采取环境及劳工等方面标准的担忧。然而也有一些非洲人认为，中国对于非洲的一些帮助相比西方国家更为实际，更切近非洲国家目前的发展阶段。

    去年以来，发达国家开始重新审视非洲的政治经济重要性。美国

总统奥巴马于今年 8 月召集数十位非洲国家领导人赴华盛顿特区参加
美非峰会。欧洲国家也曾在去年底邀请非洲领导人赴欧与会。

　　十月下旬，财新记者在萨耶赫到访北京的机会，采访了这位曾经
的非洲高级官员，谈到非洲近年的发展、面临的挑战，以及与外部世
界的互动。

## 《区域经济展望》

**财新记者**　根据 IMF 最新发布的《区域经济展望》，非洲地区的增长状况及
前景如何？大宗商品价格的下滑和中国经济增速放缓在怎样影响
着非洲？

**萨耶赫**　相比 5 月发布的上一份《区域经济展望》，IMF 对于非洲 2014 年
和 2015 年的增速预测稍有下调。这与 IMF 对于全球增速预测的下调不无关系。
预测中我们也认为大宗商品价格继续下滑，会对非洲一些资源型国家的增长产
生负面影响。

　　而在新兴市场国家，尤其是中国与非洲的联系方面，中国经济增速放缓的
影响已经被考虑进当前的预测中。当然，如果中国出现更为明显的放缓，将会
对非洲产生更为显著的影响。但是总的来说，非洲的增长前景不错，今年预计
增长 5%，明年预计增长 5.8%。

　　此份《区域经济展望》的专题之一是脆弱国家。一些非洲国家摆脱
这一状态的历程给了我们什么样的启示？

**萨耶赫**　在上世纪 90 年代，非洲 45 个国家中的近一半都属于脆弱国家。到
现在为止，其中的不少已经走出脆弱国家的状态，包括喀麦隆、乌干达、卢旺

达、甚至包括尼日利亚。

他们是怎么做到的？一个有利条件是，冷战结束了，大多数国家维持了和平。国际社会也在不断地为这些国家提供债务减免。大宗商品价格的走势在过去的 15 年间，总的来说还是较强的。这些外部因素都在帮助非洲国家。

当然，非洲各国也进行了诸多对于制度、对于经济管理能力的投资，尤其是他们制订财政政策和货币政策的能力有很大提高。这也意味着摆脱脆弱国家需要很强的领导力。

此份《区域经济展望》的另一个专题是基础设施建设。非洲的基础设施建设缺口有多大？非洲国家在通过什么方式完善基础设施？

**萨耶赫** 根据世行截至 2013 年底的测算，非洲基础设施每年的融资缺口约为 930 亿美元。

非洲地区的基础设施建设无疑面临一系列障碍，但是在过去的几年中，一些领域也取得了很大的进步，比如移动电话在非洲正在以"疯狂"的速度普及。这个发展是与非洲一些国家电信行业的放开密切相关的。但在另一些领域，比如交通基础设施，尤其是能源基础设施领域，非洲国家相对其他发展中国家仍然落后一步，仍有很多工作要做。

如何在完善基础设施的同时保证本国债务的可持续性？非洲各国现在事实上有了更多的选择。政府部门一直以来都是非洲基建的主要投入主体。当然，他们仍然需要提升其动员资源的能力，以及项目选择、评估的能力。

但是公共部门的努力并不足以应对非洲基础设施的缺口，私人部门的参与也至关重要。非洲的信息、通信及技术行业（ICT）的经验表明，政府部门可以通过优化私人部门参与投资的环境，来鼓励后者为非洲基础设施的完善做出贡献。

公共－私人部门合作（PPP）是很多非洲国家越来越感兴趣的模式。私人部门能够带入创新能力、执行能力，以及资金。这当然是很有吸引力的模式，但是需要保证相应的监管及立法得到加强，明确公共和私人部门各自在这中间的角色，来防止进入未来可能出现问题的合同。换句话说，在一开始就把可能出现的问题考虑全面，防止项目推进后出现问题导致政府的财政承压。

非洲国家需要做的另一点是，放开公用事业的定价，如电力、水资源等。很多时候，政府并不允许公用事业企业调整价格，这些企业因而没有足够的资金来完善其提供服务所需的基础设施。

在基础设施建设方面，非洲国家也获得不少来自外部的帮助，过去更多的是来自西方国家，近几年中国等新兴市场国家有了更大程度的参与。怎么看待中非发展基金乃至新近宣布成立的金砖银行？

**萨耶赫** 非洲国家无疑还是需要更多的优惠性融资（concessional financing）。因此新的伙伴愿意帮助非洲，应该受到欢迎。我们也很欢迎新的伙伴，来帮助填补非洲基础设施的巨大缺口。

当然，在完善基础设施的过程中，不但需要选取好的项目，也要考虑债务的可持续性，这样才能帮助维持非洲国家的长期增长。

## 中国和西方在非洲

今年8月，在奥巴马总统的召集下，美非峰会在美国华盛顿特区召开。怎么看待美国以及西方国家近两年重新开始重视非洲国家的努力？

**萨耶赫** 这些举措无疑是受到非洲国家欢迎的。

发达国家对非洲的关注度提高，很大程度上是因为这个大洲总体而言有了相对更好的宏观政策管理，从而有了更好的增长前景。资源当然也是一部分原因。

另一个原因是，由于过去几年其他国家的非常规货币政策，近几年全球范围内的回报比较低。正因如此，需要考虑一旦一些发达国家退出非常规货币政策，一部分资本将会离开非洲，这可能会让非洲国家发行主权债变得更为困难，这是一个需要考虑的风险。

> 中国与美国（或是西方）在非洲的投资，是否会构成一种健康的竞争关系，从而最终让非洲各国受益？

**萨耶赫** 非洲的进一步发展需要什么样的条件，在这个问题上全球的投资者有着越来越多的共识：中国投资者看到的问题与美国投资者看到的问题越来越趋同，比如缺乏电力，就是多数人眼中紧迫度极高的发展约束，需要尽快解决。

> 乌干达总统最近表示，一部分西方人喜欢谈结构性调整，但是非洲的很多地方连电力都还没通，何谈结构调整？你怎么看这个观点？

**萨耶赫** 你提到的国家，是尤其需要进行持续的结构调整的国家，他们有这样的想法，很大程度上源于他们自身的状况，而不是外部力量或主体强加的。当你与更多的非洲人进行更为深入的对话，你会发很多观点与你在问题中提到的恰好相反。非洲国家愿意继续推进这些结构调整，因为这些努力带来了正面的回报。

> 对于中国，非洲人似乎也有了一些新的看法。最近多位非洲大企业负责人表示，中国有巨量且便宜的资金，不太干涉非洲国家的内部事务，而且也有着非洲国家亟需的发展经验。你怎么看？

**萨耶赫** 对于非洲来说是，中国一个相对较新的伙伴。非洲各国仍在学习以一种不同于以往的方式与中国打交道，尤其是与 15 年之前的方式相比——那时，非洲国家有更多的问题需要应对和解决。

在经济管理方面，这些国家在这 15 年间已经取得了很大的进展，许多国家成为了成熟的稳定国家，因而在融资问题上已经有了更多的选择，其中包括来自于国际资本市场的融资。

所以非洲国家与（中国这样一个）新伙伴有着与过去不太相同的互动方式，并不完全源于新伙伴自身（的做法和特性），还与非洲国家自身所处的阶段不同有很大的关系。

所以需要看每个国家的情况，而不是笼统地看非洲。

# 中国改革显疲态

中国欧盟商会会长：伍德克 (Jorg Wuttke)
财新记者：王玲

中国新一轮反垄断执法兴起之时，9 月初，欧盟商会发布在华营商的最新一份报告《欧盟企业在中国建议书 2014/2015》（下称《建议书》），这份多次引用十八届三中全会决定内容的《建议书》加强了欧商会之前一份报告的观点——欧洲企业在华营商的"黄金时代"正在消逝。

发布报告前，对中国反垄断执法，欧盟商会发布了一份声明，称欧洲商界对于外企在中国反垄断相关调查中是否受到不平等待遇的疑虑加重；不确信中国反垄断调查中是否有系统性保障一些关键要素，如调查必须不对结果做任何预判，受查企业也应充分享有辩护权利；并披露多领域企业向商会反映，在未进行充分听证的前提下，有关部门通过带有恐吓性的行政手段迫使企业接受惩罚和治理。

众多外国商会中，欧盟商会似乎最早对这个问题表态，且其他外企或商会并没有紧接着发表类似声明，这让身为会长的伍德克很惊讶。他一再强调反垄断法是经济的核心，期待以法治为主题的四中全会能带来些改变。对于中国的改革，他认为一度显示出疲态，本届政府深化改革之际，他表示将继续乐观和耐心观察之，因为"如果中国改革不成功，大家都是输家"。

## 中国改革显疲态

**财新记者** 欧盟商会关于反垄断的声明发布已经有一段时间了，其中提到的担忧有何变化？

**伍德克** 这个声明很慎重，我们并不是为了捍卫某些公司而说话，也没有说不应该做什么，我们还特地提到了一些取得进展的领域，如农业、汽车等。我们非常关心反垄断法是如何执行的，竞争法是市场经济的核心，而中国反垄断法执行让人担忧，经历一次又一次这样的执法后，我们才决定发布声明的。

美国商会也起草了一份声明，没有发布而已。不过之后美中全国贸易委员会、美商会都发布了一些细节。

此前欧盟商会发布报告称，约一半欧企认为在华经商的"黄金年代"已结束，这次的报告似乎加强了这种感觉。仅仅三个月的时间，为什么会有这种变化？

**伍德克** 我觉得中国经济放缓的速度可能比我们担忧的要快，尽管数据上没有显示出来，但我们很多人感觉如此。现在不同以往的是，人们迫切希望看到改变，很多年没有大步骤改革后，中国推出了上海自贸区和十八届三中全会的决定，这很好，但上海自贸区之后，没什么变化，尽管有一些小的动作，高层也在调整政府机构，但人们对改革的期待很高。如果你给人希望又未实现，这比不给人希望还要容易让人失望。我们担心中国领导人发起改革后，有点失去动力，担心非得有次危机才会有真的改变。

你提到中国改革显示出疲态？

**伍德克** 今年是我们第 14 次发布《建议书》，朱镕基总理当政时，我们大概发布了一两次《建议书》，那个时候，好像承诺的改革都在开展，但他只担任了一届总理，有勇气的领导为国家进步推出不受欢迎的改革，最后下台，这让人难过。过去十年（2003 年到 2013 年）的建议书，基本都在一届政府之下，这一阶段，增长强劲得令人难以置信，成功的故事也让人惊讶。外企是遭受一些不公平待遇，但我们仍然在盈利。现在，我们继续讨论改革，希望市场的开放，改变不利的地位，但没人听，所以今年欧盟商会的《建议书》和去年相比，很多是"复制和粘贴"，内容相似。

但今年《建议书》不同的是，这是我们推出的第一本习李当政期间的建议书，这届政府给出了很多希望，我们是认真看待这些改革的，但中国真的会落实吗？我预期明年的《建议书》将集中关注哪些改革得以落实了。

这种疲态在这届政府的改革中也感受到了？

**伍德克** 不是，说的是之前的改革。坦白说，像我们的总理默克尔，过去六七年她也没推出任何重大改革，只是坐吃施罗德政府的成果，推行到 2020 年的改革。施罗德很勇敢，他采取了很多改革，然后他变得甚至不受本党的欢迎，被踢出局。我们站出来发声明，因为觉得面前的习李政府致力于改革，起码经常讨论改革，还因为我们迫切感到中国经济状态并不是很好：房地产泡沫、企业债务、污染严重，人民总的来说不是很幸福。

中国的政体和我们不一样，改革不容易。但如果中国改革不成功，大家都是输家。

这种疲态具体什么时候开始显示出来的？

**伍德克** 似乎中国努力挣扎着加入 WTO，要改变原来的体系，加入后红利随着而来，似乎一些人就觉得可以了，经济以 10%、12% 的速度增长，为什么还要努力改革呢？本届中国政府面临着 7% 的增长前景，甚至可能跌至 6%，问题哪里都有，所以改革又被提起。对本届政府，我们较乐观，将耐心观察之。

## 对四中全会的期待

中国国内大力反腐、反垄断之际，接下来的四中全会很被期待，且已经明确将讨论法治问题，你对这次会议最低和最高的期待是什么？

**伍德克** 加强法院在司法系统中的独立地位，将法院和地方政府分离开来；更多建立专注知识产权的法院，加强法官知识产权方面的教育。中国的律师不是问题，法官的质量才让人担心，因为两者来源不同系统。

其实，我没有最低或最高的期待，坦白说，我会一直在一旁观察。不过，反垄断方面，我的最低期待是：未来关于类似案例的报告能更详细、更长，讲清楚做了什么、为什么这么做；最高的期待是，让一个独立的机构来管理反垄断，向国务院汇报，而不是三个部门来管，不过，这有点像白日梦。

反垄断法在我们社会是竞争、消费者的核心，很重要。以前中国铁道部不愿并入交通部，最后还是合并了，所以还是可以做到的。

两年一度的中德汉堡峰会即将开幕，中国国务院总理李克强也确认出席，商业角度看，今年中德领导注重的议题有哪些？反垄断？

**伍德克** 我不认为反垄断方面的事宜会被提及。被中国当局执法后，奥迪等车企业没有和商会联系，也没有和它们常联系的一些机构，如汽车行业协会、使馆等联系，德国政府方面希望向前看，不想旧事重提。而且，我们作为商会，总体上，和发改委一样，也认为奥迪这些车企的确有错，所以也不会给它们发声，只是中国执法的过程让人们担心，有点可惜。

中德可讨论的议题有限，两国看上去处于恋爱期，可能中国希望进入德国市场，让中国人更方便出入德国（签证问题）。

还有可能的是乌克兰问题、中德之间的科研合作问题，德国商界希望更多参与中国的科研项目，中国希望引入更多的技术。

中德关系而言，我一个大的问题都看不到。向中国领导解释欧洲方面，默克尔是个可信的人。我会把我们的《建议书》递交给默克尔办公室，也许其中的一些问题会被提及。

中欧 BIT 谈判现在已经进行第三轮了，似乎外界并无多少关于第三轮的消息？

**伍德克** 我觉得这是个好消息。谈判双方不想被置于压力之下。这种谈判很难，如果表达出太多的希望，压力会很大。我觉得双方已经就"要谈什么"达成了一致，现在已经开始细节的讨论。